신심명의 재발견

지공선사 최재혁 지음

행복한책읽기

신심명의 재발견

초판 1쇄 펴낸 날 / 2016년 2월 15일

지은이 • 지공선사 최재혁 | 펴낸이 • 임형욱 | 디자인 • 예민 | 영업 • 이다윗
펴낸곳 • 행복한책읽기 | 주소 • 서울시 종로구 창신6나길 17-4
전화 • 02-2277-9216,7 | 팩스 • 02-2277-8283 | E-mail • happysf@naver.com
CTP출력 • 동양인쇄주식회사 | 인쇄 제본 • 동양인쇄주식회사
등록 • 2001년 2월 5일 제30-2014-27호 | ISBN 978-89-89571-91-9 03220
값 18,000원

나 홀로 가는 인생길을
지혜로운 믿음으로 밝히다!

'도대체 어떻게 해야 고민을 근본적으로 해소하고 앞날이 점차 밝아지는가?' 하는 문제는 인생의 숙제다. 모든 생각을 바르게 할 수 있는 근본이 되는 바르고 변치않는 생각의 흐름을 갖기 원하지만 그리 만만치 않다. 또한, '하면 잘 할 수 있고 해야 하는데 도대체 왜 마음에 뭔가 걸리고 자신감이 넘치지 못하는가?' 하는 문제 역시 누구나 겪고 있다. 이렇게 삶의 혼돈과 어둠 한가운데서 이것 저것에 걸리는 생각을 벗어나 마음의 빛을 밝혀 앞날을 밝히고 온갖 잡념을 완전히 소멸시켜 나 자신을 평화로운 존재로 만들기 위해 반드시 가져야 할 근본적인 이치와 길을 『신심명의 재발견』을 통해 밝혀놓았다.

신심명은 '어떤 생각을 근본으로 가지고 살아야 자유로워지는가? 그리고 나 홀로 어떻게 인생길을 가야 최상인가?' 를 삶의 핵심적인 주제들에 두루 걸쳐 진리에 비추어 친절하고 상세하게 알려주고 있다. 그러므로 단 한 구절로 내 마음을 꿰뚫으면 내가 진정으로 원하는 나 자신과 인생이 저절로 되어간다. 당연히 나를 이끌어가는 근본길잡이로서 전적으로 의지할 수 있는 인생의 필수 멘토이자 모든 이의 좌우명이 됨은 물론 성현(聖賢)의 가르침을 깊이 알고 그 길로 가고자 하는 이들에게는 좋은 내비게이션이 된다.

문둥병 환자였던 3조(祖) 승찬(僧璨)스님은 달마를 이은 2조 혜가스님의 제자가 되어 마음을 깨우쳐 병을 낫고 평생을 은거하며 지냈다. 법회하던 중 큰 나무 밑에서 합장한 채 서서 입적했다고 전해진다. 사리(舍利) 300과와 신심명을 남겼다. 신심명은 '불법이 전해진 후로 최고의 문자'라고 세상의 극찬을 받고 중도가와 더불어 모든 사찰에서 반야심경처럼 일과적으로 반드시 외었다. 신심명은 글 전체가 모두 양변(兩邊)을 여읜 중도(中道)에 입각하여 불법과 삶의 근본을 드러내도록 양변인 상대(相對)를 40대(對)로 갖추어 설명하고 있다. 그러므로 이 글 속에는 나의 모든 마음과 삶의 뿌리가 들어가 있고 또한 그것을 벗어나는 길과 도리를 신심(信心)으로 칭하였다. 신심(信心)은 신(神)과 나 자신과 인간과 삶에 대한 일반적인 믿음뿐만이 아니라 법(法)을 이해하고 나와 신(神)이 일체(一體)가 되며 도(道)를 증득하는 것까지 모두 꿰뚫어 하나로 이루어진 마음이다. 그러므로 신심의 길이 곧 중도(中道)인 것이다.

법(法)과 선(禪)을 양날개 삼아 신심명을 자유롭게 풀어헤쳐 놓았으니 한 구절만이라도 들쑥날쑥하는 내 마음과 잘 즉(卽)하게 되면 밝혀놓은 신(伸)과 더불어 길이 밝게 비추어지고 삶이 곧 중도(中道)를 가는 것이 된다. 아울러 신심명 속에 숨어 있는 예수님의 사랑을 함께 드러냈으니 사랑의 착오에서 벗어나 사랑의 덕을 크게 얻기 바란다.

인생을 크게 보면, 목적지와 그 길과 나 자신이 결국 나에게 있는 유일한 것이고 모든 것이다. 내가 도달하게 되어 있는 최종목적지와 이 자리에 도달한 신(神)으로서의 나 자신과 그 행(行)에 대해 직접 알려주는 것이 금강경이다. 그 길은 어떠한가를 중도(中道)로서 일관되게 알려주는 것이 신심명이다. 목적지에 도달한 인간으로서의 나 자신과 노니는 그 자리에 대해 직설적으로 알려주는 것이 중도가다. 길을 가고 있는 현재의 나 자신에 대한 것은 세 경전에 두루 걸쳐 그 길 중간 중간에 알려주고 있다. 따라서 이 세 경전이 유신론자와 무신론자를 막론하고 모든 이에게 자기와 인생을 바르고 굳게 재정립하고 동시에 진리의 세계이자 대우주 신령세계인 마하반야바라밀다로 향한 구경(究竟)의 기본지표가 된다. 그래서 나는 이 세 경전을 평계삼아 『금강경의 재발견』, 『신심명의 재발견』, 『증도가의 재발견』이라는 3개의 논(論)으로써 법(法)과 선(禪)을 근본으로 성속(聖俗)을 원만하게 융합하여 걸림없이 반야(般若)의 도(道)를 밝게 드러내고 그 힘을 알게 되는 필수입문과정을 완성하고자 한다. 그리하여 그 누구나 신령세계의 입문과정을 통해, 보이지 않는 세계와 그 이치를 깨달아 금생에 나 자신을 완전히 탈바꿈시켜 내생에 원하는 인연을 자유롭게 골라 충분한 복(福)을 갖고 처음부터 훌륭한 성인(聖人)으로서 좋은 곳에 태어나 화광동진하여 사람들의 마음을 극락으로 만들고 맘껏 즐긴 후 이 땅에 영원한 기쁨을 안겨준 우리의 부처로 영원히 존경받기를 바란다.

화광선원에서 지공선사 씀
2015년 11월

차 례

6

신심명 원문 해석

1. **至道 無難**지도무난　　지극한 도는 어렵지 않음이요

　　唯嫌揀擇유혐간택　　오직 간택함을 꺼릴 뿐이니

2. **但莫憎愛**단막증애　　미워하고 사랑하지 않으면

　　洞然 明白통연명백　　통연히 명백하니라

3. **毫釐有差**호리유차　　털끝만큼이라도 차이가 있으면

　　天地懸隔천지현격　　하늘과 땅 사이로 벌어지나니

4. **欲得現前**욕득현전　　도가 앞에 나타나길 바라거든

　　莫存順逆막존순역　　따름과 거슬림을 두지 말라

5. **違順相爭**위순상쟁　　어긋남과 따름이 서로 다툼은

　　是爲心病시위심병　　마음의 병이 됨이니

6. **不識玄旨**불식현지　　현묘한 뜻은 알지 못하고

　　徒勞念靜도로염정　　공연히 생각만 고요히 하려 하도다

7. **圓同太虛**원동태허　　둥글기가 큰 허공과 같아서

　　無欠無餘무흠무여　　모자람도 없고 남음도 없거늘

8. **良由取捨**양유취사　　취하고 버림으로 말미암아

　　所以不如소이불여　　그 까닭에 여여하지 못하도다

9. **莫逐有緣**막축유연　　세간 속의 인연을 쫓아가지도 말고

　　勿住空忍물주공인　　출세간의 인연이 비워진 자리에도 머물지 말라

10. **一種平懷**일종평회　　한 가지를 바로 품으면

　　泯然 自盡민연자진　　사라져 저절로 다하리라

11. **止動歸止**지동귀지　　움직임을 그쳐 그침에 돌아가면

　　止更彌動지갱미동　　그침이 다시 큰 움직임이 되나니

12. **唯滯兩邊**유체양변　　오직 양변에 머물러 있거니

　　寧知一種영지일종　　어찌 한 가지임을 알건가

13. **一種不通**일종불통　　한 가지에 통하지 못하면

　　兩處失功양처실공　　양쪽 다 공덕을 잃으리니

14. **遣有沒有**견유몰유　　있음을 버리면 있음에 빠지고

　　從空背空종공배공　　공함을 따르면 공함을 등지느니라

15. **多言多慮**다언다려　　말이 많고 고려함이 많으면

　　轉不相應전불상응　　더욱더 상응하지 못함이요

16. **絶言絶慮**절언절려　　말이 끊어지고 생각이 끊어지면

　　無處不通무처불통　　통하지 않는 곳 없느니라

17. **歸根得旨**귀근득지　　뿌리로 돌아가면 뜻을 얻고

　　隨照失宗수조실종　　비춤을 따르면 종취를 잃나니

18. **須臾返照**수유반조　　잠깐 사이에 돌이켜 비추어보면

　　勝卻前空승각전공　　앞의 공함보다 뛰어남이라

19. **前空轉變**전공전변　　앞의 공함이 이리저리 변함은

　　皆由妄見개유망견　　모두 망령된 견해 때문이니

20. **不用求眞**불용구진　　참됨을 구하려 하지 말고

　　唯須息見유수식견　　오직 망령된 견해만 쉴지니라

21. **二見不住**이견부주　　두 견해에 머물지 말고

　　愼莫追尋신막추심　　삼가 쫓아가 찾지 말라

22. **纔有是非**재유시비　　잠깐이라도 시비를 일으킨다면

　　紛然失心분연실심　　어지러이 본 마음을 잃으리라

23. **二由一有**이유일유 　　둘은 하나로 말미암아 있음이니

　　一亦莫守일역막수 　　하나마저도 지키지 말라

24. **一心不生**일심불생 　　한 마음이 나지 않으면

　　萬法無咎만법무구 　　만가지 법이 허물 없느니라

25. **無咎無法**무구무법 　　허물이 없으면 법도 없고

　　不生不心불생불심 　　나지 않으면 마음이라고 할 것도 없음이라

26. **能隨境滅**능수경멸 　　주관은 객관을 따라 멸하고

　　境逐能沈경축능침 　　객관은 주관을 따라 잠겨서

27. **境由能境**경유능멸 　　객관은 주관으로 말미암아 객관이요

　　能由境能능유경능 　　주관은 객관으로 말미암아 주관이니

28. **欲知兩段**욕지양단 　　양단을 알고자 할진댄

　　元是一空원시일공 　　원래 하나의 공이니라

29. **一空同兩**일공동양 　　하나의 공은 양단과 같아서

　　齊含萬象제함만상 　　삼라만상을 함께 다 포함하여

30. **不見精麤**불견정추 　　세밀하고 거칠음을 보지 못하거니

　　寧有偏黨영유편당 　　어찌 치우침이 있겠는가

31. **大道體寬**대도체관 　　큰 도는 본체가 넓어서

　　無易無難무이무난 　　쉬움도 없고 어려움도 없거늘

32. **小見狐疑**소견호의 　　좁은 견해로 여우같은 의심을 내어

　　轉急轉遲전급전지 　　서두를수록 더욱 더디어지도다

33. **執之失度**집지실도 　　집착하면 법도를 잃음이라

　　必入邪路필입사로 　　반드시 삿된 길로 들어가고

34. **放之自然**방지자연 　　놓아버리면 자연히 본래로 되어

　　體無去住체무거주 　　본체는 가거나 머무름이 없다

35. **任性合道**임성합도　　　자성에 맡기면 도에 합하여

　　逍遙絕惱소요절뇌　　　소요하여 번뇌가 끊기고

36. **繫念乖眞**계념괴진　　　생각에 매이면 참됨에 어긋나서

　　昏沈不好혼침불호　　　혼침함이 좋지 않느니라

37. **不好勞神**불호노신　　　좋지 않으면 신기를 괴롭히거늘

　　何用疎親하용소친　　　어찌 멀리함과 친함을 쓸 것인가

38. **欲趣一乘**욕취일승　　　일승으로 나아가고자 하거들랑

　　勿惡六塵물오육진　　　육진을 미워하지 말라

39. **六塵不惡**육진불오　　　육진을 미워하지 않으면

　　還同正覺환동정각　　　도리어 정각과 동일함이라

40. **智者無爲**지자무위　　　지혜로운 이는 함이 없거늘

　　愚人自縛우인자박　　　어리석은 사람은 스스로 얽매이도다

41. **法無異法**법무이법　　　법은 다른 법이 없거늘

　　妄自愛著망자애착　　　망령되이 스스로 애착하여

42. **將心用心**장심용심　　　마음을 가지고 마음을 쓰니

　　豈非大錯기비대착　　　어찌 크게 그릇됨이 아니랴

43. **迷生寂亂**미생적란　　　미혹하면 고요함과 산란함이 생기고

　　悟無好惡오무호오　　　깨치면 좋음과 미움이 없나니

44. **一切二邊**일체이변　　　모든 상대적인 두 견해는

　　良由斟酌양유짐작　　　자못 짐작하기 때문이로다

45. **夢幻空華**몽환공화　　　꿈 속의 허깨비와 헛꽃을

　　何勞把捉하로파착　　　어찌 애써 잡으려고 하는가

46. **得失是非**득실시비　　　얻고 잃음과 옳고 그름을

　　一時放却일시방각　　　일시에 놓아 버려라

47. 眼若不睡안약불수   눈에 만약 졸음이 없으면

    諸夢自除제몽자제   모든 꿈 저절로 없어지고

48. 心若不異심약불이   마음이 다르지 않으면

    萬法一如만법일여   만법이 한결같느니라

49. 一如體玄일여체현   한결같음은 본체가 현묘하여

    兀爾忘緣올이망연   올연히 인연을 잊어서

50. 萬法齊觀만법제관   만법이 다 현전함에

    歸復自然귀복자연   돌아감이 자연스럽구나

51. 泯其所以민기소이   그 까닭을 없이 하여

    不可方比불가방비   견주어 비할 바가 없음이라

52. 止動無動지동무동   그치면서 움직이니 움직임이 없고

    動止無止동지무지   움직이면서 그치니 그침이 없나니

53. 兩旣不成양기불성   둘이 이미 이루어지지 못하거니

    一何有爾일하유이   하나인들 어찌 있을손가

54. 究竟窮極구경궁극   구경하고 궁극하여

    不存軌則부존궤칙   일정한 법칙이 있지 않음이요

55. 契心平等계심평등   마음에 계합하여 평등케 되어

    所作俱息소작구식   짓고 짓는 바가 함께 쉬도다

56. 狐疑淨盡호의정진   여우같은 의심이 다하여 맑아지면

    正信調直정신조직   바른 믿음이 고루 발라지며

57. 一切不留일체불류   일체가 머물지 아니하여

    無可記憶무가기억   기억할 아무 것도 없도다

58. 虛明自照허명자조   허허로이 밝아 스스로 비추나니

    不勞心力불로심력   애써 마음 쓸 일 아니로다

59. 非思量處비사량처   생각으로 헤아릴 곳 아님이라

       識情難測식정난측   의식과 망정으로 측량키 어렵도다

60. 眞如法界진여법계   진여의 법계에서는

       無他無自무타무자   남도 없고 나도 없음이라

61. 要急相應요급상응   하루속히 상응코자 하거든

       唯言不二유언불이   둘 아님을 말할 뿐이로다

62. 不二皆同불이개동   둘 아님은 모두가 같아서

       無不包容무불포용   포용하지 않음이 없나니

63. 十方智者시방지자   온 우주의 지혜로운 이들은

       皆入此宗개입차종   모두 이 종취로 들어옴이라

64. 宗非促延종비촉연   종취란 짧거나 긴 것이 아니니

       一念萬年일념만년   한 생각이 만년이요

65. 無在不在무재부재   있거나 있지 않음이 없어서

       十方目前시방목전   온 우주가 바로 눈앞이로다

66. 極小同大극소동대   지극히 작은 것이 큰 것과 같아서

       忘絕境界망절경계   상대경계 모두 끊어지고

67. 極大同小극대동소   지극히 큰 것은 작은 것과 같아서

       不見邊表불견변표   그 끝과 겉을 볼 수 없음이라

68. 有卽是無유즉시유   있음이 곧 없음이요

       無卽是有유즉시무   없음이 곧 있음이니

69. 若不如此약불여차   만약 이와 같지 않다면

       不必須守불필수수   반드시 지켜서는 안되느니라

70. 一卽一切일즉일체   하나가 곧 일체요

       一切卽一일체즉일   일체가 곧 하나이니

71. **但能如是**단능여시 　　　다만 능히 이렇게만 된다면

　　何慮不畢하려불필 　　　마치지 못할까 뭘 걱정하랴

72. **信心不二**신심불이 　　　믿는 마음은 둘 아니요

　　不二信心불이신심 　　　둘 아님이 믿는 마음이니

73. **言語道斷**언어도단 　　　언어의 길이 끊어져

　　非去來今비거래금 　　　과거 · 미래 · 현재가 아니로다

신심명 해설

1.

至道無難　唯嫌揀擇

지도무난 유혐간택

지극한 도는 어렵지 않음이요 오직 간택함을 꺼릴 뿐이니

　　지극한 사랑은 어려움이 없다. 사랑을 애써 의식함이 없는 자연스러운 사랑이기 때문이다. 그러므로 지극히 자연스러운 행복을 누린다. 또한 사랑은 사랑을 따르고 미움은 미움을 따르는 것이 법이고 자연이기 때문이다. 내가 사랑으로 꽉 찬 사람이 되면 저절로 사랑이 움직이며 사랑이 어디선가 나에게 반드시 다가온다. 내가 미움으로 꽉 찬 사람이 되면 미움이 어디선가 반드시 다가오며, 있는 사랑은 반드시 떠나간다. 그러므로 사랑을 얻고 사랑을 주고자 하는 마음은 나 안의 자연으로부터 시작되어 나를 통하여 움직이다가 나에게로 돌아오니 나 자신은 사랑의 매개체가 되어 사랑이 나를 영원히 떠나지 않게 된다.

신(神)을 만나는 것은 어려움이 없이 지극히 자연스러운 일이며 신과 나를 분별하는 간택심만 자연스럽게 사라지면 될 일이다.

▨▨▨ 있음과 없음은 서로 생(生)하고 어려움과 쉬움은 서로 이루니 있음도 자연스러움이요 없음도 자연스러움이다. 어려움도 자연스러움이요 쉬움도 자연스러움이다. 일체가 자연(自然)이니 마음이 자연스럽게 상응하면 될 뿐이다. 그러므로 어려움이란 없다. 간택함도 자연스러움이고 간택함을 꺼리는 것도 자연스러움이니 간택함이란 없다. 없는 데서 간택하니 곧 도(道)의 용(用)이 되므로 어려움이 없다. 자연스러움은 내 영혼의 행로이며 일체생명의 숙명이기도 하니 여기에 어떤 다른 마음이 감히 끼어들 수 있으랴? 오로지 스스로 존재하고 늘 스스로 그러할 뿐이니 도(道)를 귀하게 여기고 스스로 이루며 사사로움이 없다. 그런데 실수로 어쩌다가 도(道)를 잊어버리고 이름을 달리 하여 마음이 머무르니 신(神)으로부터 멀어지게 되었다. 그에 따라 내 움직임마다 법(法)이 그림자처럼 따라 움직이며 개입하니 움직임마다 일마다 어렵고 쉬움이 나타나 이를 분별하여 간택하고 또한 능력이 있느냐에 매여 있어 매사 힘들고 피곤하게 된다. 자신감을 애써 가지려고 할 것도 없고 자신감이 없다고 생각할 것도 없다. 본래 그런 것은 없기 때문이다. 오로지 지극히 순일(純一)한 나 자신과 생명으로서 당연히 할 일만 있을 뿐이고 그 일을 스스로 해나가는 것뿐이니 곧 도(道)가 되고 이는 자연(自然)이다. 마음이 지극하니 곧 선(禪)이고 선(禪)은 곧 지극한 선(善)이라, 도(道)에 저절로 합치되며 자성(自性)이 드러난다. 비로소 착한 남자와 착한 여인이고 에덴동산의 아담과 이브로서 하릴없는 평범한 사람이다.

지극한 도(道)는 곧 천지자연(天地自然)으로서 그 힘과 작용이면서 흐름이고 대우주(大宇宙)로서 그 법(法)이고 애씀이 없이 자연스럽게 일체와 하나로 운행하니 따로 어려움이 어디 있고 쉬움이 어디 있는가? 어려움은 어려움과 쉬움의 분별과 간택에서 생겨나니 이는 곧 인위(人爲)인지라 스스로를 더욱 어렵고 힘들게 만든다. 무난(無難)하다고 하는 무(無)는 어려움과 쉬움의 양단이 떨어져나간 것이니 자연스럽고 지극히 쉬우며 무위(無爲)이니 곧 대도(大道)고 불법(佛法)이 된다.

　천도(天道)는 일음일양(一陰一陽)으로 어둠과 밝음을 이루고, 지도(地道)는 오행오방(五行五方)으로 생기와 살기를 이루며 인도(人道)는 오성칠정(五性七情)으로 착함과 악함의 성품을 이룬다. 이 가운데서 일체생명은 땅을 얻어 본받고 땅은 하늘을 얻어 본받고 하늘은 도(道)를 얻어 본받고 〈도〉는 신(神)의 묘(妙)와 불(佛)의 법(法)을 이룬다. 그러므로 불법(佛法)은 곧 천지자연의 대도(大道)이다. 법(法)은 〈도〉의 힘과 〈신〉과 〈불〉의 마음으로 움직여 일체생명을 탄생시키니 곧 인간은 자기의 안팎으로 천지인(天地人)이 비로소 하나가 되어 〈도〉와 〈법〉을 일체 구족하고 있다.

　그러나 안타깝게도 개별적인 착함과 악함의 성품에 〈도〉와 〈법〉이 가려져 있어 그늘을 만들어 어둠 속에 천지인(天地人)을 품고만 있으니 곧 중생에 지나지 않는다. 이 가운데서 마음이 밝으면 하늘을 얻고 생기(生氣)가 가득하면 땅을 얻고 착함이 넘치면 인간을 얻는다. 이것을 일컬어 덕(德)을 이룬다고 한다. 덕은 복(福)을 낳으니 마침내 지극(至極)하게 된 복덕이 하늘과 땅과 생명을 포용하니 곧 천지인(天地人)을 밝게 구족하게 된다. 그리하여 궁극적으로 성인(聖人)이 되고 부처를 이룬다. 성인은 마음의 광명을 밝혀 천지인(天地人)을 얻어 한몸에 〈도〉를 이룬 존재다. 그러므로 성인은 인간세상에서 존귀하고 부처님은 대우주의 세존(世尊)이 된다. 지구의 형상과 움직임과 기후변화도 스스로 이루어지듯이 일체가 그러한 것은 지극한 〈도〉가 무한하고 영원한 힘 그 자체로서 모두 그 힘 속에서 태어나 살아가며 움직이는 때문이니 일체존재는 본래 자연스럽다. 나 자신도 근본적으로는 천지인의 힘으로 탄생하니 일체성현과 영웅호걸과 나의 근본은 한 치도 다름이 없다. 일체가 본래 신(神)과 부처가 아님이 없다. 그래서 모두가 천지자연의 대도(大道) 속에서 하나가 되어 지극하다. 당연히 태어나서 죽을 때까지 내가 할 바는 오로지 마음을 밝히고 생기를 키우며 악함을 소멸시키는 것 외엔 없게 된다. 나는 지금까지 도(道)와 나의 영혼(마음)이 떨어진 적이 없으며 앞으로도 영원히 그러함을 깨달아 밝게 드러내니 곧 부처다.

〈도〉의 법(法)이 개별적인 상(相)을 따라 자연스럽게 응하니 연기(緣起)가 생겨나 스스로 인연과 인과를 이루고 일체생명의 마음을 인도하니 법(法)은 엄격하면서도 어질다. 그러므로 마음이 법(法)과 도(道)에 완전히 들어맞으면 그 때가 비로소 불심(佛心)인지라 곧 그 몸이 천지인의 힘과 동등한 법체(法體)가 된다. 이것이 영원불변하게 되니 법의 굴레를 넘어 불생불멸인지라 영생(永生)이고 곧 성불(成佛)이며 부처이자 법신(法身)으로서 그 후 천백억(千百億)의 몸으로 스스로 움직이니 곧 대자대비다. 현지우현(玄之又玄)인지라, 어둠 속의 지극한 밝음을 보게 하여 일체생명을 제도(濟度)함이 없이 제도한다. 그러므로 대도

(大道)의 흐름을 따라 이 땅에 불법이 널리 퍼지고 부처가 오고 감이 없이 쉼없이 오고 가니 일체생명의 마음이 곧 부처 아님이 없게 된다. 당연히 본래부터 구제되어 있는 마음인지라 따로 구제됨이 없다.

도(道)의 대용(大用)으로 고귀한 성현(聖賢)은 하늘을 주(主)로 얻고 대담무쌍한 영웅호걸은 땅을 주(主)로 얻어 탄생한다. 인걸(人傑)은 지령(地靈)인지라, 영웅호걸은 넓은 땅을 차지하지만 분별심을 떠나지 못하여 땅에 다시 걸리게 된다. 천도(天道)를 오로지 따르는 성현은 일체생명에게 하늘을 심어주고 도(道)를 밝혀주지만 스스로를 돌보지 않는다. 하지만 몸이 있어 천지의 운수(運數)와 시세(時勢)의 인심에 걸리니 위대한 신령(神靈)의 뜻을 맘껏 펼치지 못하여 글 한 자락과 이름 석자를 남겨 후세를 기약하는지라, 오로지 법(法)이 안타까울 뿐이다. 하지만 원망하지는 않는다.

땅과 생명의 정(情)이 주(主)가 되어 탄생한 나는 그 속에서 따로 〈나〉를 특별히 내세워 천지자연의 흐름과 〈도〉를 가려 어리석음과 그림자를 만든다. 그러면서 마음이 어두워져 하늘을 잃고 살기(殺氣)가 가득해 땅을 잃고 악함이 넘쳐 인간을 잃으니 천지간에 홀로 고립을 자초한다. 당연히 생명력이 쇠잔하고 온갖 질병과 흉액과 근심을 겪게 되며 극에 달하면 스스로를 멸(滅)하게 된다. 또한 스스로 마(魔)가 되어 일체생명을 해(害)하게 되면 최후에는 신불(神佛)의 엄한 벌(罰)이 내려지니 신불의 힘에 의해 비명 속으로 영영 사라지고 만다. 근본에서는 오로지 밝고 밝은 대광명만 있을 뿐이니 어둠이란 없다. 성인(聖人)이 되는 것도 마(魔)가 되는 것도 스스로 소멸되는 것도 일체가 대도(大道)와 그 대용(大用)에 의한다. 〈도〉는 생명에게 영원불변과 오복(五福)을 가져다주지만 마음이 〈도〉에 늘 어긋나면 이렇게 일체가 허망하게 되니 이른 바 '범소유상 개시허망'(凡所有相 皆是虛妄)이다. 일체성현은 이것을 막으려고 애쓰지만 인간의 욕심이 너무 크다. 그 욕심이란 곧 분별하여 가리고 선택하는 마음으로서 스스로를 힘들고 어렵게 하지만 다행히도 천지자연의 힘을 빌어 오직 그 마음의 뿌리만 사라지면 지극한 도(道)는 곧 다시 드러나 나에게 돌아오니 달리 애쓸 것이 없게 된다. 당연히 중생구제와 보시와 계를 지키는 것과 참는 것과 정진하는 것과 선정에 드는 것과 사랑과 자비와 업장을 소멸하는 것 등 일체의 행(行)도 어디에 머물지 않고 자연스럽게 저절로 이루어진다.

신(神)은 구체적인 소원사항 그 자체가 아니라 그 소원사항이 이루어졌을 때의 원하는 상태가 되도록 천지자연의 대도(大道) 차원에서 이루어주고 인도해준다. 즉, 소원사항 하나하나가 아니라 그 속의 그 마음을 받아주는 것이다. 왜냐하면 중생은 인과에 어둡고 운명과 욕망에 걸려있기 때문에 소원사항 성취 이후가 뜻과 다르게 진행되는 경우가 많기 때문이다. 대우주신(神)일수록 그러하니 〈신〉과 〈도〉는 영원히 변치 않고 하나로 움직인다. 그래서 〈도〉와 〈신〉과 나 자신이 하나로 움직이니 이른 바 하늘의 도움이고 일체유심조(一切唯心造)다. 그래서 마음가는대로 스스로 이루어지며 현상계에서 〈신〉의 가피는 은밀하게 되고 〈신〉을 대함에 간절하되 〈도〉에 어긋나지 않도록 마음이 조급하지 않고 욕심을 따라 움직이지 않아야 되는 법이다. 욕망에 따라 신(神)을 분별하여 선택한다고 신이 나를 돕는 것이 아니므로 신을 간택하는 것은 가장 큰 망념(妄念)이 된다. 차라리 참회를 위해 신을 간택한다면 그런대로 봐줄만한 일이다.

도(道)에 들어 맞는 것이 곧 정(正)이며 어긋나는 것이 곧 사(邪)다. 사(邪)는 악(惡)과 정(正)에 어긋나는 선(善)으로 이루어진다. 신의 도움은 근본적으로 정(正)의 마음을 따르게 되니 선(善)이 정(正)에 들어 맞도록 행해져야만 신의 가피가 늘 함께 하고 바른 공덕이 되며 덕(德)이 쌓이게 되어 복(福)이 원만하게 된다. 그래서 참된 행복을 얻게 되니 곧 부처님의 행복이다. 도(道)에 들어맞고 정(正)을 얻음은 곧 있는 그대로의 신(神)을 영원히 만나는 것이다.

미세한 조짐 속에 큰 일이 들어앉아 있고 간단함 속에 복잡함이 들어 앉아 있고 가벼움 속에 한없는 무거움이 들어앉아 있는 법이다. 그러니 어렵지 않다고 표현하지만 그렇다고 간단한 것은 아니다. 실은 복잡하다. 어렵지 않다는 것은 또한 쉽지 않다는 것이기도 하다. 일단은 무조건 힘은 든다. 지극한 도(道)에 이르려면 초반에는 힘이 조금 들고 중반에는 힘이 많이 들며 후반에는 힘이 아주 많이 든다. 마지막에는 힘이 조금도 드는 것이 없다. 그러나 힘을 들이지 않으면 마지막에 힘듦이 없는 것이 결코 되지 못한다. 힘이 드는 과정은 지극한 데까지 이르는 과정이다. 그러나 최종적으로 지극한 것은 곧 자연(自然) 그 자체가 된 것이니 최종적으로는 애씀이 없어야만 지극함에 상응할 수 있게 되어 도(道)에 들어맞는다. 곧 몸이 저절로 중도(中道)를 향해 굴러가도록 된 것이다. 지극하다거나 어렵지 않다고 한 것은 바로 온전하게 자연스러움이 된 것이다. 자연스러움에는 어렵고 쉬움이 없다. 오로지 구하고 얻으며 애쓰는 인위(人爲)에만 어려움과 쉬움이 있을 뿐이다. 노자(老

子)도 자기 말이 매우 알기 쉽고 행하기 쉽다고 했다. 공부하는 것은 힘들지만 공부가 되는 것은 저절로 되는 것이니 애쓰거나 어려움이 없다.

취하고 버리는 간택함을 꺼린다고 하는 것은 주관인 분별심의 망념(妄念)으로 취사선택함을 꺼린다는 것이다. 그리고 간택이 망념을 키우지 않도록 되는 것이다. 또한 간택함과 간택하지 않음의 양변에 머물지 않는다는 것이다. 또한 간택하려고 하지 않음이 아니라 도무지 간택할 수 없음을 밝게 보는 것이다. 그리고 간택한다는 것이 본래 없음을 밝게 아는 것이다. 그래서 무쟁삼매(無爭三昧)를 이루니 간택이 자유롭고 간택을 꺼리는 것도 자유가 되니 간택함 역시 무위로서 도(道)의 용(用)이다. 욕망의 본성을 따라 현재마음과 상대되는 마음이 항상 저절로 있게 되니 내면에서 다투게 되는 것을 지극히 경계해야 한다. 나아가 간택하는 마음이 쉬지 않고 나오는 그 뿌리를 찾아 잘라 없애야 하는 것이 지극한 도(道)에 이르는 지름길이자 근본이다.

도(道)를 따른다고 해서 자유의지(自由意志)를 무작정 거부하는 것은 자기존재를 잃어버리는 것이니 이는 곧 도(道)를 오히려 잃어버리게 되는 것이고 더욱 심각해진다. 그러므로 도(道)와 신(神)과 자유의지 사이의 간택심은 극도로 조심해야 한다. 아무 것도 선택하지 말고 주어지는대로 다 받아들이거나 아예 아무 것도 신경쓰지 않는 것은 간택보다 더 큰 간택함으로서 망신(亡身)한다.

내면의 갈등이 해소된 진여(眞如)로서 취사선택하면 된다. 이 때의 간택은 도(道)의 자유자재한 용(用)이면서 개체로서는 전체를 품는 지혜가 된다. 당연히 간택한 것에 걸림이 없어 스스로 큰 힘을 발휘하게 된다. 지혜로운 믿음을 가진 이는 잘 취해서 복(福)이 되고 잘 버려서 덕(德)이 되니 간택으로 공(空)을 취하고 그 복덕을 크게 키워 존재의 향기와 더불어 허공계에 두루하게 된다. 소인(小人)은 좋고 나쁜 분별심으로 유(有)와 무(無)를 간택하여 스스로 경계를 지으니 그 속에 갇혀 썩게 되어 악취와 살기(殺氣)를 얻게 된다.

아주 험난한 상황에 처해 괴로움 마음이 가득할 때 쓰러지는 근본이유는 바로 힘든 상황 때문이 아니라 편하고자 하는 마음 때문이다. 즉, 현재와 상반되는 마음에 머무는 때문이다. 그러면 현실에 따른 괴로운 마음은 더욱 강해지며 괴로운 마음과 편안해지려는 마음이 내면에서 서로 싸운다. 그 때 나는 갈기갈기 찢어지고 힘이 더욱 약해지며 더욱 괴롭게 되니 마침내 법과 현실을 등에 업고 있는 괴로운 마음이 최종승자가 된다. 힘든 상황과 큰 괴로움은 살다가 생기는 것이지만 그 이면에는 대개 인과가 개입되어 있고 이것은 법(法)의 작용이므로 직접 이것을 대상으로 어떻게 해서는 잘 극복되지 않는다. 그렇게 하려고 마음이 달라붙으면 붙을수록 더욱 더 법에 걸리게 되고 어지럽게 되고 만다. 더구나 편하고 싶은 마음을 내세워 괴로운 마음을 직접 대상으로 억누르거나 회피하려거나 없애거나 바꾸어보려는 등 어떻게 해보려고 애쓰는 짓은 괴로움에 마음을 덧붙여 잡초에 비료를 주는 것과 같아서 어리석음이 된다. 이것은 불법(佛法)이 아니므로 천지자연의 도(道)에 어긋나게 되니 당연히 힘든 상황은 더욱 오래 지속되며 견디기가 점점 힘들어져간다. 그 괴로운 그 마음은 그냥 손대지 않고 내버려두면 된다. 그리고 괴로울 때 그것을 지속시키는 진짜 원수인 편하고자 하는 마음을 진정 없애가야 된다. 이것은 나의 욕망이므로 얼마든지 가능하다. 그러면 그에 따라 괴로운 마음도 위세가 약해지면서 점차 사라진다. 둘은 뿌리가 동일하기 때문이다. 괴롭더라도 마음의 중심을 잘 잡아나가면 그 동안의 괴로운 마음은 인욕과 업장소멸을 이루게 된다. 그러므로 괴로울 때 반대편의 편한 마음을 간택하지 않으면 이렇게 근본적으로 힘든 상황을 벗어나게 된다. 그러면서 편하고자 하는 마음을 없애가는 자기 자신에게 또한 머물지 않고 계속 나아가면 마침내 성인(聖人)이 된다. 이렇게 행하는 것이 불법에서 마음을 다스린다고 표현하는 것이고 당연히 진여법계인 지극한 도에 이르는 길이 된다. 아주 험난한 상황은 극락 아니면 지옥으로 향하는 갈림길이니 이 때 불법을 잘 알고 있다면 극락으로 향하게 될 수 있다.

2.
但莫憎愛　洞然明白

단막증애 통연명백

미워하고 사랑하지 않으면 통연히 명백하니라

　애욕으로 사랑하거나 미워하면 눈이 어둡고 정신이 흐리게 된다. 사랑은 미움에 의지하고 미움은 사랑에 의지하니 미움은 곧 사랑받고 싶은 마음이요, 사랑은 곧 미워함을 두려워하는 마음이다. 이로 인해 항상 나의 내면에서나 혹은 상대와 다툼이 일어난다. 미움이 소멸되어 있는 순수한 사랑이 없기 때문이다. 바라는 것이 눈꼽만큼이라도 있다면 미움이 드러나니 오로지 상대로부터 얻으려는 마음이 근원적으로 사라져야만 사랑이 순수해진다. 그 때 비로소 신(神)의 사랑이 내 속에서 저절로 명백하게 드러난다. 이 때는 두려움없는 사랑과 자유로운 사랑, 한없는 사랑이 저절로 이루어지므로 나와 상대가 사랑해도 조금도 손상되지 않고 행복이 저절로 충만된다.

신(神)에 대한 마음과 인간에 대한 마음, 나 자신에 대한 마음과 상대에 대한 마음이 다르지 않으면 신은 환하게 드러난다.

▨▨▨▨ 도(道)와 나의 본체(本體)는 본래 일체대상과 사랑을 스스로 원만하게 구족하고 있음을 모르고 망령되이 경계를 지으니 마음이 일어나 상대와 사랑을 구하니 미움도 있게 된다. 염심(染心)으로 인연(因緣)이 생겨나 생사(生死)가 유전되며 제행무상의 허망함 속에서 자유를 잃게 된다. 그러나 안타깝게도 상대는 미움과 사랑의 대상이 아니다. 더구나 그 어떤 욕망과 목적도 인연에 들이대면 어긋난다. 인연은 자연스럽고 있는 그 자체로 절대적이기 때문이다. 인연을 분별하여 간택하고 얻고 버리는 것은 도(道)와 어긋나게 되어 최종적으로는 욕됨과 고통만 남게 된다. 나아가 양변(兩邊)에 걸려 애증(愛憎)은 스스로를 부자유스럽게 만들고 사랑을 마음대로 하고 싶은 자유를 얻으려는 소원이 저절로 생겨나게 하여 다시 태어나게 만드니 곧 생사윤회의 뿌리가 된다. 하지만 마음 따라 법(法)이 항상 같이 움직이니 더욱 굴레에 갇힐 뿐이다. 사랑과 미움이 본래 공적(空寂)함을 보는 것이 정견(正見)이다.

미워하되 미움이 없으면 성인(聖人)이요, 미워하되 미움이 맨 뒤에 있으면 대인(大人)이고 맨 앞에 나서 있으면 소인(小人)이다. 그러므로 성인은 고요하고 청정하며 대인은 어질고 엄격하며 소인은 분노하고 들뜬다. 당연히 성인은 한가롭고 대인은 느긋하며 소인은 바쁘다. 성인은 사랑을 평등으로, 미움을 자비로 만들고 대인은 사랑을 희생으로, 미움을 인욕으로 만들고 소인은 사랑을 집착으로, 미움을 분노로 만든다. 성인은 사랑이 저절로 흘러나오고 대인은 사랑이 애써 만들어지며 소인은 사랑이 잘 만들어지지 않는다. 당연히 성인은 사랑이 영원하게 되고 대인은 사랑이 점차 커지게 되고 소인은 있는 사랑마저도 점차 잘게 부숴진다. 그래서 성인은 서기(瑞氣)를 발하고 대인은 길기(吉氣)를 발하고 소인은 사기(邪氣)를 발한다. 성인은 바르고(正) 대인은 착하며(善) 노인은 삿되다(邪).

사랑하고 미워하는 마음은 곧 좋아하고 싫어하는 마음으로서 몰록 사라져버리면 돌덩어리 아니면 부처다. 애증심(愛憎心)이 사라지는 동시에 지혜를 동반한 자비심이 드러나지 않으면 굳어 움직임이 없고 외롭게 되어가며 차가워지니 죽음이다. 반면 그 때 텅 빈 마음이 밝음과 생기(生氣)를 얻으면 마침내 도(道)가 물과 같아서 그 어디에도 머물지 않고 항상 흘러다니며 멈추어 있듯이 크게 움직인다. 자유자재한 움직임이 있고 따뜻하니 고로 부처(佛)다. 모든 생명이 그 속에서 기쁨을 누린다.

무의식인 사랑과 미움이 뿌리채 뽑혀나가버리고 원만하게 벗어나게 되는 것은 어렵지 않다. 그것은 자연스러운 과정이기 때문이다. 억지로 사랑과 미움을 갖지 않고 그 마음을 고정시켜봐야 힘만 들고 비인(非人)이 될 뿐 소용없고 불가능하다. 사랑과 미움은 무엇을 얻으려는 소유의 마음과 그 집착이 근본이므로 내가 얻고자 하는 바를 먼저 잘 깨우치고 그것의 어리석음을 진정으로 깊게 통찰하면 된다. 그러면 도(道)의 힘과 지혜가 스스로 나오게 되어 저절로 정신이 번쩍 들어 도(道)와 내가 합치되어 사랑과 미움, 좋고 나쁨이 동시에 말끔히 씻겨나간다. 드디어 분별심과 얻으려는 마음의 뿌리가 뽑혀나가면서 그 텅 빈 자리에 순수한 사랑이 가득 차는 동시에 영원히 행복한 적멸(寂滅)에 들어 있는 내 존재의 진면목이 환하게 드러나니 통연히 명백하다. 신(神) 역시 통연히 명백하게 나타난다. 이것은 내가 고독을 승화시키고 오로지 내면에서 순수하게 홀로 존재할 때 저절로 생기는 현상이다. 이때부터는 인연에 어둡지 않으니 마음껏 미워하고 사랑해도 걸림이 없다. 사랑과 미움, 좋고 나쁨을 간택할 필요가 없게 되니 일체가 자연스럽다. 사랑이 곧 자연(自然)이 되어 순수한 생기가 생겨나니 생명력이 크게 강해지고 건강한 열매를 맺는다. 순수한 사랑의 위대함은 모든 것을 애씀이 없이 자연스럽게 이루어지게 하는 데 있다.

조심할 것은 사랑과 미움은 본래 한몸인지라, 어느 하나에 매이지 않되 기본적인 감성(感性)은 철저하게 유지해야 한다. 그래야만 그것이 내 존재를 근본적으로 어디를 향해 어떻게 끌고 가는지를 잘 살피는 안목을 갖게 되기 때문이다. 또한 당연히 사랑이 떨어져가면 미움이 저절로 떨어져가고 미움이 떨어져가면 사랑 또한 저절로 떨어지게 된다. 고로 어느 하나를 완전히 떨어뜨렸는데도 아직 반대쪽이 약간이라도 남아 있다면 완전히 떨어뜨린 것이 못 된다. 동시에 부처님에게 참회하면서 내 존재가 휘둘리지 않도록 넉넉한 힘을 얻어야 한다. 안과 밖의 상호협력인 줄탁동기는 원만하기 위해서는 언제 어디서나 무슨 일에서건 항상 필요하다.

첫 구절부터 이 구절까지가 신심명 전체 구절의 근본 골자라고 보면 된다. 이후부터는 각론에 해당된다.

　내가 믿는 종교의 신(神)을 사랑하고 타종교의 신을 미워하는 이에게는 신이 응하지 않는다. 왜냐하면 사랑하고 미워하는 마음 자체가 신을 밀쳐내기 때문이다. 내가 필요해서 신을 믿는 이에게도 역시 신이 응하지 않는다. 대우주의 신은 내 욕망에 상응하지 않기 때문이다. 오히려 내 마음에 딱 맞는 마(魔)가 깃들게 되어 종교간 싸움을 부추기고 인간을 신의 노예로 삼는다. 그러므로 도(道)를 가려는 이나 신의 힘을 빌어 어려운 사람을 진정으로 구하고자 하는 이는 신을 믿은 후에 자기 자신과 인생이 이렇게 저렇게 변하리라는 환상부터 깨야 한다. 그리고 신을 모시느라 더욱 힘이 들게 되므로 인간으로서의 삶이 정리되고 깨끗하게 삭제되어 번뇌망상을 소멸시켜야만 한다. 그래야 신내림을 받을 자격이 있다. 그 때 신은 비로소 자리이타 차원에서 나에게 은밀한 손을 내밀게 된다. 그렇게 나와 신이 일체가 되어 죽음 순간까지 좌우를 돌아보지 않고 일관되게 나아가면 된다.

3.

毫釐有差　天地懸隔

호리유차 천지현격

털끝만큼이라도 차이가 있으면 하늘과 땅 사이로 벌어지나니

　　미움이 대부분 사라진 순도 99%의 사랑과 미움이 대부분인 순도 1%의 사랑은 본질적으로 차이가 없다. 그리고 순도 99%의 사랑이 오히려 더 위험하다. 왜냐하면 순도 1%의 사랑은 미움을 잘 알고 드러나 있으므로 철저하게 경계하고 조심하여 오히려 다치지 않고 그 가느다란 사랑을 잘 이어가기도 하지만 순도 99%의 사랑은 오만해져 미움을 방심하기 때문에 언제 어디서 갑자기 뾰족한 칼날 끝이 되어 나를 찌를지 모르기 때문이다. 사랑을 얻으려는 마음인 애욕과 집착을 털끝만큼이라도 남겨두게 되면 나는 처음과 근본에서는 다를 바 없이 그대로인지라 사랑하기 위해 애쓴 보람도 없고 결과는 사랑 이전보다 더욱 나쁘게 되니 사랑을 한 번 시작했으면 순도 100%의 사랑이 되도록 완전한 끝을 봐야 된다. 오로지 고독의 힘으로 끝까지 밀어붙여 사랑과 미움의 뿌리를 통째로 도려내는 것이다.

신(神)은 나 자신과 도(道)와의 간격에 따라 다양한 모습으로 상응하여 나타나지만 법신(法身)은 오로지 털끝만큼의 차이가 사라졌을 때만 드러난다.

▧▧▧ 예부터 도(道)를 잘 행하는 자는 그 마음이 미묘(微妙)하고 현통(玄通)하며 그 깊이를 헤아릴 수 없다고 했다. 그래야 도와 털끝만큼의 차이가 나지 않는 것이니 곧 우주의 거시(巨視)와 미시(微視)를 모두 포괄하는 것이다. 마음이 털끝만큼이라도 천지자연과 차이가 나면 중생이요, 도(道)가 아무리 높아도 부처는 아니고 그냥 도(道)가 높은 중생일 뿐이다. 완벽하게 천지자연과 내가 계합하여 그 마음과 힘을 따로 나눌 수 없게 되면 도인(道人)이고 부처다. 도(道)는 털끝만큼의 오차도 용납하지 않는다. 이는 곧 전체의 마음과 단절된 별개의 독단적인 마음을 용납하지 않는다는 사실이다. 진리는 도(道) 아닌 도(道)이기 때문이다. 진여법계(眞如法界)인 천지자연에서는 빈 공간조차 눈꼽만큼의 빈틈도 없이 대도(大道)의 크고 작은 용(用)과 보이지 않는 다양한 힘으로 꽉 차 있으면서도 전체가 하나로 순리대로 움직이니 각 개체에게는 자유로운 움직임과 동시에 여유와 한가로움이 들어차 있다. 그러나 현상계에서는 각자의 마음들이 소득심(所得心)으로만 공간에 꽉 차 있어 땅 위의 건물 사이는 빈 공간이 많지만 부자유스럽고 조금의 한가로운 틈도 주지 않는다. 그래서 항상 팽팽하게 긴장되고 영역다툼과 괴로움이 일어난다. 둘 다 비어 있지만 동시에 비어 있지 않은 그 자리가 그 내용물은 마음에 따라 정반대로서 극락과 지옥을 가른다.

도(道)는 언제 어디서나 그 공간(자리)이 가진 고유의 힘이 천지자연의 힘을 바탕으로 하여 발생되도록 한다. 그래서 어떤 자리건 인간이 인위적인 힘으로 그 자리의 성품과 힘을 영원히 이겨낼 수는 없다. 그러니 자리의 힘과 성격을 존중하고 순응하면서 크게 어긋나지 않도록 잘 활용해야 되는 것이다. 이것은 풍수의 기본철학이기도 하다. 도를 아무리 닦아도 털끝만큼의 차이가 생기는 이유는 바로 태생적인 한계 때문이다. 도를 닦는다는 것은 아직은 천지자연이 아닌 분별심과 소득심을 바탕으로 개별적인 행(行)인 유위(有爲)를 하는 만큼 중도에 어긋나 전체의 움직임과는 항상 미세한 괴리가 생기게 마련이다. 또한 높이 올라갈수록 바람이 강한 것처럼 도가 높아질수록 많은 마(魔)가 덮쳐온다. 그러므로 도가 낮을 때는 오히려 자유스럽고 편안하지만 도가 높아질수록 부자유스럽게 되어가고 또 힘들게 된다. 털끝의 간격을 없애기 위해 젖먹던 힘까지 다 짜내 발버둥치니 당연하다. 그렇게 유위(有爲)가 극에 달한 순간 나를 잊게 되고 마침내 내가 사라져버리는 순간 비로소 하늘과 땅과 온전하게 하나가 된다.

근기가 낮을수록 털끝만큼의 차이가 있는 줄도 모르고 또 그것을 별 것 아니게 여기는 오류를 범한다. 성인(聖人)은 미세한 조짐으로 큰일을 미리 안다고 했다. 이것은 털끝만큼의 차이나 큰 차이나 본질적으로 같다는 것을 의미한다. 털끝만큼의 차이가 왜 하늘과 땅 사이의 간격으로 결국 벌어지고 마는가? 이것이 바로 욕망의 힘이다. 의식하고 있는 욕망은 어느 정도 소멸시켰지만 자기 자신이 미처 의식하지 못하는 차원에서 여전히 꿈틀대고 있는 영혼 속의 미세한 욕망은 태산이 언젠가는 무너지듯 결국은 원위치로 돌려놓고 만다. 털끝만큼 남아있는 미묘한 욕망이 씨앗이 되어 천지자연을 알게 모르게 미묘하게 거스르게 되고 자기 자신이 다시 또 욕망에 완전히 지배되고 만다. 욕망의 껍데기가 이전보다 더 화려해진다. 도(道)를 가는 데 있어서 진정으로 문제가 되는 것은 자연과 하나로 합친 듯이 보이지만 맨눈으로 자세히 들여다보면 여전히 자연과 틈이 벌어져 나뉘어 있는 미묘한 욕망인 것이다. 그러므로 도(道)를 확철대오하게 깨달을 때까지는 자기 자신이 여전히 욕망을 가지고 있는 중생임을 잊지 말아야 된다.

  그럼 어떻게 털끝만큼의 차이를 메꾸어 완벽해질 수 있을까? 끝을 항상 시작으로 삼으니 미세한 차이가 마침내 사라진다. 이 때 그렇게 완벽하게 되고 싶은 고상한 욕망이 다시 강하게 돋아나는 것을 일단 경계해야 한다. 이미 자기 힘으로 할 만큼 다 했고 한계에 이르렀으니 더 이상 인위(人爲)를 보태면 안된다. 이 마지막 털끝의 간격은 천지자연의 대도(大道)와 부처님과 신(神)께서 자기존재와 함께 할 수 있는 상태를 잘 유지해나가는 끝에 사라진다. 무념무상을 잘 유지해나가는 기도나 참선을 꾸준히 해나가야 한다. 마음이 멈추거나 움직여도 실패한다. 답답해하거나 절망하거나 오만해도 실패한다. 털끝만큼의 차이를 완벽하게 메꾸는 것은 마치 절벽 사이의 천길 낭떠러지 위에 걸쳐 있는 보이지 않는 가느다란 외줄을 타고 건너가는 것과 같다. 무사히 건너가면 드디어 내 존재와 천지자연과의 간격이 소멸되어 하나가 되니 대도를 이루는 것이다.

우리는 개개인마다 천지차이로 다르다. 그 다른 면도 다양하다. 그래서 궁합을 보게 된다. 궁합이 아무리 좋아도 서로의 간격을 완벽하게 메울 수는 없게 되어 있고 털끝만큼의 차이는 나기 마련이다. 이 차이는 마음으로 메꾸는 법이다. 그러므로 마음이 좁을수록 차이를 용납 못하니 궁합이 완벽하게 좋아도 서로 화합하기 어렵게 된다. 반면 궁합에서 서로의 간격이 커도 마음이 그보다 더 넓으면 그 차이를 포용하게 되니 서로 화합할 수 있게 된다. 그러므로 속이 좁고 왜곡된 사람은 좋은 궁합의 혜택도 얻기 어렵다. 또한 살아갈수록 털끝만큼의 차이가 점점 크게 느껴지므로 불행한 감각을 갖게 된다. 반대로 마음을 넓힐수록 궁합의 혜택은 커지기 마련이다. 그리고 선택할 수 있는 상대의 범위도 넓어지니 좋은 상대를 만날 가능성도 더욱 커진다. 아니, 만나는 상대가 좋은 상대가 된다. 그래서 마음이 넓어야 인연의 혜택을 크게 입게 된다. 소크라테스가 대철학자가 된 것은 악처 때문이다. 마음이 완벽하게 하나가 되면 부창부수가 되니 바른 길로 갈 때는 큰 도움이 되지만 어긋난 길로 갈 때는 패가망신하게 되니 위험성을 내포하고 있다. 마음이 하나일 때는 오히려 궁합이 다소 어긋난 것이 도움이 된다. 티격태격하면서 서로를 견제하는 부분이 생기니 위험을 예방할 수 있게 된다.

4.
欲得現前 莫存順逆
욕득현전 막존순역

도가 앞에 나타나길 바라거든 따름과 거슬림을 두지 말라

순수한 사랑은 선인연에 집착하지 않고 악인연을 미워하거나 피하지도 않으며 인연 그 자체를 한없이 존중한다. 인연으로부터 그 무엇을 하려고 하지 않으며 자기의 모든 것을 다 주고 얻는 바가 아무 것도 없어도 스스로 아쉬움이 없다. 그래서 상대와의 관계에서 더없이 지극한 선인연을 이루며 사랑의 덕을 얻게 된다. 그 사랑이 자연스럽게 두루 모든 생명에게 퍼지니 모두가 나의 자식이 될 뿐이다. 이로써 숙세의 인연관계로부터 벗어나 자유를 얻고 스스로를 우뚝 세운다. 이 사랑은 귀신도 감화시키니 신령세계 차원에서의 사랑이 된다. 사랑의 욕망으로 나 자신을 더럽히거나 잃어버리면 순수한 사랑을 할 수 있는 내가 없어지니 천지가 넓다 한들 그 어디에서도 진정한 사랑을 구할 곳 또한 없게 된다. 순수한 사랑이 눈앞에 나타나기를 바라거든 내 마음이 참으로 순수해야만 된다.

잘 되는 마음으로 신(神)을 만나려고 하면 신은 못 되는 가운데 숨어 있게 된다. 못 되는 마음으로 신을 만나려고 하면 신은 잘 되는 가운데 숨어 있게 된다. 아무런 마음이 없이 신을 만나려고 하면 신은 마음이 있는 곳에 숨어 있게 된다.

▨▨▨ 오로지 내면에 다툼이 없다면 허물이 없고 그러면 하늘 아래 이 사람과 다툴 자도 없게 되니 덕(德)이 충만하다고 했다. 허물이 없다면 곧 이것은 도(道)가 된다. 좋아하는 것을 따르고 싫어하는 것을 거스르는 본성대로 사는 것은 곧 허물을 낳으니 신을 보는 것이 불가능함은 물론이고 자기 자신의 굴레를 도무지 벗어날 길이 없으니 조금 달리 애쓸 필요도 있다. 도(道)는 나의 분별심에 따른 욕망을 따라오지 않고 이와 반대로 욕망과 분별심이 사라지는 그 자리에만 반드시 나타난다. 그러니 하고 싶은 것 다하면서 도를 닦을 수는 없고 하기 싫은 것도 해야 할 때는 해야만 도를 닦을 수 있는 법이다. 좋아하는 것을 따르는 습성을 극복하는 노력이 바로 지계(持戒)요, 싫어하는 것을 거스르는 습성을 없애기 위한 노력이 바로 인욕(忍辱)이다. 물론 둘 다 바라밀(波羅蜜)이 되도록 애써야 부작용없이 큰 결실을 맺는다. 따르고 거스르기 위해서 한평생 힘들게 애쓰는 그 노력을 조금만 방향을 틀어도 도(道)가 눈앞에 나타나도록 할 수 있는 법이다. 그것은 곧 내 마음이 지극히 소박하고 순수하여 천지자연과 함께 어느 정도 움직일 수 있게 되는 것이니만큼 당연히 신(神)과 부처님도 나에게 늘 머물러 있게 되는 것이다.

도를 따른다고 생각하면 도를 거스르는 것이요, 도를 거스른다고 생각하면 더욱 도를 거스르는 것이 된다. 좋은 것을 따른다고 하는 것은 좋은 것을 떠나보냄이요, 나쁜 것을 거스른다고 하는 것은 나쁜 것을 초빙하는 것이 된다. 돈을 따른다면 돈을 거스르는 것이 되어 돈을 떠나보내고 명당(明堂)을 따른다면 명당을 거스르는 것이 되어 명당을 떠나보낸다. 좋은 사람을 달라붙는 것은 오히려 떠나보내는 것이다. 미운 사람을 거부하는 것은 오히려 달라붙는 것이다. 인연에 집착할수록 인연은 고통을 낳는 방향으로 움직인다. 사주(四柱)의 용신(用神)을 따른다고 할수록 용신은 점점 잠들게 된다. 용신이 맘껏 움직일 수 있는 마음의 공간을 비워두어야 되는 법이다. 몸을 거스르면 요요현상이 더욱 심해지고 몸을 좋아하면 그 몸은 떠나간다. 그러니 무엇을 따르고 무엇을 거스를 것인가? '무엇' 이 문제가 아니라, 따르고 거스르는 그 습성 자체가 문제인 것이다. 잘 되기 위해 도를 닦는 것은 도를 거스르는 일이다. 도에서는 잘 되고 못 되는 것이 없기 때문이다.

인생의 항해에 있어서 순풍(順風)이 부는 것도 역풍(逆風)이 부는 것도 모두 나와 어우러진 자연스러운 일이다. 내가 그 한 가운데 서 있으므로 내가 그 자리를 비켜나거나 돌아서면 되니 처음부터 순풍이니 역풍이니 하는 것은 나를 떠나서는 본래 없는 것이다. 마음이 움직이니 바람이 부는 것일 뿐이다. 나 자신에 의해 생겨난 순풍과 역풍이 모두 사라진 고요한 그 자리가 바로 광명이 여여하고 도(道)가 눈에 들어오는 마음자리인 것이다. 그 때는 일체의 바람이 나와 평화롭게 어울리며 조화롭게 되니 바람과 마음이 따로 없게 된다. 천지사방이 본래 내 길이니 내가 없이 자유롭게 움직인다. 순리(順理)를 따르려고 생각하거나 애쓰면 곧 순리에 어긋난다.

　따르고 거스르는 것은 자유의지이므로 잘되든 망하든 자기책임이니 별 문제가 아니다. 사실은 따름과 거스름을 주체적으로 하느냐 아니면 지쳐서 하느냐가 진정 문제가 된다. 주체적으로 하면 비록 어긋나도 쓰러지지 않고 힘을 키우는 등 얻는 바가 있게 된다. 따르다가 지치면 거스르고, 거스르다가 지치면 따르는 것은 만신창이가 되니 따름과 거스름 모두 해롭게 된다. 따를 때 따르고 거스를 때 거스르는 것은 욕망과 지혜의 문제다. 욕망이 클수록 주관이 강해 서로 어긋나고 지혜가 클수록 두루 살피므로 서로 들어맞게 된다. 따름과 거스름을 양손에 쥐고 주체적으로 지혜롭게 행하면 마음의 중심이 서게 되고 그 다음 그 중심마저 비우게 되면 자연스럽게 이순(耳順)이 된다. 이른 바 도(道)를 말할 자격이 있는 것이다.

5.

違順相爭　是爲心病

위순상쟁 시위심병

어긋남과 따름이 서로 다툼은 마음의 병이 됨이니

　　사랑은 생명에게 따뜻함을 전해주는 영적인 힘이다. 그래서 그 따뜻한 온기로 힘들고 외로운 삶을 극복하게 된다. 자기 마음이 차갑게 식어버리면 스스로의 생명력을 약화시키므로 미움이 생겨난다. 그러니 뜨거운 정열이 식기 전에 숯불처럼 은은하게 잘 만들어 보존하는 것이 사랑을 이어나가는 핵심이 된다. 뜨거움과 차가움을 잘 조절해나가는 사람만이 사랑의 혜택을 입게 된다. 또한 내 안에서 사랑과 미움이 서로 다투며 엎치락뒤치락하고 상대와 사랑을 계산하며 밀고 당기고 하는 등의 최종결과는 심각한 영혼의 병(病)이다. 그러므로 나의 마음이 점점 더 순수한 사랑이 되도록 나 자신에 대한 사랑을 바르고 크게 키워가야 한다.

신(神)을 따르는 것은 밝지만 그 속에서 신은 내 그림자 속에 숨어 있고 신을 거스르는 것은 어둡지만 그 속에서 신은 내 눈 속에 숨어 있는다.

▨▨▨ 주관적인 상념이 모순으로 뭉쳐져 작용하는 분별취사심은 내면에 온갖 다툼을 저절로 생기게 만든다. 그로 인해 자기가 쪼개지면서 갈등과 분노가 그칠 날이 없다. 문제는 맞고 어긋남이 서로 다툴 때 어느 정도까지 투쟁을 하고 그 이상은 그칠 것인가 하는 한계를 설정하는 데 있다. 그 한계가 마음에 맺히지 않아 마음의 병이 들지 않는 정도까지가 된다. 마음의 병이 곧 업(業)이고 한(恨)이며 화병(火病)으로서 필경에는 영혼의 병으로 굳어지고 만다. 이 영혼의 병이 생(生)을 넘어서까지 자기존재를 계속 스스로 상처입히고 타인마저 해치면서 이 세계, 저 세계에서 쉬지 못하고 뒹굴게 만든다.

어긋난다, 맞는다 하는 것이 있어도 그것을 내면에서 지나치게 부풀리고 되새기며 강하게 심어두면 안된다. 이것은 자기 자신을 가장 사랑하는 법이기도 하다. 자기 생각이 강할수록 또 너무 괴로워하고 사랑하고 미워하고 화내고 슬퍼하고 기뻐하는 것은 최종적으로 영병(靈病)이 되고 만다. 특히 자기욕심에 신(神)까지 끌어들여 내면에서 자기가 만든 신과 자기욕망이 서로 갈등하고 다투도록 만드는 것은 극히 위험하다. 신을 나 자신과 싸우는 전사(戰士)로 둔갑시키고 또한 이런 다툼은 끝이 나지 않으므로 필연코 중한 병을 만든다. 그러므로 스스로 물질적, 정신적 욕심을 없애고 난 연후에 신앙생활이나 수행을 시작해야 하는 법이다. 선(禪)에서도 부처를 만나면 부처를 죽이라고 했으니 잘 들여다봐야 한다.

도(道)는 맞고 어긋남을 무시하지 않는다. 오히려 인간의 주관과는 비교할 수 없이 훨씬 더 강하고 엄격하게 따진다. 털끝만큼이라도 어긋나면 법에 따라 어김없이 어긋나는 만큼의 간격이 곧 업장(業障)으로 부여된다. 그 근본기준은 중도(中道)고 여기서 자유(自由)와 평등(平等)이 나오고 개별생명을 대함에 있어서 자비(慈悲)로서 자리이타(自利利他)가 된다. 이 다섯 가지 덕목이 지혜를 중심으로 대우주 차원에서 한덩어리가 되어 존재하고 움직이면서 행(行)이 이루어져야 되니 행(行)까지 포함해서 털끝만큼이라도 어긋난 데가 있으면 가히 도에 어긋나고 그른 것이 되어 나 자신이 일그러지고 수많은 번뇌망상을 낳아 편히 잠들지 못하게 만든다. 물극필반(物極必反)이고 제행무상(諸行無常)이니 내 주관으로 인한 갈등과 다툼 자체가 본래 부질없을 뿐이다. 처음부터 마음에 다툴 자리를 두지 않으면 병(病)이 들 자리 역시 없게 된다. 이것이 신(神)을 밝게 믿고 받아들이며 신과 일체가 되는 기본이다.

자기 생각에 잘 함몰되는 사람은 마음의 병이 생겼을때 조용히 기도나 명상을 하는 것은 위험하다. 자칫 무의식 속으로 더욱 그 병이 스며들어가기 때문에 여러 생(生)에 걸쳐 자기존재와 타인을 본의 아니게 해치게 될 수도 있다. 밖으로 토해내면서 동시에 진리의 힘으로 상처를 낫게 해야 된다. 무엇보다 마음의 병이 자기존재를 자기도 모르게 악(惡)으로 끌어가고 또 밖의 악을 끌어당기니 참으로 경계해야 된다. 싸이코패스는 이전 생(生)에서 마음의 병이 극에 달해 다시 태어나도 그

병이 이어져 마침내 영성(靈性)을 완전히 상실해버린 비인간적인 존재로서 가장 불쌍해진 인간이다.

⁂

따르고 싶어도 따르지 못하고 어긋나고 싶어도 어긋나지 못하여 끙끙대는 것은 두 가지 경우다. 하나는 업장의 구속 때문이고 다른 하나는 힘이 약한 것이다. 꼼짝할 수 없는 상황으로 이러지도 저러지도 못하는 것이 주로 인과로 인한 것인 바, 이 때는 자기존재와 마음을 잘 보전시키는 것이 최상이 된다. 모든 것은 변하니 미래를 예약하기 위해서다. 힘이 약한 것은 이런 기회에 정신력을 크게 키우는 쪽으로 방향을 잡아야 한다. 둘 다 공통점은 밖이 아니라 자기존재 자체를 향해서 무엇인가를 해야 되는 법이다. 이렇게 하는 것이 진정 큰 따름이고 마음의 병도 없게 된다. 반대로 하면 큰 어긋남이 되어 미래조차 사라지고 만다. 작게 따르고 작게 거스르면 괜히 스트레스만 가중되고 얻는 바도 없게 되니 헛고생이다.

⁂

6.

不識玄旨　徒勞念靜

불식현지 도로염정

현묘한 뜻은 알지 못하고 공연히 생각만 고요히 하려 하도다

사랑으로 행복을 얻고자 마음속의 미움을 억누르고 사랑을 키우려고 애쓰니 미움이 더욱 압축되어 단단하게 뭉쳐서 결국 힘이 아주 강해진 그 미움의 반격에 의해 사랑이 무너지고 만다. 그것이 한(恨)으로 남아 세상을 미워하게 되니 나 자신은 결국 모든 이에게 미운 오리새끼로 남고 만다. 사랑을 사랑하지 말고 미움을 미워하지 말고 사랑과 미움의 양쪽 어디에도 머물지 않으면서 그 하나의 뿌리를 찾아 없애면 간단하게 끝난다. 내 마음이 미움이 머물고 있는 자리보다 더 깊은 곳에 들어가면 미움은 뿌리없는 화초와 같아서 저절로 소멸된다. 그러면 사랑을 잘하려고 애쓸 것도 없이 사랑이 저절로 원만하게 이루어진다. 나는 그 사랑을 타고 놀면 된다.

신(神)은 내가 애써서 만날 수 있는 대상이 아니고 자연스럽게 만나게
되는 존재이고 또 항상 만나고 있으므로 내 마음을 붙들고 어떻게 하려고
애쓸수록 신과는 더욱 멀어진다.

▨▨▨ 마음을 다스리거나 고요하려고 애쓰는 것은 번뇌마(煩惱魔)를
부르는데, 마음이 일어나기도 하고 일어나지 않기도 하여 결과적으로
더욱 혼돈스럽게 된다. 도(道)에 따른다고 하면서 오히려 천지자연의
마음과 멀어지고 도(道)를 더욱 버리는 것이다. 현상계의 욕망의 뿌리
가 아직 남아 있으니 일체의 행(行) 그 자체가 이미 나 자신을 분열시키
는 것이 되기 때문이다. 결과적으로 분별심에 따른 상대적 변견은 더욱
힘을 얻게 되고 자기생각에 더욱 갇히게 되며 마음의 병만 더욱 깊어지
게 만들고 만다. 애써 한다는 것은 어느 정도까지는 성과가 있을지언정
그 너머로 나아가지는 못한다. 그렇다고 아무 것도 안 하고 있으면 더욱
안된다. 처음부터 욕망에 의한 생각이 일어나지 않는 상태가 되어야만
한다. 분노를 다스리는 것은 좋지만 처음부터 분노가 일어나지 않는 것
에 비하면 차원이 비교조차 되지 않는다. 무위자연(無爲自然)은 처음부
터 고요한 것이지, 일어난 것을 고요하게 하려는 것이 아니다. 그것은
인위(人爲)일 뿐이다. 인위는 인과를 낳고 그 업(業)에 다시 사로잡히게
되어 마음이 움직이게 되니 고요함은 남의 일이 되고 만다. 그래서 생각
을 고요히 하여 영원한 마음의 평화를 얻으려고 애쓰는 것은 헛된 노력
이다.

　대범하다는 것은 어긋남과 따름의 다툼을 조용히 잠재울 수 있는 힘
을 갖고 있는 것이니 곧 영혼의 힘과 정신력이다. 무쟁(無爭)의 경지에

다다르려면 필연적으로 이 힘이 뒷받침되어야만 한다. 마음의 광명을 밝히는 것은 영력(靈力)이 키포인트기 때문이다. 힘이 커질수록 저절로 생각이 고요하게 된다. 용맹정진은 그 힘을 키워 생각이 저절로 죽게 한 후 다시 바르게 살려내는 일이다.

　반드시 현묘한 뜻과 고요한 생각이 보조를 맞추어 앞으로 나아간다. 그래서 현묘한 뜻을 다시 한 번 잘 살펴 알아야 한다. 현묘한 뜻은 도(道)고 선(禪)이며 법(法)이고 대행(大行)이고 무위(無爲)로서 자연스러움이니 수행이나 그 무엇에도 언제 어디서든 인위(人爲)가 일체 없음이고 애씀이 없다. 인위가 억지로 지속되면 필연적으로 마음의 병(病)만 얻게 된다. 인위가 있다면 현묘한 뜻이 아니라 인간의 뜻으로서 겉으로 드러나 있고 고정되어 있으니 태풍이 불면 허망하게 날려가버린다. 선(禪)은 오로지 처음부터 끝까지 현묘한 뜻일 뿐이다. 그래서 가르치거나 배울 수는 없다. 그 가운데 성인(聖人)은 항상 그 현묘한 뜻을 안팎으로 밝게 드러내고 있으니 그것을 보고 듣는 사람 역시 현묘한 뜻을 얻게 된다. 수행이 바르게 깊어지면 현묘한 뜻도 저절로 점점 더 깊이 깨우쳐 가게 된다. 그런데 중간에 그만 고정관념과 선입견이 생기면 깨우침이 멈추게 된다. 그런데 몸은 계속 수행하니 헛걸음에 넘어지고 만다. 그래서 알음알이를 경계하는 것이다. 그러므로 수행 중간 중간에 현묘한 뜻을 수시로 되살피며 뜻도 같이 깊이있게 깨우쳐가야 이런 우(愚)를 범하는 것을 예방할 수 있다. 불법은 한 구절에 만 구절이 들어가 있고 만 구절이 한 구절에 모여 있으니 한 구절과 만 구절을 같이 잘 살펴나가야 한다.

머리가 복잡하고 마음이 심란할 때 조용히 앉아 기도하거나 명상하면서 억지로 머릿속을 비우고 마음을 고요히 하려고 애쓰는 것은 일시적인 효과만 있을 뿐 혹에 혹을 하나 더 덧붙이는 결과밖에 되지 않는다. 욕망을 억누르면 마음만 더욱 복잡해진다. 그렇다고 그대로 있어도 안된다. 이 때는 주관적인 생각에 따르면 더욱 악화되니 일단은 자기만의 생각에 갇히지 않도록 유념해야 됨은 물론이다. 그리고 그 근원을 어느 정도 손봐야 한다. 이런 경우는 소리의 도움을 얻으면 좋다. 진언(眞言)이 그런 것이다. 비록 현실에서 온갖 잡다한 마음이 나온다고 하지만 그 근원이 분열된 상(相)과 전생의 업(業)인 경우가 많은데, 이것은 다스리고 스스로 지워 없애기 어려우므로 소리를 통해 신(神)의 힘을 빌어오는 것이다. 가장 높은 소리와 가장 낮은 소리를 잘 조합하여 리드미컬하게 집중하여 진언을 반복하면 자기 안에서 울리며 번뇌망상의 파동이 많이 끊어지므로 저절로 고요하게 된다. 이 때 조심할 점은 마음을 고요하고자 하는 목적에 너무 의식적으로 매달리면 안된다는 것이다. 신력(神力)은 항상 텅 빈 마음일 때 가장 크게 위력을 발휘하게 된다.

7.

圓同太虛 無欠無餘

원동태허 무흠무여

둥글기가 큰 허공과 같아서 모자람도 없고 남음도 없거늘

순수한 사랑은 대우주의 사랑 그 자체이니 지극히 원만하여 두루하지 않은 곳이 없고 날카롭지 않아서 주거나 받아도 해(害)가 없고 청정하여 오염시키지 않고 그 누구에게도 넘치거나 부족함이 없이 각자의 마음이 열린 만큼 꼭 채워지므로 일체생명이 불만없이 행복하게 된다. 그래서 모든 이가 원하는 사랑을 전혀 힘들이지 않고 100% 충족시켜주게 되면서 그와 동시에 나 자신도 저절로 충족된다. 그러므로 단지 내가 순수한 마음을 갖추어 그것이 나에게 저절로 스며들도록 하면 된다. 순수한 사랑은 어려움이 없다. 이미 내 안에 있기 때문이다.

**신(神)은 나에게 모자람도 없애주고 남음도 없애주어 큰 자유를 얻도록
해준다.**

▨▨▨ 둥글고 둥글게 운명(運命)을 굴리니 내가 없는 곳이 없게 된다.
크게 이루어진 것은 모자란 듯 보이고 크게 찬 것은 빈 듯이 보인다고
했다. 허공이 모양이 없지만 둥글다고 하는 것은 융통자재하고 걸림이
없으며 그 어느 지점에 있으나 평등하고 중심의 힘을 똑같이 품고 있기
때문이다. 그렇지 않으면 제멋대로 표류하고 우주가 혼돈에 휩싸인다.
그래서 도(道)를 둥근 큰 허공으로 비유한다. 그래서 존재할 수 있게 되
고 천지자연의 대도(大道)를 따를 수밖에 없게 되는 것이다. 그것을 거
스르면 병과 죽음과 소멸만이 남게 된다. 그러므로 개인의 욕망이 병과
죽음과 소멸을 가져온다는 사실을 알 수 있다.

우리들 모두 도(道)로부터 나왔으므로 평등하게 도를 품고 있다. 그
래서 조금도 보태거나 덜어낼 수 없어 모두가 원만하게 갖추어 있기 때
문에 증감할 수 없으니 모자람도 남는 것도 본래 없다. 이것이 자연이고
본래마음이다. 이 실상을 밝게 보는 것이 곧 신(神)을 보게 되는 것이
다. 그런데 나는 몸의 크기에만 꼭 맞는 개별적인 욕망을 따로 갖고 있
으니 어쩔 수 없이 그것을 따르게 된다. 욕망은 모자라거나 남는 것을
마음에 두는 의식체계다. 그것도 좋은데, 일그러지고 제멋대로 변하며
한계도 없고 제대로 받아들여 채우지도 못하니 자기존재를 더럽히고
천지를 어지럽히기만 하는 허깨비같은 욕망이다. 그래서 대우주는 그
에 맞추어 법(法)이라는 것을 운용하고 있는데, 일시적으로 모자라거나
남는 것을 차후에 정산하고 강제력으로 본래 무(無), 즉 도(道)의 상태

52

로 되돌려준다. 크게 모자라거나 남으면 인간세상을 벗어나 천상이나 지옥을 동원한다. 도(道)는 달아나고 자유마저 결국 잃고 마니 분수를 알고 잘 그쳐야 되는 이유다.

내 마음을 어떻게 운용해나가느냐 하는 문제에 있어서 기본적인 관점은 나의 생명과 인생이 이윤을 남길 목적으로 태어난 것도 아닌 만큼 도(道)의 부증불감(不增不減)을 따라 인생에서 얻은 것도 없고 잃은 것도 없고 남은 것도 없고 모자란 것도 없다는 인식을 가져야 최소한의 웰빙(well-being)과 웰다잉(well-dying)이라도 되지 않겠는가? 그렇지 않으면 마음병이 생겨 새로 얻는 몸에 갇히게 되어 또 다시 영혼으로서의 자유를 잃게 된다.

도를 닦는 인생을 사는 사람은 특히 더욱 조심해야 된다. 한 생(生)에서 도를 성취하는 것은 참으로 쉽지 않은 만큼 속인보다 더욱 큰 한(恨)을 남기기 쉽다. 한평생 거지 비슷하게 도 닦은 사람은 그 어떤 보상심과 미련도 남기지 말고 잘 떨쳐버리고 아미타여래불에게 잘 귀의한 채로 두려움없이 죽음을 맞이해야 내생에 도(道)를 이어갈 수 있게 되어 더 큰 도(道)를 이루게 된다. 도를 닦은 대가를 충분히 받은 수도자는 내생에 뭔가 모자라게 된다. 삼생(三生) 정도는 몸과 마음이 거지가 되어 살 각오가 굳게 서야만 대도(大道)를 성취할 수 있다.

마음은 본래 모든 것을 다 갖추고 있어서 남음도 부족함도 없이 원만하지만 현상계에서 타고난 복(福)은 모자람과 남음이 있다. 그러나 이것도 자기욕망의 정도에 따라 상대적으로 정해지는 부분이 있으므로 욕망의 조정이 우선 필요하다. 그래서 욕심을 버리면 모자람이 줄어들고 남는 것이 커지므로 나눌 수 있게 된다. 이것은 내가 직접 할 바다. 그리고 객관적으로 부족한 것은 타인에게나 신(神)에게 잘 빌어오면 된다. 이것은 인간세상의 숙제로서 개개인별로 모자라고 남는 것을 어떻게 잘 교환하여 서로를 원만하게 채워주는가 하는 점은 우리 모두가 노력해야 할 바다. 복은 주관적인 면과 객관적인 면을 함께 갖고 있으므로 어느 하나의 면만 잘 조정되어도 우리 모두 비교적 살만하게 된다. 그리고 주관을 소멸시키고 객관을 고행인욕으로 해나가면 곧 도(道)를 가는 것이 된다. 그렇게 나아갈수록 모자람도 남음도 점점 없는 존재상태가 되어가니 번뇌가 일어남도 점점 줄어든다.

8.

良由取捨 所以不如

양유취사 소이불여

취하고 버림으로 말미암아 그 까닭에 여여하지 못하도다

　사랑이 떠나면 견디지 못하고 힘들어하며 또 다른 사랑을 얻으려고 애쓴다. 그러다가 사랑이 식으면 내가 사랑을 버리려고 애쓴다. 한 상대에게조차도 사랑의 처음과 중간과 끝이 한결같지 못하고 수시로 앞과 뒤가 서로를 배신한다. 배신의 고통은 오로지 내 몫이다. 이렇게 밖을 향하여 또 내 자신을 향하여 사랑을 분별하여 쉬지 않고 얻고 버리지만 원래 사랑은 취하고 버릴 수 있는 것이 아니다. 더구나 이 사랑들이 나의 변치 않고 유일한 마음인 순수한 사랑을 가리어 덮고 있음이라, 그 때문에 나 자신이 변치 않고 원만하고 영원한 큰사랑이 되지 못한다.

신(神)은 내가 가지거나 버리는 객관적 대상이 아니고 그럴 수도 없다. 마찬가지로 신도 나를 취하거나 버리는 것은 없고 그런 적도 없다. 취하거나 버리는 것은 오로지 망념일 뿐이니 진실한 믿음이 되지 못한다. 취하고 버리는 내가 있으면 영원히 신은 신일 뿐이고 나는 나일 뿐이니 따로 놀면서 항상 신과 어긋난다.

▨▨▨ 고상한 가치를 취하고 저급한 가치를 버리는 것은 인간세상의 훌륭한 덕목이지만 이 덕목을 쌓아가다가 마침내 도(道)에 입문하고자 할 때는 차원을 달리해야 된다. 도(道)에 입문한다는 것은 인간세상의 욕망과 물질세계의 차원을 넘어 시공(時空)을 달리하는 신령세계(神靈世界)로 들어가는 것이기 때문에 여러모로 기준이 차이가 날 수밖에 없기 때문이다. 도(道)의 세계에서는 고상하고 저급한 분별이 없이 일체 평등하다. 특히 도(道)와 반대된다고 여기는 가치들을 버리려고 애쓰고 자기가 생각하는 도(道)에 집착하는 것은 대도(大道)에 그대로 어긋나고 만다. 왜냐하면 취사선택하는 중생심의 뿌리가 더욱 강해지기 때문이다. 이 모두가 욕망세계일 뿐이다. 그러므로 중생을 버리고서 부처가 될 수 없고 세간법을 버리고서 불법을 취할 수 없다. 도(道)는 둥근 큰 허공이라고 했으므로 여기에는 허공과 같은 나의 영혼이 있을 뿐, 취하고 버릴 것이 따로 없게 된다. 취하고 버리려는 욕망은 암세포일 뿐이다. 암세포를 진짜 버려야 되지 않겠는가? 도(道)의 움직임은 반(反)이라고 했듯이 망념에 따라 취한 것은 사라지고 버린 것은 다가오니 오로지 허망할 따름이다.

여여(如如)하다는 것은 언제 어느 자리에 있으나 안팎이 일치하고 비어 분별간택심이 없으며 한결같다는 뜻이다. 이것은 완전히 허공 속에만 머물러 있어야만 가능하게 된다. 그러므로 여여하려면 취하고 버리려는 습성에서 벗어나야만 되는 법이다. 이것은 소유의식의 소멸이다. 여기서 따로 취하거나 버릴 것이 없다. 다만 개체화되어 있는 몸의 필요성에 따라 최소한도로 끌어 쓸 뿐이다. 사랑과 미움과 소유의 한도는 마음이 눌리고 불편해지는 것이다. 이것은 자기영혼을 망가뜨리는 것으로 백 배 천 배 이상의 큰 손실을 추후 예외없이 겪게 된다. 반면 그 한도를 넘어선 것을 잘 버리면 도를 얻는 데 큰 도움이 된다. 그 한도를 넘어 취하면 자기에게 있어 물질을 주고 생명을 유지해주는 작은 도(道)마저 싹 달아나버린다. 그러면 맨날 갈등과 충돌만 남으니 돈많은 거지가 되어 인생살이가 고달프게 된다. 내 몸이 된 정(情)이 이리저리 쉼없이 옮겨다니니 단지 한 생(生)에 그 습성을 끊어버리려는 크나큰 용기가 필요할 뿐이다.

내가 무엇을 취하고 버린다고 하지만 대부분은 내 의지와 무관하게 주어지고 떠나간다. 그래서 사는 일이 괴롭기도 하지만 내 의지와 더불어 나를 중심으로 작용하는 법(法)이 또한 움직이기 때문이다. 이렇게 나를 중심으로 오고 가는 것이 나의 욕망과 일치할 때 좋은 운(運)이라고 하며 그 반대일 때는 나쁜 운이라고 여긴다. 나 자신의 마음이 법과 동떨어져 움직이는 탓이다. 그래서 내가 원하는 것이 항상 취해지고 버리고 싶을 때 버려지는 것은 오로지 내가 법과 일체가 되었을 때다. 법과 일체가 되려면 일단은 내 개별적인 욕망이 주관대로 함부로 움직이지 못하도록 잘 단속해야 하고 엄격하게 객관에 따라 마음이 그에 맞추어 움직여야만 된다. 객관은 법의 작용이 정체를 드러낸 모습이므로 내가 무시한다고 될 일이 아니다. 그럴수록 더욱 조여온다. 운(運)은 법의 작용을 알려주는 객관적인 지표니 운을 잘 파악하여 지혜를 발휘해야 되는 것이다. 그러면서 근본적으로 객관에 대한 마음도 점점 줄어들어가야 된다.

9.

莫逐有緣 勿住空忍

막축유연 물주공인

세간 속의 인연을 쫓아가지도 말고

출세간의 인연이 비워진 자리에도 머물지 말라

사랑을 쫓아다니다가 지쳐서 포기하거나 버림받은 충격으로 홀로 즐기는 삶을 선택하는 것은 고요함과 평안함을 얻는 대신에 사랑하는 자기마음을 잃는 것이니 결코 수지맞는 삶이 아니다. 사랑하는 마음은 곧 생명력이기 때문이다. 인연 속에서 자기의 사랑을 닦아나가는 것만이 큰 행복을 얻는 길이다. 불편한 자리에서의 사랑과 편한 자리에서의 사랑은 똑같은 사랑인데, 자리에 따른 내 마음의 상태에 따라 사랑의 차별을 둔다. 처한 자리에 대한 마음을 버리고 나면 이 자리와 저 자리 모두에 오히려 내 순수한 사랑으로 채워지니 비로소 자리마다 생기넘치는 자리가 되고 사랑이 싱싱한 꽃을 피우며 나는 어디에 있건 큰사랑이 여여한 인물이 된다.

신(神)은 내 마음 안에도 내 마음 밖에도 있지 않으니 세간 속에서나 출세간 속에서나 따로 찾을 수 없게 되어 있다. 오로지 마음 안팎의 분별경계가 사라진 그 자리에 환하게 드러나니 신은 따로 머무는 곳이 없다.

▨▨▨ 세간 속의 인연에 따라 일어나는 마음은 곧 천마(天魔)고 출세간의 인연이 비워진 고요한 자리에 머무는 것은 곧 음마(陰魔)라서 양쪽 다 도(道)를 가지 못하게 된다. 이는 바른 법이 아니고 도(道)에는 본래 그런 일이 없다. 망념으로 인해 맺어진 인연의 굴레인 세간(世間) 속에 머물면서 인연을 따라다니지도 말고 거부하지도 말며 인연의 굴레가 사라진 출세간(出世間)의 자리에도 고요하게 편안히 머물지 말아야 한다. 세간과 출세간, 사바세계와 불국토를 따로 분별하여 나누어 따지며 머무는 안목을 벗어나는 것이다. 도(道)는 지옥으로부터 극락까지 일체공간을 포괄하고 부처는 공간의 벽을 불허하는 온전한 존재이기 때문이다. 성문(聲聞)은 숲속에 가만히 앉아서도 악마에게 붙잡히고 보살은 세간에 노닐어도 외도들과 마군이 보지 못한다고 했다.

인연은 끊어짐이 없고 늘 이어져 있어 오로지 가까워졌다 멀어졌다 할 뿐이다. 마음은 늘 어디에 머물 구실을 찾고 있다. 이런 인연과 망심(妄心)의 꾀임에 속아 넘어가지 않으려면 인연을 존중하는 불심(佛心)을 가지고 인연에 어둡지 않은 지혜(智慧)를 키우며 인연에 매이지 않는 청정심(淸淨心)을 구비한 가운데 인연에 있어 자유자재할 수 있는 힘을 키우고 발휘해야 되는 것이다. 그러면 이 가르침대로 사는 것이 된다. 인연을 취하는 것도 아니고 버리는 것도 아니게 되는 것이다. 세간에 머무는 것도 아니고 출세간에 머무는 것도 아닌 것이다. 만법(萬法)

60

이 일단은 일심(一心)으로 귀일(歸一)하고 그 일심이 만법을 일으키니 너무 쉽지 않은가?

세간에 대한 무관심은 최악이다. 생명은 화기(火氣)가 있어 따뜻하고 활동하고 도를 닦을 수 있게 되는데, 무관심은 자기존재를 차갑게 만드니 활동이 멈추고 자기가 그만 죽어버린 것으로서 세간을 쫓아가거나 거부하는 것보다 훨씬 더 크게 그른 것이 된다. 지혜마저 죽어버린다. 활동하지 않으면 생명(生命)이 아니다. 생명이 아니면 곧 부처가 아니고 부처가 아니므로 당연히 도(道)가 아니다. 도가 아니므로 선(禪)이 아니다. 세간을 쫓아가지 않는다는 것은 세간 속에서도 세간의 일과 무관하게 밝음을 잘 지키는 것이다. 그러면 출세간을 찾지 않더라도 저절로 출세간에 영원히 머물 자격이 주어지니 도(道)에 의해 자연스럽게 출세간을 얻게 된다. 그 때 신(神)과 출세간의 진정한 낙(樂)을 스스로 알게 된다. 쫓지 않으면 무관심해지고 쫓으면 내가 끌려다니며 흔들리는 성품을 타고난 사람이라면 우선 정신을 좀 더 강하게 단련시켜야 한다.

실천이 약간 더 힘든 것이 바로 인연이 비워진 그 자리를 어떻게 처리해나가야 하는가의 문제다. 처음부터 빈자리는 고요하고 평화로우나 한 번 채웠다 빠져나간 그 빈자리는 씻을 수 없는 흔적을 남기니 뒷처리하기가 보통 어려운 일이 아니다. 도(道)에 의해 각자 고유의 성품들을 갖고 있으니 완벽하게 대체할 수 있는 인연은 본래 없기 때문이다. 이렇게 보면 생멸하는 인연을 맺는 것 자체가 애초에 고(苦)를 스스로 만든 것이니 누굴 탓할 수도 없다. 도(道)의 차원에서 원칙론적으로 보자면 있음(有)은 없음(無)에서 생겨났으니 빈자리는 그대로 빈 채로 두는 것이 가장 이상적이다. 뭔가 채우려고 한다는 것은 망념으로서 취사선택하여 업(業)이 추가로 형성되기 때문이다.

그럼 언제까지 빈 채로 두어야 하는가? 바로 신(神)이 찰나간에 들어차며 새로운 나 자신이 쑤욱 등장할 때까지다. 그것은 고독과의 사투 끝에 얻어진 가장 값진 도(道)의 일차적인 선물이다. 그러나 새로 등장한 나 자신과 그 빈자리를 즐기는 것은 또한 도(道)와 천리만리 어긋난다. 전체와의 연결성을 위해 새롭게 된 그 마음자리를 다시 한 번 크게 돌이켜야 한다. 그래서 출세간의 법에도 머무르지 말라는 것이다. 빈자리를 즐기면 인연에서 오는 시끄러움을 잠시 피할 수는 있겠지만 대도(大道)로 나아가는 데는 많은 위험을 부르게 된다. 시간이 지나면 안팎으로 필시 그 한적함이 깨지고 소란스러운 상황이 오게 되는데 그 이후를 이겨나가지 못하기 때문이다. 세속에 대한 면역력이 약해졌기 때문이다. 그러면 궁극에는 세속의 힘에 의한 타락이라는 무서운 결과를 가져오게 된다. 인연과 관계없이 편한 자리와 불편한 자리를 취사선택하는 망념이 문제인 것이다. 쫓아가면 달아나고 머물면 쫓겨나니 본래 모든 곳이 내 집이면서 내 집이 아니다.

원효대사는 스스로를 버리는 파계행(破戒行)으로 세간(俗)과 출세간(聖)의 엄숙한 경계를 속시원하게 무너뜨렸다. 그리고 서산대사와 사명대사 역시 부처를 칼로 만들어 휘두르면서 출세간(僧家)과 세간(나라)의 경계를 싹 없애버렸다. 이 분들은 부처님의 교지를 다른 선사들처럼 말로만 가르친 것이 아니라 직접 행(行)을 하신 것이다. 불법이 중국에 건너온 뒤로 선(禪)이 온갖 복잡난해한 이론으로 사람들을 희롱하며 불법을 세간과 더욱 분리시키고 화석화되어버렸다. 선(禪)은 본래 생생하게 살아 움직이는 것이고 고정됨이 없는 것인데 그만 반대로 되어버렸다. 미래의 모든 현자(賢者)들은 잘 본받아 종교의 굴레에 갇히지 말고 성속(聖俗)의 경계를 뛰어넘은 속인의 모습과 중도의 마음으로 중생들을 한 명도 빠짐없이 구제해야 한다. 불도(佛道)를 바르게 체득하여 훌륭한 영혼이 된 후에 다시 몸을 가지고 와서 큰 뜻을 펼친다면 이 세상은 극락이 될 것이고 그렇지 않고 영원히 태어나지 않으면 이 세간은 영영 이대로일 뿐이다. 많은 훌륭한 이들이 출생하면 부처님과 예수님의 자비와 사랑을 이 땅에서 이룬다. 태어나도 더 이상 세간을 쫓지 않고 출세간에도 머무르지 않으니 맘껏 다시 환생하여 고통받는 이의 현실을 개선해주면 좋을 것이다. 그리고 정(政)은 무사공평(無私公平)하고 교(敎)는 정(政)과 힘을 합해서 지혜롭게 일체평등을 현실에서 이룰 수 있도록 매진해서 인간세상의 양대축인 정교(政敎)를 사람들에게 이롭게 되도록 만들어주어야 한다.

고상하고 품위있게 살려거나 마음편하게 살려고 하는 것은 인연을 더욱 쫓아다니게 만들어 나를 분열시키고 주체성을 상실하며 내 마음을 더욱 고단하게 만들 뿐이니 어리석음이 된다. 순수하고 소박하게 살수록 마음은 더욱 여여해진다. 또한 그 마음자리로 들어오는 모든 것은 삶을 더욱 풍성하게 해주니 저절로 편안하고 즐겁다. 그 자리가 저절로 출세간의 고요함을 이루니 곧 고상하고 품위있으며 마음편한 자리가 된다. 그리고 주체성을 갖고 있으니 마음껏 자기존재를 누리게 된다. 그러므로 복을 많이 갖고 태어나지 못한 사람도 이리저리 뭔가를 쫓아다니지 않고 마음을 잘 닦으면 복을 많이 갖고 이리저리 쫓아다니는 사람보다도 더 많은 편안함을 누릴 수 있다. 그 때 마음이 위대함을 비로소 깨닫게 되니 스스로 있는 그 자리에서 얻지 못하는 사람은 항상 빈약한 마음으로 스스로를 왜소화시킨다.

10.

一種平懷　泯然自盡

일종평회 민연자진

한 가지를 바로 품으면 사라져 저절로 다하리라

　사랑과 미움으로 뒤범벅되어 혼란스럽고 오염되기 이전의 순수한 사랑 한 가지만 내 자신의 안팎으로 마음을 열어 변함없이 끝까지 품기만 하면 된다. 그렇게 되면 가만히 있어도 순수한 사랑이 만능의 힘으로 일체 대상을 상대하니 사랑에서 결함이 없게 된다. 이 때는 내 마음을 걱정할 것이 하나도 없게 되고 상대가 가져다주는 사랑과 미움의 장난을 조금도 두려워할 것이 없다. 왜냐하면 나의 온갖 걱정과 두려움이 순수한 사랑의 힘에 의해 저절로 사라지기 때문이다.

신(神)은 내가 품을 수가 없다. 이미 품고 있기 때문이다. 오로지 내가 품고 있던 밝음을 꺼내 공양을 올릴 때 내 안팎의 신과 찰나간에 이어진다.

▨▨▨ 마음의 핵(核)은 영혼이고 영혼의 근본성품은 불성인지라 마음은 곧 부처가 된다. 마음을 밝힌다는 것은 부처로서의 대광명을 드러낸다는 의미다. 몸과 업장과 삶의 그림자는 곧 전생의 영혼이 분별취사의 삿됨과 알음알이를 갖고 있었기 때문이다. 〈나〉라는 상(相)은 이렇게 전생령의 번뇌망상과 업(業)의 집합체로서 또 금생에 가지는 욕심에 따라 수많은 요소들로 분열된 상을 이루어 상호작용하고 있다. 그러니 그 어느 하나씩 상대해서 어느 세월에 몽땅 소멸시킬 수 있겠는가? 그래서 여기서 한 가지를 바로 지니라고 한다. 그 한 가지가 무엇이고 바로 품는다는 것은 또 어떻게 하는 것이며, 사라져 저절로 다하는 것은 어떻게 되는 것인가를 정확하게 이해해야만 도(道)에 어긋나지 않고 큰 복덕이 생겨난다.

장차 큰 것을 얻으려면 작은 것을 먼저 내주어야 하듯이 도(道)를 얻으려면 나 자신을 먼저 내주어야 한다. 소유와 분별취사심을 먼저 내려놓아야 하는 법이다. 그러면 한 가지를 품게 되어 일체의 번잡스러움이 저절로 사라져 다하게 된다. 품는다는 것은 비로소 드러낸다는 것이다. 한 가지는 바로 중도(中道)를 의미한다. 늘 양변을 벗어나는 것을 말했으니 당연하다.

중도가 왜 유일한 한 가지가 되는가? 바로 궁극적인 내 불성(佛性)의 성품이기 때문이다. 그 외는 일체가 가고 오고 나타나고 사라지는 것이므로 품을래도 도저히 품을 수가 없다. 그러니 중도를 품고 싶지 않아도 품을 수밖에 없게 되어 있는 것이 대도(大道)에 의해 이루어진 내 존재의 구조다. 그런데 실은 내가 중도를 품는 것이 아니라 바로 중도가 나를 품고 있다. 나는 중도의 자식이고 중도는 나의 어머니다.

중도를 바로 품는다는 것은 중도를 품고 있는 나의 영혼을 뚜렷하게 드러내면서 부처님과의 교류를 통한 불심(佛心)을 접해가는 것이다. 그리하여 갈등과 투쟁을 일으키는 모든 분별과 양변(兩邊)이 실제로 영혼 의식 차원에서 저절로 떨어져나가고 영원히 사라져 중도실상을 보게 되는 것이다. 모두가 본래 중도에 있건만 시비선악을 비롯한 각종 분별심에 매여 있어 바로 품지 못하고 있으니 중도가 현전하지도 않고 도통 제 역할을 하지 못하고 오랜 세월 잠자고 있다. 중도를 품는 것은 나의 불성(佛性)이고 불성을 찾은 나의 영혼이며 그로부터 자연스럽게 나오는 나의 정견(正見)과 바른 믿음인 것이다. 정(正)은 치우침이 없어 집착이 소멸되니 일체의 고(苦)가 영원히 떨어져나간다.

사라져 저절로 다한다는 것은 중도를 스스로 품은 데서 오는 지극히 자연스러운 결과이다. 중도의 힘으로 망견(妄見)이 스스로 사라지니 비로소 신(神)을 밝게 보게 되어 일체의 번뇌망상이 저절로 다하고 업장이 근본적으로 소멸된다. 이들이 사라져 저절로 다한 그 자리에 바로 불성(佛性)이 순수해진 밝은 영혼을 통해 만 가지 덕(德)을 드러내고 큰 지혜광명으로 걸림없이 온갖 신통력으로 마음껏 자유로운 묘용(妙用)을 하게 된다. 이 진여묘용은 부처님과 신(神)의 무위행(無爲行)이기도 하다. 한 가지가 만 가지보다 훨씬 더 무섭고 힘드니 한 가지만 하면 몽땅 사라지므로 인생사에서도 근본적으로는 늘 마지막 일 하나만 나에게 여전히 남아 있는 것이다.

인생은 자기욕망과 타고난 운명의 조합으로 전개된다. 그리고 최종적인 현상으로 드러나는 것은 가장 강한 한 가지 성품에 의해 결정된다. 그러므로 뿌리는 성품이고 욕망과 운명은 두 줄기가 되며 나타난 현상은 두 색깔의 꽃이 된다. 열매는 자기마음이다. 당연하게도 꽃과 열매를 원하는 것으로 가지고 싶으면 그 뿌리를 교정하면 된다. 자기의 타고난 성품 가운데 원하는 바를 이루는 데 가장 큰 지장을 주는 성품을 찾아내어 고치면 성공한 인생이 되는 것은 법이니 어김이 없다. 그러니 얼마나 간단한가? 법을 알면 머리가 복잡한 것이 완전히 사라진다. 모든 것이 간단명료해지는 것이다. 만약 성품을 고치기 싫다면 욕망과 운명이 불러오는 현상에 불만을 가지지 않으면 된다. 그러면 최종열매인 자기마음은 온전하게 보존되니 손해가 없다. 이것도 저것도 아닌 것이 가장 그릇된 일이 된다.

11.
止動歸止　止更彌動

지동귀지 지갱미동

움직임을 그쳐 그침에 돌아가면 그침이 다시 큰 움직임이 되나니

　사랑과 미움이 수시로 뒤바뀌며 요동치는 그 마음을 완전히 그쳐 한 없이 고요하게 하고 그 고요함을 철저히 다진 후 다시 한 번 고요함을 그치게 하면 비로소 내면으로부터 순수한 사랑이 큰 힘으로 움직여 모든 생명에 대한 사랑을 이루게 되니 따로 애씀이 없어 사랑하느라 조금도 피곤함이 없고 사랑이 떠나도 슬프지 않고 미워하거나 미움을 버리려고 기력을 소모하지도 않게 된다. 본래 내가 사랑을 하는 것이 아니라 사랑 한가운데 내가 늘 있게 되고 내가 미워하는 것이 아니라 미움 한가운데 내가 있을 뿐이니 나는 사랑과 미움의 주인이 되어 항상 이 둘을 필요에 따라 부릴 수 있게 된다.

마음을 닦고 다스리며 그치고 고요하게 해봐야 신(神)이 진실로 드러나지 않게 된다. 인위(人爲)로는 백천만겁난조우(百千萬劫難遭遇)인 것이니 단지 마음이 있기 이전의 자리를 깨달으면 된다.

▨▨▨ 움직이거나 그치거나 하지만 실은 잠시도 그치지 못하고 늘 움직이고 있다. 죽으면 몸은 그치지만 영혼은 또한 계속 움직인다. 그래서 휴식이 없다. 인간의 근본욕망은 모든 것을 그치는 영원한 휴식을 원하는 것이기도 하다. 움직임은 무명(無明)의 행(行)이고 영혼의 파동이다. 여기서 가지게 되는 식(識)이 곧 마음이고 번뇌망상이며 욕망이다. 이 일체가 곧 망심(妄心)이다. 그런데 움직임은 쉼없고 나를 구속하며 힘들게 만드니 반대로 그침, 즉 고요함(靜)의 욕망이 또한 저절로 간택된다. 그 욕망을 따라 움직임을 억누르게 된다. 마음을 다스리고 번뇌망상을 줄이려고 하며 고요함을 좋아하고 움직임을 싫어하게 된다. 그렇게 수행을 해서 억지로 그쳐봐야 그 최종결과는 더 큰 움직임을 만들어낸다는 것이다. 그렇게 되면 망심이 더욱 짙어져 마음의 병이 더 커지게 되고 내 마음을 감당하지 못해 결국은 스스로 무너지게 된다. 움직여도 그쳐도 항상 내 뜻과 다르게 돌아가니 악화될 뿐인지라, 마음을 다스린다는 것은 구경(究竟)에서 보면 헛된 짓으로 끝나는 것이다.

움직임의 미덕(美德)은 삶이고 부덕(不德)은 헐떡거림이다. 그침의 미덕은 여유고 부덕은 죽음이다. 선(禪)은 움직임과 그침의 미덕을 극대화하고 부덕을 갖지 않도록 하면서 온전하게 쭉 이어가는 길(線)이다. 그러므로 도(道)는 당연히 움직임이나 그침의 어느 한 변에 머물러 있지 않을뿐더러 움직임과 그침의 아름다운 조화고 율동이며 생동감을

70

갖게 해준다. 그런데 욕망으로 움직임과 그침의 부덕을 항상 오간다. 삶의 감각을 갖기 위해 움직임에 머물자니 평화와 휴식이 없이 늘 스트레스가 가중되면서 오히려 삶의 감각이 옅어지고 여유를 얻기 위해 그침에 머물자니 죽어 있고 쓸모없는 것처럼 느껴지면서 여유로움이 오히려 옅어진다. 왜 이렇게 되는가? 그것은 자기마음이 유(有)와 무(無)를 나누어 어느 한 쪽에만 가치를 부여하면서 치우쳐 있기 때문이다. 움직임과 그침을 오가며 각각의 미덕을 얻기 위해서 억지로 고정시키려하지만 그것은 불가능한 시도다. 그런데 우리는 항상 불가능한 시도를 하면서 긍정적인 가치를 창출하려고 하니 이것이 곧 큰 어리석음이다. 움직임을 그쳐 그침에 돌아가고자 억지로 마음을 고정시켜도 움직임으로 향하는 근본적인 영혼의 성향을 막을 수는 없다. 억지로 그침에 머물게 되어도 그침의 미덕을 얻지 못하는 것이다. 오히려 억지로 그침은 용수철을 누르고 있는 것과 같아서 더 큰 움직임을 만들고 더 큰 헐떡거림을 가져오게 된다. 그침도 움직임의 한 부분에 불과하니 움직임을 그침으로서만 벗어날 수 없는 법이다. 인위적인 노력은 항상 더 큰 굴레와 부작용(邪)을 만드는 것이 우리의 의식체계다. 중도로서의 바름(正)은 그 근본에 늘 양변에 머무는 마음이 없는 무위(無爲)가 깔려 있다.

움직임을 그친다는 것은 자기영혼의 움직임을 멈춘다는 것이다. 영혼의 움직임으로 인한 파동, 즉 번뇌망상이 더 이상 날뛰지 못하는 것이다. 그침에 돌아간다는 것은 그렇게 움직임이 그친 자기영혼을 자기존재의 주체로 삼는다는 것을 의미한다. 그렇게 되면 자기영혼이 본래 품고 있던 대우주 차원에서의 각종 영적 능력과 자질이 발휘되기 마련이고 그것은 시간을 짧게 하고 공간을 넓게 하니 몸을 위주로 움직일 때보다 훨씬 큰 움직임과 활동력을 얻게 되는 것이다. 그런데 근본에서는 움직임과 그침을 다르게 보는 분별망상이 그대로 있으므로 양변(兩邊)을 나누어 갖게 된 데서 오는 구속은 여전하다. 당연히 움직임의 근원인 영혼이 여전히 그대로 있어 결국은 그침이 제지를 받게 되니 그친 데서 오는 능력을 얼마 갖지 못하고 그것도 잠깐일 뿐이다. 다만 일단 그쳐야만 이전보다 더 큰 힘을 만들어낼 수 있다는 사실은 삶에서 보면 큰 업적을 이룰 수 있게 되니 대단히 유용한 점이다.

한 변(邊)만 순전히 취할 수 없게 되어 있으니 움직임이나 그침의 어느 한 쪽에 머물고 있다고 착각하여 자유로 즐겼다가는 움직임과 그침의 엄청난 동시공격을 받게 되니 최종적으로는 사면초가가 되어 꼼짝달싹 못하게 된다. 욕망에게는 항상 양변이 하나로 구속이니 늘 욕망의 양팔에 수갑을 채운다. 한 변에만 머물 수 있다고 착각하면 안된다. 욕망은 그 어리석음으로 인해 그런 착각을 불러일으킨다. 법에서 보면 움직임도 그침도 모습을 가진 상태니 다를 바 없다.

나쁜 운(運)에 움직임을 그치고 내면의 힘을 키우고 실력을 축적하며 기회를 기다리다가 좋은 운에 와서 움직이면 잘 되는 법이니 이것은 법을 잘 따르는 공덕으로 이루어지는 일이다. 나쁜 운에 열심히 움직이다가 지쳐서 좋은 운에 푹 쉬면서 그치면 소득이 없을뿐더러 일평생 앞의 노력에 따른 뒤의 후유증만 겪게 되니 거꾸로 사는 셈이 된다. 나쁜 운에 그칠 때 진정으로 비우고 크게 그쳐야만 좋은 운에 크게 움직여 큰 것을 이루게 된다. 그러므로 그 사람이 일생에 이루는 업적의 정도는 얼마나 크게 그치고 얼마나 크게 움직이느냐에 달려 있게 된다. 크게 성공하는 사람일수록 내공을 갖추기 위해 크게 그쳐 있는 기간이 길게 되니, 이른 바 무명시절인지라 결국 인생의 성공은 무명시절을 어떻게 보내느냐에 달려 있게 된다. 마음이 작거나 욕심이 큰 사람은 이 시절을 욕망의 움직임으로만 채워 결국 소리만 요란한 크고 빈 깡통이 되니 얼마 굴러가지 못해 사람들 발에 채이고 만다.

12.
唯滯兩邊　寧知一種
유체양변 영지일종
오직 양변에 머물러 있거니 어찌 한 가지임을 알건가

　내가 사랑하거나 미워하거나 오로지 어느 한 쪽에 마음이 붙어 있으니 이 두 마음은 애욕으로서 뿌리가 같다. 또 그 뿌리가 땅에 붙어 있고 그 땅은 허공에 의지하여 있는데, 잎 하나를 붙잡고 뚫어지게 쳐다보고 있고 그 이상은 눈에 들어오지 않아 그 뿌리와 땅과 허공을 알기 어렵다. 사랑의 잎이든 미움의 잎이든간에 그 잎과 뿌리와 땅과 허공이 하나가 되어 전체형상을 이루고 있으니 잎과 허공이 곧 하나다. 그 허공은 나의 본래 순수한 사랑이고 큰 사랑이고 변치 않는 사랑이고 원만한 사랑이고 영원한 사랑이니 어찌 한철 넘기면 시들어 사라지는 잎사귀를 쥐고 있는가?

내가 양변에 머무르고 있으니 그 망심에 의해 신(神)은 가려지면서 동시에 신과 내가 모두 저절로 둘로 쪼개지고 만다. 또한 망심 속에서는 나 자신을 스스로 소외시키고 있으니 신을 소외시키게 되고 신을 만날 나 자신도 신도 없게 되니 온전한 신(神)을 만나는 것은 불가능하다.

▨▨▨ 마음이 있으니 움직임과 고요함이 다른 줄로 착각하여 분별한다. 움직이거나 그치거나 하는 일이 실은 동일한 짓을 늘 반복하는 것에 지나지 않는다. 그리고 어느 한 쪽에 억지로 오래 머무는 것은 즐거워도 그 이면에 미묘한 고통이 늘 지속된다. 몸이 아프면 어떤 자세와 자리든 늘 불편하다. 오로지 몸이 나아야만 어디에 있든 어떤 동작을 취하건 항상 편안하게 된다. 그 몸을 낫게 하는 명약(名藥)이 일종(一種), 즉 중도(中道)가 되는 것이다.

중도는 움직임이나 그침을 위한 어떤 생각이나 행(行)을 하거나 왔다 갔다 하는 것이 아니다. 그렇다고 중간에 적당히 머무는 것도 아니다. 움직임과 그침이 본래 한 뿌리에서 나오는 정반대의 현상임을 깨달아야 한다. 현상으로 보면 전혀 상반되지만 그 뿌리는 동일하다. 그치고 싶어도 움직이게 되고 움직이고 싶어도 그치게 만드는 정체모를 힘과, 그치고 싶어도 조금 그치고 움직이고 싶어도 조금밖에 움직이지 못하는 부족한 역량과, 움직여야 할 때 그치고 그쳐야 할 때 움직이는 어리석음으로 인해, 움직임과 그침의 혜택보다 늘 잘못된 업(業)을 짓고 불운을 스스로 초래하니 자유가 없고 몸은 곤궁할 수밖에 없다. 그러다가 움직임이 그침의 한 부분에 지나지 않고 그침이 움직임의 한 부분에 지나지 않음을 깨닫고 이 내면의 밑바닥을 더 파고 들어가다가 드디어 근본자리인 일종(一種)을 만나게 된다. 여기에는 움직임이나 그침이 따로 없고 여여(如如)하면서도 자기존재 천제가 법(法)을 따라 저절로 천변만화(千變萬化)하고 있음을 알게 된다. 저절로 그렇게 되어 있으니 곧 자연(自然)이라, 따로 힘을 쓸 필요도 없고 따라서 스트레스 제로(0)의 상태가 되니 움직이면서도 그쳐 있고 그쳐 있으면서도 움직이고 있다. 이것을 억지로 이름붙여 중도라 부른다.

　중도에서는 시간과 공간에 걸리지 않고 대상에 매이지도 않으니 움직임과 그침이라는 말이 필요없게 된다. 또한 큰 신령(神靈)들과 교류한다. 그동안 개체의 이득만을 중심으로 움직이거나 그치는 것에서부터 벗어나 드디어 신령세계 차원에서 자타불이(自他不二)의 자리이타행(行)이 가능하게 된다. 일체평등 가운데서 동(動)과 지(止)를 자유롭게 운용하여 상대에 꼭 들어맞게 자연스러운 움직임과 그침을 이루니 움직임이 필요할 때 움직임을 부여하게 되고 그침이 필요할 때 그침을 부여한다. 이는 곧 차별상의 존중이 이루어지는 것이고 자비에 넘치거나 모자람이 없어 움직임과 그침이 도(道)의 대용(大用)이 되고 대행(大行)이다. 중도를 가려고 한다면 일단은 동(動)과 지(止)의 양변(兩邊)에 머무는 분별심이 떨어져나가 번뇌망상이 저절로 그치게 되어야 한다. 이후 선정이 지속적으로 잘 이루어져 움직임과 그침이 크게 되면서 서서히 양손에 걸머쥐게 된다. 그러다가 용맹정진이 나오게 되니 이는 그냥 열심히 죽도록 애쓰는 움직임이 아니라 바른 믿음을 뿌리로 삼아 깊고 큰 그침 한가운데서 비롯되는 두려움 없는 큰 움직임이니 무유공포(無有恐怖)가 기본이 되는 움직임이다.

생각을 놓고 보면 생각을 하거나 안하거나 하는 양쪽을 오락가락한다. 그러다가 생각해야 될 때 생각을 그치고 생각을 그쳐야 할 때 생각하면 어긋나게 되어 문제가 발생하게 된다. 나쁜 운(運)에는 생각을 되도록 그치고 분산시키지 말아야 하고 좋은 운에는 생각을 많이 해서 그 생각의 덕을 얻도록 해야 된다. 생각을 때에 맞추는 것도 어렵지만 가장 근본적인 사항은 이 생각 자체를 근원적으로 그치고 나아가 생각을 원하는대로 활용하는 바가 된다. 생각을 하건 그치건 나는 항상 움직이고 있으므로 생각을 안한다고 해도 문제가 생기는 것이다. 그러므로 생각이 나오는 원천을 찾아 그치도록 하는 것이 큰 과제가 된다. 그렇지 않으면 그칠 방도가 없으니 당연히 큰 움직임을 낼 수가 없게 되어 욕구불만이 생기고 그것에 점차 지배당하게 된다. 조심할 것은 생각을 움직이는 것과 그치는 것이 다른 것이 아니라는 사실이다.

13.

一種不通　兩處失功

일종불통 양처실공

한 가지에 통하지 못하면 양쪽 다 공덕을 잃으리니

　　사랑과 미움 앞에서 내 욕망을 버리면 양쪽으로 인한 큰 공덕을 얻게 된다. 사랑은 나 자신에게 있는 밝음과 아름다움을 드러내게 해주면서 기쁨과 행복을 더해주고 미움은 나 자신에게 있는 못된 마음을 일깨워 고치고 버리도록 해주니 사람과 미움은 모두 공덕을 가지고 있어 어느 것이나 버릴 것이 없다. 그러나 순수한 사랑을 일깨워 그것을 사랑과 미움의 바탕으로 삼지 못하면 이와 같이 되지 못한다. 사랑은 집착이 되어 자유를 빼앗가 버리므로 추한 그늘을 드리우고 미움은 원한을 낳게 되어 악연이 형성되니 앞날의 큰 고통을 예약한다. 사랑만 원하고 미움은 없기를 바란다면 오로지 순수한 사랑 하나를 가져야만 한다.

신앙이 삶을 통하여 원만해지고 삶이 신앙을 통하여 소박해지니 삶과 신앙의 껍데기로 서로 벗겨내주는 까닭이다. 그러므로 신앙은 자연스럽고 삶은 부드러우니 양쪽 공덕을 모두 얻어 마침내 신(神)을 만나게 된다. 신을 두루 통하지 못하면 신앙과 삶의 양쪽 공덕 모두 보잘 것 없게 된다.

▨▨▨ 번뇌가 곧 보리(菩提)라고 했듯이 번뇌, 즉 움직임과 그침의 본래성품을 깨달으면 그만인 것이다. 마음을 움직이고 그치는 것이 한 뿌리에서 나오고 그 뿌리를 뽑아버릴 때 비로소 온전한 그침과 움직임이 내 뜻에 따라 자유롭게 이루어진다. 그렇게 되면 마음을 움직일 때나 그칠 때나 걸릴 것 없이 항상 신(神)을 만나고 있게 되니 내 존재가 항상 빛을 품고 발하게 된다. 움직이면 뭔가 새롭게 만들어지고 그치면 그 만든 것을 함께 누리게 되니 움직임이나 그침이나 항상 변함없이 좋은 일이 된다. 그 때는 움직임과 그침에 의해 나 자신이 희롱당하지 않고 움직임과 그침을 자유롭게 운용하여 움직이고 싶을 때 완벽하게 움직이고 그치고 싶을 때 완벽하게 그쳐 항상 넉넉하고 평화로우며 자유자재하니 이것이 곧 중도의 미덕이기도 하다. 그러려면 자기영혼에서 나오는 온갖 내용을 담고 있는 망상과 밖으로부터 와서 일으키는 잡다한 번뇌를 제어할 수 있어야 하니 여기에는 큰 힘이 요구된다. 힘이 약하면 안팎으로부터 오는 이 크나큰 압력에서 벗어날 수 없으니 불가능하다. 그러므로 큰 정신력을 우선 키워야만 수행이 가능한 법이다. 수행을 본격적으로 시작하기 전에 반드시 착한마음을 겸비한 채 정신력을 크게 키우는 데 중점을 두어야 한다. 이렇게 되어야 두터운 업장과 번뇌망상을 뚫고 중도를 향해 들어갈 수 있게 되어 비로소 지혜와 자유를 조금씩 얻게 된다. 그리고 노력해서 힘이 생겨나면 반드시 영혼이 품고 있는 욕

망 또한 힘이 그만큼 강해지므로 타락으로 이끌어가게 되기 때문이다. 나 자신이 욕망덩어리이니 수행할수록 욕망이 약해진다는 느낌은 망심에게 스스로 속는 것이니 경계해야 된다. 자칫 어느 순간 압축되었던 욕망이 화산처럼 분출하면 그만 제정신을 잃어버리고 욕망의 화신이 되고 만다. 마음의 움직임과 그침에 따라 끌려다니면 힘이 들고 인과를 강하게 낳게 된다. 그것은 곧 움직일 때의 좋은 면과 그칠 때의 좋은 면을 모두 잃어버리게 되는 것이다.

나를 기준으로 좋은 것과 나쁜 것, 좋아 보이는 것과 나빠 보이는 것이 뒤죽박죽이 되어 어두우므로 선택과 달리 실은 좋고 나쁜 모든 것을 받아들이고 있는 것이 실정이다. 그래서 양쪽 다 잃고 만다. 좋은 것을 잃고 나쁜 것을 얻어 업장을 짓고 고통을 겪는다. 이것은 분별심과 상대성(相對性)에 사로잡혀 사는 우리의 어리석음인 것이다. 그런데 굳이 그러지 않고 단지 상대성을 가지기 이전의 가치만 받아들이면 양쪽 어느 것을 따로 취하거나 버리지 않더라도 모든 공덕을 성취한다. 그것이 바로 양변으로 나뉘어지기 이전의 중도(中道)이고 청정한 마음이라는 일종(一種)이다. 나도 하나이고 모든 대상의 뿌리도 하나인데 그것을 나누어 분별하니 나도 여러 쪼가리로 나뉘어지고 대상도 여러 쪼가리로 나뉘어져 영영 헤매고 있다.

한 가지에 통(通)하면 된다. 그 한 가지는 바로 중도로서의 내 존재이고 본바탕이며 청정한 진여(眞如)로서의 나의 진정한 본래모습이다. 그 빛을 두루 비추어 일체를 다시 밝혀 밝음으로 돌아가게 하니 그침과 움직임을 비롯한 일체의 양쪽 공덕을 모두 취해서 행복하게 된다. 화복길

흥이 본질이 하나이므로 복을 두려움 없이 마음껏 누리는 것이다. 내가 한 가지를 껴안으니 하늘과 땅의 뿌리를 얻어서 만물이 비로소 한 가지로 온전하게 되어 나에게서 빛을 발한다. 한 가지를 얻어 비로소 족(足)함을 알게 되니 항상 부(富)하여 따로 욕심을 가질 필요가 없게 된다. 얻으려 함이 없으니 잃음도 없고 잡으려 함이 없으니 놓침도 없다. 몸이 건강하니 움직여도 늘 평화롭고 고요해도 늘 생생하다. 마음이 한결같으니 늘 처음과 같이 하여 끝맺으니 허물이 남지 않고 재앙을 부르지 않는다. 위에 있어도 아래에 있고 아래에 있어도 위에 있으니 위아래의 공덕을 모두 누린다. 스스로 드러내지 않으니 밝고 스스로 옳다고 하지 않으니 바르고 스스로 뽐내지 않으니 공이 있고 스스로 자만하지 않으니 으뜸이 된다. 죽어도 없어지지 않으니 수(壽)를 누린다. 함이 없고 평안하며 고요하지만 일체의 모범이 된다. 그래서 주인 노릇을 하지 않아도 저절로 항상 주인이다. 그러자면 이것 저것을 쫓아다니기만 하는 나의 움직임과 포기하고 주저앉아 멈추어버리는 나의 그침을 모두 떨쳐버리고 내 존재를 사랑하며 정신력을 키우고 텅 빈 중심을 만들어내면 된다.

⚜ ❧

일평생을 그침, 즉 고요함이 주(主)가 되어 살아야만 하는 경우도 있다. 그것은 곧 자기희생이 인생 전체를 관통하는 핵심덕목이 되어 있을 때이다. 장애인을 둔 부모가 대표적인 경우다. 업장소멸은 큰 그침으로만 가능하게 되는데 이것은 일생이라는 비교적 기나긴 시간을 이어가야 한다. 이 때 움직임은 업장소멸을 훼방놓는 일이 된다. 무섭게 그치고 몸을 움직이는 이것은 곧 인욕바라밀이기도 하다. 그렇지 않으면 움직이고 그치게 만드는 운(運)의 영향력에 더욱 강하게 지배되고 만다. 나쁜 운은 마음을 분산시키며 움직이게 하고 좋은 운은 마음을 집중시키며 움직이게 만든다. 나쁜 운은 희망을 버려 그치게 만들고 좋은 운은 욕심을 버려 그치게 만든다. 이렇게 운의 영향을 잘 받아들여 좋은 운에는 욕심을 그치고 마음을 더욱 집중하여 움직이고 나쁜 마음을 완전히 그쳐야 한다. 나쁜 운에는 체념하지 않고 마음을 분산시키지 말아야 하며 좋은 마음을 계속 이어가야 한다. 운이 만들어내는 현상에 마음이 마냥 끌려가면 나중에는 남는 것이 없다.

14.

遣有沒有 從空背空

견유몰유 종공배공

있음을 버리면 있음에 빠지고 공함을 따르면 공함을 등지느니라

미움은 보다 더 큰 미움으로 버려지게 되니 이전보다 더 강한 미움을 등장시키게 된다. 사랑은 또 다른 더 큰 사랑으로 버려지게 되니 이전보다 더 강한 사랑을 등장시키게 된다. 버리려고 애쓰는 것 자체가 더욱 취하는 것이 되는 법이기 때문이다. 그래서 취하거나 버릴수록 영혼 속에 점점 더 강하게 각인된 사랑과 미움에 의해 내 존재가 작아지고 약해지며 점차 지배당하게 된다. 어느 하나가 소용돌이치는 순간 삶이 혼란되고 만다. 순수한 사랑을 따른다고 할수록 순수한 사랑은 오히려 멀어지고 더욱 등지게 된다. 순수하다는 것은 생각 이전의 행(行)이고 성품이다. 진정 순수한 사랑을 따른다고 한다면 내가 그렇게 한다는 별개의 의식이 조금도 없이 자연스럽게 되고 있는 것이다.

나를 버리면 오히려 나에게 빠지게 되고 신(神)을 따르면 오히려 신을 등지게 되니 버리거나 따르는 것은 나 자신과 신을 동시에 잃어버리게 되는 것이라서 무명만 더욱 커질 뿐이다.

▨▨▨ 현상을 벗어나려고 애쓰면 더욱 큰 현상에 빠지고 고상한 가치를 쫓아가면 오히려 이를 등지면서 더욱 저급해진다. 어느 것이나 자기 존재가 움직이고 그치면서 만들어낸 그림자이기 때문이고 또 버리거나 얻으려는 생각 자체를 덧붙이는 것이 되고 나아가 부분으로 쪼개놓기 때문이다. 그렇다고 전체적인 것만 쫓아가면 자기존재와 전체를 더욱 잃어버린다. 생각은 항상 부분적이라 생각이 곧 나의 적이다. 근본적인 문제는 무엇이든 취사선택하여 따르거나 버리려고 하는 그 영혼의 프로그램화되어 있는 습성에 있다. 유(有)를 유(有)와 무(無), 공(空)을 공(空)과 만(滿), 이렇게 분별하는 순간 이것들의 포로가 되어버린다. 이것은 본래 적이 아닌데, 적과 동지로 억지로 만들어 나누어놓고 적과 싸워 이기려는 것과 똑같다. 이겨본들 상처만 남는 영광이고 허망하게 된다. 처음부터 만들지 않고 나누지 않은 것보다는 결코 나을 수가 없다. 싸우지 않고 이기는 법이 바로 이런 이치다.

도(道)는 온전하지만 마음은 항상 나누어 스스로를 배신한다. 도(道)에서는 일차적으로 따로 나누어 생각하지 않는다. 그렇다고 전체만 생각하지도 않는다. 있건 없건, 좋건 싫건, 사랑하건 미워하건 넘치건 모자라건 비어 있건 가득 차 있건간에 그 무엇이건 양변에 놓이면서 항상 문제를 일으키는 어리석음에서 탈출한다. 분별심을 버리면 오히려 대상이 있는 그대로의 모습으로 눈에 들어오기 때문에 생각은 부수적이 되고 의식이 작동하기 이전에 찰나에 본질을 보고 알게 되니—직관과는 전혀 다르다—저절로 올바른 선택이 된다. 선택하고자 하면 어긋나고 취하고자 하면 버리게 되고 버리고자 하면 취하게 되어버리는 이 모순의 구조에서 비로소 벗어나서, 있는 그대로를 보고 간택하게 된다.

버린다고 버려지는 것도 없고 비운다고 비워지는 것도 없고 따른다고 따르게 되는 것도 없다. 잊는다고 잊혀지는 것도 없고 기억한다고 기억되는 것도 없다. 얻는다고 얻어지는 것도 없고 잃는다고 잃게 되는 것도 없다. 왜 그런가? 나 자신이 본래 안팎의 구별이 없이 이들 모두의 집합체이기도 하고 내 영혼을 중심으로 연결되어 있기 때문이다. 그러므로 무엇을 하려고 애쓸 필요가 없고 어려움이 없다. 이것은 속세의 삶이나 도를 닦는 삶이나 근본에서는 똑같다. 이 모두를 담고 있는 나 자신을 재조정하고 재구축하면 그만인 것이다. 그런데 밖으로 향하거나 안으로 향하는 분별을 만들어놓으니 이마저도 잘 되지 않는다. 다만 나 자신을 그렇게 변형시키는 데 기준이 있어야 무질서해지지 않으므로 이 근본기준을 중도(中道)로 삼으라는 것이다. 중도는 조화와 균형, 중용, 개체와 전체의 일체화된 상태와 자유로운 움직임, 평등과 자비, 주체성과 자율, 자연스러운 주고 받음, 물질세계와 신령세계와의 자유로운 교류, 자리이타, 자타불이, 무위자연, 시공초월, 업장소멸 등등의 가치를 포괄하고 있는 개념이다. 이 가운데 한 두 개의 덕목을 붙잡고 잘 들어가면 된다.

미운 사람을 자꾸 생각한다는 것은 그 사람을 내 영혼 속에 깊이 심어두는 일이 된다. 더구나 자연스럽게 인연이 다하여 헤어지지 못하고 억지로 벗어나려고 애쓸수록 더욱 깊이 빠져들게 된다. 그래서 그 사람으로부터 드디어 벗어나고 나서도 다시 만나게 되는 것이다. 그리고 영혼 속에 새겨진 미움이 대상을 또 바꿔서 마음을 일으키니 그 고통은 끝이 없게 된다. 가정폭력의 대물림 현상이다. 미운 마음을 강하게 가졌던 것이 참으로 힘든 결과를 초래하는 것이다. 그러므로 처음부터 미운 사람이 문제가 아니라 내 마음이 근본적인 화근인 것이다. 미운 사람에게는 웃으며 떡 하나 더 주는 것이 백배 이롭게 된다. 미운 사람을 떠나 사랑하는 사람을 찾으려는 것은 스스로를 큰 위험에 빠뜨리게 된다. 그 사람에 대해서 있는 그대로의 전체를 보지 못하고 겉으로 드러난 미운 사람의 반대면만 부분적으로 보이기 때문이다. 아버지가 미워서 아버지와 정반대인 사람과 결혼하면 행복해질 줄 알았더니 지나고 보니 아버지와 똑같거나 더한 것이다. 왜 그런가? 자기 마음속에 심었던 미움이 인(因)이 되어 결혼한 배우자가 그에 맞게 연(緣)을 주기 때문이다. 오른쪽에 있다가 싫어서 왼쪽으로 옮겨봐야 온전한 왼쪽이 되지 못한다. 마음속의 오른쪽이 훼방놓기 때문이다.

15.

多言多慮 轉不相應

다언다려 전불상응

말이 많고 고려함이 많으면 더욱더 상응하지 못함이요

사랑한다는 말을 할수록, 사랑한다는 생각을 할수록 묘하게도 사랑이 점점 몸 밖으로 빠져나가게 된다. 그리고 사랑한다는 말과 생각만 점점 남게 된다. 알맹이는 빠지고 껍데기만 남은 사랑이 되고 만다. 그 껍데기는 허약하니 조만간 깨지고 만다. 또한 내 안팎으로 사랑타령하고 이것저것 따지며 사랑을 생각할수록 미움도 그에 비례하여 생겨나고 강하게 된다. 그래서 더욱 들뜨게 되어 본래 순수한 사랑으로부터 더욱더 벗어나고 어긋나게 된다. 또한 나 자신이 저절로 작아지면서 좌충우돌하게 되어 허공과의 마찰과 충돌이 커져 상처만 남게 된다. 말과 생각이 순수한 사랑을 덮어버리고 멀어지게 만드는 번뇌망상이 되지 않도록 경계해야 된다. 아울러 주관과 주관은 대개 어긋나므로 상대의 말과 생각을 짐작하여 사랑을 판단하지도 말아야 한다.

신(神)을 열심히 생각하고 찬양하며 신에 대한 말을 많이 할수록 신은 더욱 더 멀어져만 가니 진정한 자기혁명은 요원하다.

▨▨▨▨ 말(생각)이 도(道)를 쓰면 거짓이요, 도(道)가 말(생각)을 쓰면 진실이다. 좋은 말은 흠이 없어야 하니 주관이 아니라 곧 도(道)의 용(用)이 되는 말이다. 작은 것은 말이고 생각이요, 큰 것은 마음이고 지혜라, 작은 것을 주고 받으면 다툼이 생기고 큰 것을 주고 받으면 화합이 되는 법이다. 말이 많고 고려함이 많으면 작은 것에 집착함이 되고 큰 것으로부터는 더욱 멀어지는 법이다. 말과 생각은 번뇌망상인지라 걸림이 있게 되니 말이 많고 생각이 많으면 도(道)와 더욱더 상응하지 못한다. 자연(自然)은 말이 없는지라 말로 표현할 수 없고 마음으로도 생각할 수 없는 것을 그렇게 하면 더욱 반대로 가는 것은 당연하다. 말과 생각은 항상 부분적인 것만 가질 수 있기 때문이다. 믿음이 있는 말은 투박하고 아름다운 말은 믿음직하지 않은 법이며 더구나 말이 많은 것은 실로 알지 못하는 것이고 알면 알수록 말이 없어지는 법이다. 말이 많으면 자주 궁(窮)해진다고 했으니 좋지 않다. 그래서 행(行)이 근본적인 가치가 된다. 그러나 벙어리가 되고 아무 생각없이 지낸다는 것은 말과 생각의 공덕을 또한 잃어버리는 것이니 이는 양변에 치우치게 되는 것이다. 다언다려(多言多慮)라는 말 속에는 무언무려(無言無慮)라는 의미도 포함되어 있다. 그러니 말을 많이 해도 안되고 적게 해도 안되고 하지 않아도 안되고 생각을 많이 해도 안되고 적게 해도 안되고 생각하지 않아도 안된다. 또한 도와 상응하지 못하고 말과 생각이 많을수록 도와 멀어지는 이유 가운데 하나는 바로 정신의 분산을 초래하기 때문이다. 정신이 말과 생각의 대상을 따라 분산되면 힘이 약해지고 있는 그대

로 보기도 어려워지면서 지혜가 발현되지 못하게 된다. 말과 생각이 없는 것은 두뇌의 퇴화를 촉진하여 정신이 흐려진다. 정신은 무조건 강하고 또렷해야 된다. 그래야 도를 이룰 수 있기 때문이다. 말과 생각이라는 것은 영혼이 가지는 미세한 것까지 포함하고 있다. 화두참구가 일차적으로 이 목적을 달성하기 위한 방편이다.

　말과 생각을 쉬지 않고 제멋대로 만들어내고 있는 그 주체를 찾아 몽둥이로 때려잡으면 된다. 그리고 나면 말과 생각이 크고 바르게 되어 큰 가치를 창출하게 된다. 유(有)에 대한 관심을 넘어서 무(無)에 대한 집중을 한 후에 〈유〉와 〈무〉를 넘어 완전히 자연스러운 의식상태가 이루어져야만 비로소 일단은 도(道)와 상응하게 되는 선(禪)이 된다. 말과 생각이 많아지면 유(有)에 머물게 되거나 무(無)에 대한 집중이 불가능해져 도에 이르기는 요원해지는 것이니 선(禪)이 되지 않는다. 도와 상응하게 된 이후의 말과 생각은 내용은 똑같더라도 그 속의 알맹이는 그 이전과는 완전히 달라지게 된다. 말과 생각이 업이 되지 않고 말 속에 자비심과 영력을 담아 상대의 영혼에게까지 전해주고 새겨줄 수 있고 생각 또한 뇌파와 영파(靈波)를 자유롭게 조절하여 상대의 생각을 있는 그대로 보고 알게 되면서 그것과 한 치의 차이도 없이 일치시켜 완전한 하나의 공감을 이루게 되니 자타불이(自他不二)가 저절로 된다. 이른바 법보시를 온전하게 할 수 있게 되는 것이다. 이렇게 도를 이루기 전과 후의 말과 생각은 천지차이로 다르게 된다.

　송나라 설두(雪竇)스님은 평생에 말을 너무 많이 한 것이 걱정이란 말을 마지막에 남겼지만 아는 사람에게는 아는지라 그것이 해(害)가 되지 않고 모르는 사람에게는 모르므로 역시 해가 되지 않는다. 설두스님 역시 본체를 떠난 말이 아니므로 잘못한 것이 없다. 다만 알음알이를 일삼는 사람에게는 어떤 말이든 해가 되는데, 그런 사람에게는 한 마디를 하나 천 마디를 하나 해롭게 되는 사실에는 다를 바 없다. 그렇다고 이런 사람 때문에 한 마디도 하지 않으면 덕을 보는 사람이 또한 없게 되니 이 세상에서 법맥이 끊어지고 이것은 가장 큰 일이다. 그러니 말을 많이 한 바에 대해서 하등 걱정할 것이 없다. 유언이 농담이니 참 여유롭다.

삶 속에서 평생 일관된 큰 생각 하나 정도는 늘 가슴 속에 품고 있어야 정신의 약화와 영혼의 퇴보를 막을 수 있게 된다. 큰 의문이 풀리게 될 때 비로소 자기존재와 인생이 다른 차원으로 접어들게 된다. 말과 생각의 주체인 영혼이 큰 변화를 이루어야 자연스럽게 인생이 전환된다. 진정한 인생전환은 억지로 되는 것이 아니라 무심(無心)으로 끝까지 노력하는 강한 의지가 비로소 천지자연의 대도(大道)를 접해서 존재가 찰나에 변하면서 자연스럽게 이루어진다. 신(神)은 대도와 하나이기 때문이다.

말이 많고 생각이 많은 사람은 큰 일을 성취하지 못하고 작은 사람으로 머무르고 만다. 그 이유는 그렇게 하는 것이 곧 집중력을 분산시키는 일이 되기 때문이다. 정신이 분산되면 결단력이 약해지고 판단력이 흐려져서 소원을 온전하게 이루지 못한다. 똑똑한 사람이 가지는 한계가 된다. 그래서 큰 인물은 입이 무겁고 생각이 단순한 경우가 많다. 대신 행(行)이 크다. 그래서 정신이 강하므로 자기보다 똑똑한 사람을 부리며 업적을 이루어낸다. 그래서 창업주와 그 승계자는 전혀 다르다. 지식정보화시대는 쏟아지는 정보의 홍수로 인해 오히려 정신을 잃어버리기 쉬우니 이런 때일수록 정신을 더욱 강하게 단련해야 한다. 밖으로만 쫓아다니면 번뇌망상이 더 심해질 수밖에 없으므로 안팎이 균형이 이루어져야 마음이 안정되고 정신을 유지하며 삶이 원하는대로 전개된다. 강한 정신력과 필요한 정보를 판단하고 분석하는 지혜는 곧 생존과 직결된다. 지혜는 정신이 강한 사람에게서 나오는 법이고 지혜를 주는 신(神)의 도움도 정신이 강한 사람을 따른다.

16.
絕言絕慮　無處不通
절언절려 무처불통

말이 끊어지고 생각이 끊어지면 통하지 않는 곳 없느니라

　　진정 순수한 사랑으로 충만한 사람은 사랑노래를 듣지도 않고 사랑한다는 말을 하지도 않고 사랑에 대해 생각을 따로 하지도 않게 된다. 하물며 상대에게 사랑을 요구하거나 구하지도 않는다. 그럴 필요가 전혀 없기 때문이다. 상대와 경계가 있어 주고 받고 하던 사랑과 미움이 몽땅 떨어져나갔으므로 순수한 사랑이 드러나 그 몸을 꽉 채우고 있기 때문에 그 몸 자체가 곧 사랑이니 그냥 말하고 생각하며 움직이는 것 하나하나가 저절로 사랑의 표현이 된다. 그 한 몸은 우주를 품고 있으니 그 순수한 사랑이 닿지 못할 곳이 없고 이것은 말로 표현할 수 없고 생각으로 알 수도 없다. 오로지 마음이 열린 사람만이 느끼고 알고 보게 된다.

신(神)은 말과 침묵과 생각이 몽땅 끊어진 그 자리에서 나 자신과 일체와 하나로 영원불변하니 그 자리의 나는 항상 바르게 말하고 있고 항상 바르게 침묵을 지키고 있으며 항상 바르게 생각하고 있다.

▨▨▨ 망념을 끊고 생겨나고 사라지는 것에 매이지 않으면 말과 생각 역시 끊어진다. 근심이 사라지고 소박하고 순수한 마음이 가득하게 드러나니 곧 허공과 같은 마음인지라 통하지 않는 곳이 없게 된다. 그 때 그 자리에서 나오는 말과 생각 역시 법계에 두루 통하지 않는 곳이 없고 통하지 않는 바가 없게 된다. 말과 생각이 필요한 이유는 나와 상대 사이에 경계와 벽이 있고 각자 따로 마음을 갖고 있기 때문이다. 그런 말과 생각이 끊어진다는 것은 주체와 객체라는 안팎의 경계가 사라지고 나와 일체가 하나로 이어지므로 대광명을 통해 일체생명들과 대우주의 부처님을 비롯한 일체신령들과 언제 어느 곳이건 실제로 보고 알아 모두 통하게 된다는 의미다. 역으로 이렇게 되어 있지 못하다면 아직 말과 생각이 완전히 끊어진 것이 아니라 잠깐 잠자고 있을 뿐인 것이다. 말과 생각이 나오는 근원인 개체로서의 자기영혼이 소멸되었고 대우주에 퍼져 있는 과거와 현재, 미래의 모든 정보를 받아들이면서 불령(佛靈)인 자기가 두뇌를 객관적으로 활용할 수 있게 되었으므로 말과 생각이 항상 정도(正道)에 맞게 된다. 그러니 무슨 말을 어떻게 하든 구업(口業)이 지어지지 않게 된다. 말을 안하고 생각을 안한다고 이렇게 되는 것이 아니다. 말과 생각을 억지로 끊으려고 하면 이것들이 오히려 더욱 질기게 된다. 겉으로 말을 안하면 속에서 더욱 많은 말이 나온다. 생각을 억지로 안하면 오히려 바보가 되어가니 도(道)로부터 더욱 멀어지게 된다. 말과 생각이 끊어진 자리로 찾아들어가는 것은 곧 바른 생각과 말이니 우선 생각을 법

에 들어맞도록 바르게 정립하는 것이 우선이다. 잘못된 생각은 끊어진 것 같지만 잠재해 있다가 나중에 큰 부작용을 가져오게 된다.

말이 끊어지고 생각이 끊어진다고 함은 일차적으로는 내면에서 쉴없이 재잘거리는 소리가 저절로 사라지고 두뇌의식이 영혼의식과 하나로 된 고도의 집중상태인 동시에 휴식상태에 있게 되는 것이다. 그 후 이것마저 완전히 없애버리니 말과 생각이 영원히 끊어진다. 그것은 곧 마음이 끊어졌다는 의미고 이것은 상(相)이 소멸되었다는 사실이다. 그러므로 대광명이 드러나 비추지 않는 곳이 없으니 당연히 그 마음이 통하지 않는 곳이 없게 된다. 그러면 그 텅 빈 자리에서 나오는 밝고 밝은 광명(光明)—미리 이런 것을 기대하면 천년 수행을 해도 나타나지 않는다—을 바탕으로 말과 생각이 다시 드러난다. 지혜는 곧 광명인지라 말과 생각마다 지혜를 떠나지 않게 된다. 끊어지고 드러나 밝게 이어지니 천지(天地)에 만사소통(萬事疏通)이다.

묵언(默言)수행이나 묵조선((默照禪)은 처음부터 무(無)를 통하여 내면의 업장과 광명이 저절로 드러나도록 하여 동시에 비추어보는 것이다. 그냥 입만 닫고 있으면 단순한 벙어리에 지나지 않는다. 간화선(看話禪)은 말과 생각의 무성한 가지를 묶어 오로지 하나의 생각으로 집결시켜놓고 고도의 집중을 하면서 업장의 벽을 뚫어 그 주체를 소멸시키고 광명을 발현시키는 것이다. 우열을 논할 수는 없고 어느 쪽이나 최종 결과는 같다. 그렇다고 묵언수행이나 묵조선이 편하다는 것이 아니다. 이것은 화두가 없는 상태에서 쉬는 상태를 점점 깊게 하여 밑바닥을 들여다보는 엄청난 집중이 역시 요구되니 힘이 많이 들고 결코 쉬운 것이 아니다. 쉬는 차원을 점점 깊게 하고 말과 생각이 줄어들고 끊어질수록 광명이 점점 더 또렷하게 드러난다. 말과 생각이 끊어진 것은 내면의 소리, 영혼의 소리가 완전히 사라진 경지다. 내면의 소리나 영혼의 소리를 듣고자 하는 생각은 도(道)와 오히려 멀어지고 만다. 말하고 듣는 주객(主客)이 있게 되니 여전히 시끄럽다.

　영혼을 통해 시간과 공간을 어느 정도는 넘어서 말과 생각이 이어져 있으니 이 실상을 잘 활용하면 많은 목적을 달성할 수 있다. 특히 인연이 강하게 이어져 있는 사이에서는 더욱 그렇다. 예를 들면 부부 사이에 크게 다투고 난 후 화해하고자 할 때 서로 대면해서 사과하기가 힘든 경우 혼자서 상대의 얼굴을 떠올리며 집중해서 사과의 말을 반복해서 전하면 그대로 상대의 마음에 전달된다. 그러면 상대는 시간이 조금 지나면 저절로 화가 풀어지고 부드러운 표정으로 나를 대하게 된다. 이 때는 잡념이 없이 순수한 마음을 집중해서 생각을 말로 전달할수록 효과가 크다. 흔히 말하는 텔레파시 현상을 활용하는 것이다. 부부싸움을 자주 해도 금방 서로 화가 풀리는 부부는 이런 현상을 자기영혼이 잘 활용하고 있는 때문이다. 그러나 각방을 쓰면 물리적 거리가 심리적 거리를 만들어 더 힘들어지니 잠은 반드시 침실에서 같이 자면서 해야 효과적이다. 반대로 겉으로는 서로 웃으면서도 속으로 분노를 품고 혼자 속으로 말과 생각을 해도 상대에게 그대로 전달되어 사이가 점점 틀어지게 되니 조심해야 된다. 그래서 마음이 중요하다.

17.
歸根得旨 隨照失宗
귀근득지 수조실종
뿌리로 돌아가면 뜻을 얻고 비춤을 따르면 종취를 잃나니

표면에 드러난 사랑과 미움의 뿌리를 찾아 그 마음자리로 다시 돌아가면 순수한 사랑을 볼 수 있고 그것으로 내 몸을 삼을 수 있다. 그러면 내가 사랑하는 뜻을 진정으로 알고 얻게 되므로 사랑이 자유롭고 바르게 되어 상대와 조화를 이루며 신(神)을 심고 나 자신에게도 크나큰 행복을 가져다주게 된다. 그러므로 나는 왜 사랑하고 사랑을 얻기를 원하고 그렇게 되지 못하면 불행하다고 생각하는지를 반드시 알아야 한다. 그렇지 못하고 눈이 가는대로 마음이 끌리는대로 막연하게 사랑을 쫓아가면 나무에서 떨어져버린 잎사귀처럼 내가 썩어 뜻을 기어코 잃고야 마니 여기에 무슨 아름다움이 있겠는가? 마침내 나 자신과 순수한 사랑마저 잃고 마니 안타까운 인생이 된다.

신(神)은 항상 나의 뿌리로부터 뜻을 변함없이 같이 하고 있다.

▨▨▨▨ 줄기와 잎과 꽃과 열매는 뿌리(씨앗)의 뜻이고 뿌리의 품은 뜻을 드러내는 것이니 벌과 나비를 모아 널리 번성하고자 함이라. 고로 근본 뜻은 항상 뿌리에 있는 바 이는 인간에게도 예외는 아니다. 뿌리는 또한 대지와 한몸이 되어 있으니 뿌리로 돌아가 얻는 뜻은 대지의 뜻이고 대지는 하늘의 기운이 뭉쳐진 것이므로 하늘과 일란성쌍둥이를 이루니 또한 하늘의 뜻이기도 하여 하늘의 뜻을 얻는 것이 되는 법이다. 이렇게 나 자신도 천지인(天地人)이 일기(一氣)를 이루고 있으니 나 자신의 뿌리인 근본으로 들어가 얻는 뜻은 곧 하늘과 땅의 뜻이기도 하여 비로소 중도(中道)를 이룬다. 노자가 뿌리로 돌아가는 것을 일컬어 고요함이라고 했으니 완전히 그리고 영원히 고요해지려면 드러나 있되 드러남이 없어야 된다.

뜻을 얻는다 함은 뜻이 드러나 비로소 자유롭게 원하는 바에 따라 천지의 뜻을 뭉치고 뜻을 굳혀 행(行)을 이룬다는 것이니 천지의 뜻을 얻으면 이루지 못할 일이 무엇이 있으랴? 무상대도(無上大道)를 성취하는 것을 포함해서 모든 일에 뜻을 얻기 위해서는 그 전제조건으로 반드시 뿌리, 즉 근본으로 돌아가야만 한다. 이것은 눈에 비치며 들어오는대로 느끼는 것을 따라가는 망심(妄心)이자 업식(業識)이 아니라 안팎의 인연과는 관계없는 마음자리에서 나와야 한다. 이럴 때 신(神)으로부터 늘 오고 있는 큰 힘을 자연스럽게 합치게 된다. 뿌리로 돌아가 뜻을 얻어 천상천하유아독존 수준의 완벽한 주체성을 세운 후에는 비춤이 바로 자기 존재의 활동역역이 된다. 즉, 비춤을 마음껏 따라가든 따라가지 않든 간에 비춰지는 것에 매이지 않게 되고 종취를 영원히 잃지 않게 된다. 왜냐하면 종취는 이제 나와 일체화되어 있기 때문이다. 자기존재는 비로소 비춤과 비추지 않음과 관계없는 차원에 머무르게 되는 것이다. 이 때는 색(色)이 눈을 멀게 하지 않고 소리가 귀를 멀게 하지 않는다. 이것이 바로 양변을 떠난 대자유(大自由)이고 대장부의 뜻을 얻은 모습이다. 천지인(天地人)의 뜻을 얻으니 나의 소원이 곧 삼라만상의 뜻이 되고 일체생명의 소원이 곧 나의 뜻이 되어 비로소 〈나〉를 얻었다.

　　보이지 않는 길, 없는 길을 어디까지 갈 수 있는가 하는 경계는 그 뜻이 어느 깊이에서 나왔는가에 의해 결정지어지게 된다. 뜻을 얻는 데는 무척 힘이 드니 그 전에 반드시 참는 힘을 먼저 얻어야만 된다. 만약 참는 행(行)이 없다면 만 가지 행이 이루어지지 못하는데, 본바탕 천진한 마음을 지키는 것이 첫째가는 정진(精進)이므로 이는 참는 힘을 얻었을 때 가능한 것이 된다. 그렇지 않으면 단순히 번뇌를 끊은 이승(二乘)에 지나지 않게 되고 번뇌 자체가 처음부터 일어나지 않는 큰 열반은 이루지 못한다. 도를 닦아 열반을 얻는 것이 아니라 마음이 본래 고요한 것임을 아는 것이 참열반이다.

　　말과 생각이 계속 이어지면서 복잡스럽게 되는 것은 비춰지는 대상의 모습과 말과 생각에 끌려가기 때문이다. 그렇게 주체성이 상실되니 마침내 나의 말과 생각에조차 내 자신이 끌려다니게 된다. 상대로 인해 일어나는 감정을 통제하는 것이 일차 과제가 된다. 그리고 나서 상대를 잊고 나 자신의 말과 생각에 집중해야 된다. 이 때 상대로 인해 생겨난 생각과 나 자신의 고유의 생각을 잘 분리해야 한다. 상대로부터 생겨난 생각은 그 자리에서 버리고 나 자신의 고유의 생각을 통찰해야 된다. 그리고 나서 내가 하필 왜 그런 생각을 가지는가에 대한 원인을 찾아낸다. 그러면 상대의 말과 생각을 비롯한 일체로부터 드디어 벗어나게 된다. 그 때서야 상대에 적절하고 정확하게 대응하고 상응할 수 있게 된다. 이제부터는 상대가 나에게 끌려오게 된다. 왜냐하면 나의 생각이 더 깊은 자리에서 나와 힘을 발휘하기 때문이다. 여기서 상대에게 맞는 충고 내지 조언을 하게 된다. 그래서 상대를 교정하게 해준다. 이 때는 내 말과 생각이 법보시가 된다. 그러므로 나 자신을 모르면서 상대에게 말하고 생각하는 것은 나 자신과 상대 모두를 스스로 괴롭히는 일밖에 안되니 조심해야 된다.

18.

須臾返照　勝却前空

수유반조 승각전공

잠깐 사이에 돌이켜 비추어보면 앞의 공함보다 뛰어남이라

사랑에 대해 아무리 생각하고 곰곰이 따져봐도 그 본질은 온전하게 알 수가 없다. 그러다가 결국 자기가 생각하여 결론내린 사랑에 매이고 만다. 그렇게 주관에 의해 만들어진 사랑은 역시 상대의 주관적인 사랑과 마찰을 일으키고 분노가 생겨난다. 이런 것은 모두 자기의 사랑에 대한 생각 자체가 그 본질이 드러나는 것을 가로막고 있기 때문이다. 사랑에 대한 말과 생각을 애써 쉬고 마음을 안팎으로 고요히 한 끝에 자기의 순수한 사랑을 보는 순간 그것에 신(神)의 사랑이 비추어져 둘이 동일함을 알게 되니 비로소 사랑에 대한 일체 생각과 애쓰는 마음이 몽땅 떨어져나간다. 그 전의 그 어떤 말과 사랑과 노력도 여기에는 조금도 미치지 못하니 이 우주에서 가장 위대한 사랑이 되면서 기쁨이 몸을 떠나지 않게 된다.

신(神)에 대한 이론은 망상의 극치일 뿐이니 신을 가르치고 배우는 것은 화려한 꿈 속의 꿈일 뿐이다. 신(神)을 보는 것은 잠깐 사이이므로 한번 보면 영원히 보는 것이고 영원히 보는 것이 한번 보는 것이다.

▨▨▨ 크고 뛰어난 것일수록 혜성처럼 찰나에 나타난다. 위대한 아이디어도 마찬가지다. 진정으로 대우주를 비추어보는 것은 잠깐 사이에 일어나는 일이고 시간이 극미(極微)로 될수록 대우주와 가깝게 된다. 시간이 제로(0)가 되면 대우주와 하나가 되어 현재 있는 상태 그대로 볼 수 있다. 이 대우주 그 자체가 바로 공(空)이다. 한 개체가 공(空)을 증득하려면 오히려 내면이 모두 비워져버려야 되는 이치도 여기에 있다. 모두 비워져야 대우주, 즉 공(空)이 가득 들어차게 되니까. 그러니까 공(空)이란 용어는 상(相)이 완전히 비워져 대우주와 하나로 되어 있는 일체존재의 실체를 일컫는 것이고 자기 밖의 대우주가 모두 비워져 있다는 것을 뜻하는 것이 아니다. 그래서 팔만대장경을 위시한 불법(佛法)은 근본적으로 모두 나 자신에 대한 이야기이기도 하다. 돈오돈수(頓悟頓修)이니 깨달음에 있어서 '점차(漸次)' 라는 시간을 용납하지 않는다.

공(空)이 이러할진데, 공을 수없이 나누어 설명하고 이론적으로 공(空)을 따지는 것은 모두 방편에 지나지 않는다. 공(空)은 본래 나뉠 수도 없고 앞뒤를 따질 수도 없다. 그러나 법(法)에도 여러 가지 뜻이 있고 사람에게도 온갖 기질이 있어 여러 가지 방편을 벌이지 않을 수 없지만 이름에 얽매여 알음알이를 내지 말아야 하는 것이다. 한 생각이라도 일으키게 되면 곧 공(空)이 어그러지게 된다. 이것은 내가 어그러지는 것이다. 그러니 나 자신을 잠깐 사이에 돌이켜 자성(自性)과 대우주를 비추어보면 '공(空)하다' 또는 '공하지 않다' 는 것이 다 소용없는 꿈같은 이야기일 뿐이다. 그러니 머릿속에 들어있는 복잡한 공(空)의 이론은 몽땅 망상에 지나지 않는다. 잠깐 사이에 돌이켜 비추어보는 대상은 바로 꿈을 꾸고 있는 자기 자신이고 동시에 꿈에서 깨어나 있는 자기 자신이고 나아가 대우주와 일체화되어 있는 자기 자신이다. 그래서 찰나에 비춰 보이는 자기존재가 공(空)을 따지는 자기 자신보다 비교 자체가 안되는 정도로 뛰어나다.

잠깐 사이에 돌이켜 비춰본다는 것은 곰곰이 따져 생각으로 아는 것이 아니라 실제로 보고 안다는 것이다. 그것은 시간차가 없이 즉설(卽說)로 이루어지는 것이다. 비춰본다는 것이니 더 이상 애쓰지 않아도 된다는 것이고 이 상태를 무공용(無功用)이라고 한다. 돌이켜 비춰본 그 순간부터는 일체의 행(行) 역시 이렇게 되는 것이다. 애쓰는 자기마저 최후에 사라져야 비로소 천지자연으로서의 자기가 등장하는 것이다. 찰나에 영원히 비추어보게 되어 항상 머리가 시원하다.

살면서 누구나 크고 작은 잘못을 한다. 착한 사람은 가끔 잘못을 하고 악한 사람은 일상적으로 잘못을 한다. 이것은 결함을 가진 중생인지라 어쩔 수 없다고 치더라도 그 잘못을 돌이켜보느냐 아니냐에 따라 미래의 행로가 달라지게 된다. 문제는 돌이켜보는 깊이에 달려 있다. 잘

못 그 자체만 살피면 큰 공덕은 없다. 나아가 잘못을 저지르는 자기의 미묘한 성품을 잘 살펴 찾아내 고쳐내야 한다. 여기서 드러난 성품이 아니라 잠재되어 있는 성품이 있는데, 이것을 잘 비추어봐야 한다. 그런데 이것은 대단히 깊은 정신으로 찰나에 인식하는 것이니만큼 꾸준히 공을 들여야만 가능하게 된다. 또한 신에게 기도하면서 일깨워주도록 부탁드리는 것도 좋다. 자기를 돌이켜 비추어보는 것은 아무래도 기존 안목을 넘어서기 어렵기 때문이다. 또한 이렇게 하는 것은 간절한 마음이 뒷받침되어야 한다. 아주 간절하고 절실한 마음으로 하지 않으면 인식되지 않는다. 이 마음은 신의 도움이 오도록 만들어준다. 자기 성품을 인식해나가는 것은 크나큰 환희심을 가져다준다. 잘못된 성품을 깨닫는 그 찰나에 벗어나게 되면서 가려져 있던 광명이 비로소 빛을 발하게 되니 그렇다.

19.
前空轉變　皆由妄見
전공전변 개유망견

앞의 공함이 이리저리 변함은 모두 망령된 견해 때문이니

　사랑은 변하는 것이라는 믿음을 가진 사람도 있고 변하지 않는 것이 사랑이라는 믿음을 가진 사람이 있다. 전자는 자기의 애욕을 사랑하여 자기가 자기마음을 갖고 노는 것이고 상대는 없으니 결국 허무하게 된다. 상대마음에 흠집을 내면서 어쩌다 불변의 사랑을 가진 상대를 만나면 겁이 나서 도망치고 만다. 후자는 변하는 사랑을 만났을 때 반드시 분노가 생기고 스스로 상처입게 되어 있다. 일편단심의 사랑은 변하지 않는 마음을 갖춘 상대와 들어맞아야 평화롭게 되는데, 그런 경우는 극히 드물다. 이 모두는 한 쪽에 치우친 자기만의 주관적 견해 때문이다. 자기가 자기의 사랑하는 마음을 사랑하는 것이니 이기적 망념(妄念)이고 허깨비사랑인 것이다. 그 과보는 자기 자신을 잃어버리는 것이다. 사랑은 변하는 것도 아니고 변하지 않는 것도 아니다. 그렇다고 자유도 아니고 구속도 아니다.

신(神)은 불변이고 조화이니 분별하거나 변하는 마음으로는 결코 만날 수 없게 되어 있다.

▨▨▨▨ 마음이 변하니 일체가 변하고 마음이 불변이니 일체가 불변이다. 실상의 근본이자 실상이 사라진 그 자리인 공(空)이 어찌 변함이 있겠는가? 공(空)이 색(色)을 낳아 색(色)의 변화에 따라 공(空)이 이리저리 변하는 듯이 보이는 이유는 바로 우리의 마음이 변하기 때문이다. 반야심경에서 색(色)과 공(空)은 다르지 않다고 했듯이 색(色)의 변함은 우리 마음의 변함이고 색(色)의 본질과 마음의 본래성품은 여전히 공(空)으로서 불변이다. 왜냐하면 공(空)이 색(色)을 낳는 매개체가 바로 나의 상(相)이기 때문이다. 상(相)이 없다면 공(空)이 색(色)을 낳을 이유도 없고 공(空)과 색(色)이 나누어질 이유도 없다. 그러므로 쉼없이 변하는 상(相)이 사라진다면 그에 따라 변하는 색(色) 역시 사라지고 공(空)은 그대로 여여한 모습으로 우리에게 다가오게 된다. 상(相)이 사라진 그 자리를 무심(無心) 또는 무아(無我)라고 표현하는데, 그래서 무아가 곧 공(空)이고 공(空)이 곧 무아인 것이다. 가만히 있어도 마음이 움직여 그 탓에 공(空)이 이리저리 변하는 착각이 생기고 그 착각을 진리로 생각하며 살아가는 우리 생명체들은 시간과 공간의 지배를 받아 부자유 속에 갇혀 살게 된다. 잘못된 착각에서 일어나는 망령된 견해를 버림으로써 점차 부동심과 청정심에 근접하고 변공(變空)의 착각에서 벗어나 여여한 진공(眞空)을 맛보게 된다.

변화에서 오는 고통이 없고 넉넉한 휴식을 위해 불변(不變)을 찾지만 마음이 망심으로서 늘 움직이게 되어 있으므로 불변하는 대상도 자기마음에 따라 변하는 모습으로만 받아들이게 되니 진정한 실체는 항상 놓치고 만다. 그래서 믿음의 공덕도 제대로 성취하지 못하고 있다. 내가 중심이 되지 못하면 무엇을 하건 헛짓일 뿐이다. 내가 천상천하유아독존으로서 중심이 되면 내가 모든 것을 받아들이면서 동시에 내보내고 모든 것을 움직이면서 질서를 부여한다. 그 움직임이 나를 침범하여 손상시키지 못한다. 이리저리 구르고 변하는 것을 쫓아가면 중심이 흩어지고 자기는 아웃사이더가 되어 계속 돌기 싫어도 돌아야만 되는 운명을 갖게 된다. 그러므로 자기내면에 이 중심을 생겨나게 만들고 키우고 금강처럼 단단하게 굳히면서 불변으로 만들어갈수록 모든 고통이 떨어져나가고 대우주의 공(空)의 힘을 점차 획득하게 되는 것이다. 이것이 곧 선(禪)이고 그 힘이 곧 법력인데 법력은 인간에게 도(道)를 가게 해서 부처로 인도한다. 이는 자기가 좋다고 생각하는 공(空)이나 혹은 그 무엇에 쫓아가지 않는 힘을 키우고 자기중심을 형성하는 데서 비롯되기 시작한다. 그런데 법력을 또 자기 힘으로 생각하면 큰 문제가 생기기 시작한다. 법력은 곧 신(神)의 힘이면서 도(道)의 힘이니 내가 사라진 그 자리에서 신과 함께 하는 힘이고 도(道)가 체화된 힘이다.

자기 자신을 잊어버려서 변치 않고 싶은 것이 변해가고 변해야 되는 것이 변하지 않으면 나중에 당황하게 된다. 자기 자신의 변해가는 것과 변하지 않는 것을 정확하게 알아간다면 큰 공덕이 있게 된다. 여기서 두 가지 카테고리를 가져야 한다. 변하는 것과 변하지 않는 것, 그리고 변해야 하는 것과 변하지 않아야 하는 것이 그것이다. 앞은 자연이고 뒤는 의지다. 자연은 순응하는 마음을 요구하고 의지는 바른 생각이 관건이 된다. 변하는 것과 변해야 하는 것, 변하지 않는 것과 변하지 않아야 하는 것은 시간에 잘 맡기면 된다. 조급해 하지도 말고 느긋해 하지도 않으면서 자연에 잘 보조를 맞추면 된다. 여기서 자기내면에 투쟁이 생기는데, 변하는 것과 변하지 않아야 하는 것, 변하지 않는 것과 변해야 하는 것 사이의 투쟁이다. 이 싸움을 잘못 중재하면 인생이 엉망이 되고 만다. 상반되는 가치인만큼 두 마음을 동원해야 한다. 무심(無心)과 유심(有心)이 그것이다. 자연에는 무심으로 대응하고 거기서 집중된 정신으로 유심을 동원해야 하는 법이다. 그렇지 않으면 유심이 번뇌망상이 되어 자아분열이 생기게 된다.

20.
不用求真　唯須息見

불용구진 유수식견

참됨을 구하려 하지 말고 오직 망령된 견해만 쉴지니라

　　순수한 사랑을 가진 우아한 자기모습을 생각하며 그것을 구하려고 하면 이는 그 순수한 사랑을 사랑하는 마음을 또 하나 내게 되는 것이 되어 오히려 순수한 사랑을 더욱 덮게 되어 멀어지게 된다. 그러므로 순수한 사랑을 따로 구하거나 무시하지도 말고 또한 그 사랑이 현재의 내 사랑하는 마음과 별개로 있다고 착각하지 말며 상대를 따라 사랑하고 미워하는 마음만 영원히 쉬면서 나를 잘 보게 되면 그 순수한 사랑은 저절로 드러난다.

신(神)은 나 자신과 한시도 떨어진 적이 없으니 신을 구하려고 하는 것은 나 자신을 어디에서 구하려고 하는 것과 같아서 불가능하여 그것은 망령된 견해가 된다. 그 간절한 마음만 쉬면 된다.

▨▨▨ 참됨을 구하려고도 하지 않는 사람이 어찌 망령된 견해를 쉬려고 하며 또 쉴 수 있을 것인가? 아미타불을 생각하지 않는 사람이 어찌 자기마음이 곧 극락이 되도록 애쓰며 또 될 수 있을 것인가? 그리고 어찌 자기의 참마음을 지키려고 하며 또 지킬 수 있겠는가? 소도 비빌 언덕이 일단은 필요한 것이니 모든 일은 근거와 기준이 있어야 되는 법이다. 물론 완성된 후에는 자기를 위해서는 더 이상 그것들을 필요로 하지 않는다. 극도로 순수하면 곧바로 마음을 가리킬 수 있으므로 극락도 참됨도 부처님도 생각하지 않아도 될 수 있겠지만 주관을 가지고 있는 범부(凡夫)는 마음을 가리키는 손가락부터 제대로 볼 수 있어야 되는 법이니 마음을 곧바로 가리키고 있는 말을 또 곧이곧대로만 쫓아가면 되지 않는다. 말은 드러난 뜻이 있고 동시에 비밀한 뜻이 있기 때문이다. 우선 구할 것과 쉴 것을 정확하게 아는 지혜가 요구된다. 구할 것은 없고 쉴 것은 망령된 견해니 이것은 곧 구하는 마음 자체가 망령되다는 것이다. 구함이 없고 애씀도 없어야 비로소 선(禪)을 한다.

진리를 탐구하고 깨달으려는 생각은 안타깝게도 법(法)에 따르면 노망난 생각일 뿐이니 결과가 없다. 참됨을 구하려는 미혹한 마음으로 도를 닦는 것은 오직 무명(無明)만 도와줄 뿐이고 바른 법을 구하는 것이 곧 바르지 못한 것이다. 경전에서도 '문자도 마(魔)의 업이요, 이름과 형상도 마의 업이라, 부처님의 말씀까지도 또한 마의 업이다'라고 했다. 그래서 단지 참됨을 따로 구하려 하지 말고 망령된 견해를 가지고 있는 그 부분이 작동하지 못하도록 쉬고 쉬어서 저절로 버려지도록 하라는 것이다. 그리고 자기가 그렇게 찾던 참됨이 바로 지금 있던 그 자리에 함께 있었던 것을 알게 되도록 하라는 것이다. 그 때 참됨은 저절로 드러나는 것이다. 새로 만들거나 얻은 것도 아님을 알게 된다. 참됨을 구하든 구하지 않든 참됨과 접하려고 하면 자기 자신이 먼저 참된 인간이 되어야만 가능하다. 그런데 지금 있는 어긋난 상(相)을 가지고 참됨을 구하려니 이것은 악마가 악마의 모습과 마음 그대로를 가지고 천국을 생각하며 천국에 들어가려고 애쓰는 것과 같다. 자기가 악마의 마음을 버리면 천국에 저절로 나게 되는 것이다.

　　망령된 견해를 버리고 쉬려면 망령된 견해와 참된 견해를 분별하지 말고 일체 그냥 쉬어야 한다. 쉬는 데 방법이 없다. 쉬기 위해서 무엇인가를 하면 쓸데없는 노력만 덧붙이는 꼴이라서 더 힘들어진다. 쉬는 것은 그 무엇에도 의존함이 없어야 비로소 쉰다고 할 수 있다. 이 때 혼침(昏沈)에 빠져 자기를 잃으면 안된다. 지관(止觀)은 쉬면서 그치고 나서 보는 것이 아니라 이 둘이 애씀이 없이 동시에 이루어지는 것이다. 서로 상보(相補)관계인 것이다. 쉬는 것이 곧 보는 것이요 보는 것이 곧 쉬는 것이다. 쉬는 가운데서 비추어보고 비추어보는 가운데서 쉬는 것이 한 덩어리가 되어 계속 이어지는 것이다. 그러므로 그치는 것이 그치는 것이 아니고 보는 것이 보는 것이 아닌 것이다. 욕심은 곧 망령된 생각이니 성인(聖人)의 견해를 바르게 받아들여야 한다. 지식이 아니라 조금씩 되새기면서 나의 안목으로 만들어가야 한다. 그렇다고 자기가 도를

110

닦는 근본 이유마저 버리면 안되고 늘 마음 깊숙이 명심하고 있어야 한다.

　누구나 내가 간직하고 있는 나 자신의 모습과 상대에게 내보이는 나 자신의 모습의 두 부분으로 자기존재를 쪼개놓고 살고 있다. 속으로는 울면서도 겉으로는 웃어야 되니 그 괴로움이 크지만 현상계에서는 그렇게 하는 것이 사회적으로 어쩔 수 없는 면이 많음은 당연하다. 그러나 그 괴리가 클 때 분열이 일어나 괴로움이 생겨나니 이것을 처리하는 것이 삶에서나 도를 가는 데 있어서 진정 중요하다. 그런데 두 모습 전부 나 자신의 본래모습이 아니라는 사실부터 진정 깨달아야 한다. 속으로 간직하고 있는 자기모습을 자기 자신이라고 착각하면 해답이 없다. 그래서 속의 나 자신을 지워가야 이 괴리가 해결되고 그 때 겉으로 상대에게 드러나는 모습도 점차 자연스럽게 된다. 그러면 비어 있는 나 자신에게서 큰 힘과 참는 힘이 저절로 나오게 되니 상대의 압력으로부터도 점차 편하게 되어간다. 따로 제 3의 자기를 만들려는 것은 분열을 더욱 심화시키는 어리석음이다. 그러면 속의 나 자신을 어떻게 지워갈 것인가? 불법을 점차 체득해가면 저절로 되니 걱정할 것이 없다.

21.
二見不住　愼莫追尋
이견부주 신막추심

두 견해에 머물지 말고 삼가 쫓아가 찾지 말라

사랑은 좋은 것이니 많이 받거나 주어야 하고 미움은 나쁜 것이라서 버리거나 줄여야 된다는 생각, 또는 육체적 사랑은 천한 것이고 정신적 사랑, 순수한 사랑, 신의 사랑이 고귀하고 위대하다는 생각 등 양단을 분별하여 어느 한 쪽에 치우치는 견해를 갖지 말아야 한다. 천지사방이 본래 사랑 아님이 없기 때문이다. 하물며 분별된 이 견해를 쫓아가 찾거나 취하려고 한다면 현실의 자기가 아니라 환상 속의 자기가 되어 허망해진다. 허망해지면 순수한 사랑은 더욱 깊이 덮여버리고 만다.

돈과 신(神)은 동시에 잡히지 않는다. 가난한 이는 가난을 스스로 버려 신을 얻고 부자는 돈을 스스로 버려 신을 얻게 되어 있다. 그러므로 절대로 신을 욕심내면 안되는 법이다. 신은 가난이나 부유함 속에 있지 않을뿐더러 가난을 보상해주거나 돈에 끌리지 않기 때문이다.

▨▨▨ 상반되는 두 견해는 본래 한 집에서 나왔거늘 그 후에 항상 서로 양방향으로 달려간다. 내가 앞문과 뒷문을 스스로 만들어 놓고 그 한가운데 있기 때문이다. 그런데 마음이 두 마리 토끼에 모두 머물러 있기 때문에 한 마리도 잡지 못한다. 언젠가는 잡으리라 결심하고 다시 태어나지만 마음이 여전히 둘인지라, 불가능에 도전하니 깊어지는 것은 마음의 병이고 한(恨)만 남긴다.

중도(中道)란 대립되는 양변을 모두 수용하는 것도 아니고 배척하는 것도 아니고 어느 한 쪽에만 머무르는 것도 아니다. 우선 자기를 잘 돌이켜 자기 자신의 모순에 빠지지 않는 것이다. 중도란 생각을 갖고 논하는 것이 아니다. 오로지 자기존재가 자연(自然)과 얼마나 일체화되어 있느냐에 따라 결정되는 것이다. 자기 자신을 참된 자기와 거짓된 자기로 나누지 않아야 된다. 태어나지 않으려고 애쓸수록 반드시 다시 태어나게 된다. 극락에 가려고 애쓸수록 극락에 가지 못하게 된다. 생(生)과 불생(不生), 극락과 사바세계라는 분별된 두 견해를 갖고 있어 스스로 경계를 만들고 막히기 때문이다.

두 견해를 버리려고 애써도 어긋난다. 나아가 다른 견해로 대체하려고 해도 거기서 거기다. 두 견해는 내가 머무르기 좋아하고 찾아 얻고 싶은 마음이니 이 마음 자체를 소멸시켜야만 한다. 그러면 두 견해는 저절로 쉬어지게 된다. 그러고 나면 그럴듯한 알음알이에 따른 새로운 견해를 내지 말고 더욱 깊이 뿌리로 파고 들어가면서 동시에 힘을 기르는 데 중점을 두어야 한다. 좋은 것을 쫓아가 구하는 마음보다 참고 그것에 머물지 않는 마음이 훨씬 더 강한 마음이다. 오로지 큰 힘과 지혜로만 견해를 원천적으로 틀어막아버릴 수 있으니 힘이 뒷받침되지 않는 마음과 견해는 안타까움만 남길 뿐이다.

　나 홀로 생각하고 머물며 행동하면 항상 두 견해에 머무르기가 쉬워 갈등이 끊이지 않는다. 그리고 억지로 버려지는 견해는 잘못하면 자칫 무의식에 마음병을 만드니 이 세계에서의 한계를 인정하고 잘 버려야 한다. 마음속에 조금이라도 남아 있으면 아직 버린 것이 아니다. 그 찌꺼기가 또 두 견해를 내게 만든다. 또한 자리이타행(自利利他行)이 큰 도움이 된다. 자리이타란 나와 타인의 마음이 하나가 될 때라야 진정하다. 당연히 무주상(無住相)이라야 그렇게 될 수 있으니 자리이타행은 나 자신도 힘을 얻고 모으게 되며 주관인 두 견해를 뿌리뽑는 데 있어서 큰 역할을 한다. 행(行)이 동반되지 않은 견해는 그 어떤 것이든 허망할 뿐이다. 그래서 대행(大行)을 주재하는 보현보살님이 여래의 장자(長子)인 것이다. 선(禪)은 자연스러운 자리이타의 대행(大行)이기도 하다.

114

우리의 행(行)은 이렇게 저렇게 하다가 또는 이러지도 못하고 저러지도 못하는 것을 늘 반복하고 있어 힘들게 된다. 바른 것을 알아 끝까지 오래 동안 밀고 가야 겨우 그럭저럭 하나의 성과를 볼 수 있는 세계니만큼 대부분은 장삼이사로 살고 만다. 그 이유는 바로 나의 내면에 상반되는 두 가지 견해를 항상 품고 있어 힘이 쪼개지기 때문이다. 이것은 이것도 취하고 저것도 취하고 싶어 하고 이것도 버리고 저것도 버리고 싶은 마음을 이루고 있기 때문이다. 수시로 이 견해 저 견해가 상반되게 나오니 살아갈수록 혼돈이 된다. 어떻게 해야 될까? 무엇이 근본적으로 바른 것인가를 알아서 그것을 근본으로 죽을 때까지 잘 이어가야 된다. 물론 중간 중간에 상황변화에 따른 변통은 마땅히 필요하지만 이는 바른 것을 등지는 것이 아니라 활용에서 바른 것을 확장하는 것이다. 어느 한 쪽의 가치에 너무 치중하면 반드시 쓰러진다. 머무는 것이 없는 마음에서 바른 안목을 동원해야 바른 것이 무엇인지를 비로소 알 수 있게 된다. 바른 것은 자기의 주관적인 견해가 아니다. 자기만의 개성도 바른 것을 통해 발현하면 자기 자신에게나 세상에 큰 도움과 재미를 주게 된다.

22.

纏有是非 紛然失心

재유시비 분연실심

잠깐이라도 시비를 일으킨다면 어지러이 본 마음을 잃으리라

사랑을 주고 받음에 있어서 그 양(量)과 품질(品質)을 두고 상대와 잘잘못을 따지는 것은 서로가 어지럽게 되고 혼란이 와서 그만 자기 자신과 자기의 순수한 사랑을 잃어버리는 꼴이 되어 상대로부터 미움을 받는 것보다 더 해로운 결과가 되고 만다. 그러므로 사랑을 두고 절대 상대와 다투지 말아야 하는 법이다. 조금 섭섭한 정도로 그치고 또 자기가 상대에게 상대가 원하는만큼 사랑을 충분히 주었다는 망상도 갖지 않아야 한다. 주는 사랑은 한계가 있고 받는 사랑은 한계가 없으니 시비거리가 생길 수밖에 없으나 지나치면 서로가 사랑으로 해치게 된다. 이는 미움으로 서로를 해치는 것보다 더 끔찍하다. 원수를 해치는 것보다 사랑하는 사람을 해치는 것이 더 괴롭게 되기 때문이다.

옳은 것에 집착해도 신(神)을 잃고 그른 것에 집착해도 신을 잃는다. 옳고 그름을 무시해도 신을 잃는다. 신은 옳은(是) 것에서 바른(正) 것으로 나아갈 때 자연스럽게 드러난다. 바른 것은 옳은 것에다 녁녁한 포용의 덕(德)이 더해진 것이다.

▩▩▩ 옳고 그름이 과연 얼마나 다른가? 작게 보면 다르지만 크게 보면 어지러이 본마음을 잃으니 같다. 이 세상에는 동일한 시공간을 공유하면서도 나름의 생각으로 동시에 그 속에서 또 각자의 시공간을 만들어 또아리 틀고 함께 살아가다 보니 옳고 그름을 따지지 않을 수 없는 법이지만 문제는 옳고 그름의 기준을 어디에 두는가에 있다. 성인(聖人)은 선악을 초월한 지혜가 중심이 된 천지대도에, 대인(大人)은 선악을 중심으로 한 인간사회의 공익에, 소인(小人)은 득실을 중심으로 한 자기 개인의 이익에 각각 시비의 기준을 둔다. 그러므로 성인의 시비심(是非心)은 업장을 만들지 않고 대인의 시비심은 선업을 짓지만 소인을 양산하고 소인의 시비심은 악업을 짓게 되는 것이다. 성인은 대인과 소인이 어리석고 대인은 성인과 소인이 어리석고 소인은 성인과 대인이 어리석다. 성인은 대인과 소인 모두에게 공격받고 대인은 소인에게 공격받고 소인은 하늘법의 공격을 받으니 이 세계에서는 예외 없이 모두가 힘들다. 그러나 무상대도를 성취한 사람은 시비분별을 일으켜도 그것이 허물을 만들지 않으니 그 이유는 이미 무아(無我)의 상태로서 시비분별 한가운데 자기의 상(相)이 없기 때문이다. 시비가 일어나고 사라지는 것에 구애되지 않고 항상 허공의 상태다.

이와 같이 시비를 일으키느냐 일으키지 않느냐가 중요한 것이 아니라 시비를 일으켜도 그것이 공익과 천지대도에 부합하느냐 어긋나느냐가 중요하고 나아가 그 시비심으로 인해 자기존재가 어떻게 되느냐가 더욱 본질적인 사항이다. 아직 무상대도를 성취하지 못한 사람이 시비를 일으킬 때는 어지럽게 본마음을 잃어버리기 때문에 도를 성취하지 못한다. 그러므로 시비다툼이 끊임없는 이 세상에서 옳고 그름에 너무 매이지 말고 자기 본마음을 잘 지켜가고 키워가는 것이 옳은 것을 내세워 이기는 것보다 훨씬 중요하고 가치있는 것이다. 그리고 견해가 아니라 사람 자체를 공격하여 상처가 생기면 악인연이 형성되어 상호 모두 미래의 큰 고통에 빠지게 되는 과보를 얻게 되니 조심해야 한다. 공익적인 큰 문제가 아니라면 그냥 양보하여 손해를 조금 보고 마는 것이 본마음을 지킬 수 있게 되니 더 큰 이득이다.

가끔 도를 닦으면 무상대도를 성취할 수 있는 큰 인물이 세속의 시비분별에 너무 뛰어들어가 그만 시비에 휩쓸린 인생이 되고 마는 것을 보면 안타깝기 그지없다. 세상으로부터 존경은 받지만 영원불멸성을 놓치니 크게 보면 자기와 세상에 너무나 큰 손해다. 그렇다고 세상의 불의(不義)에 눈을 감으라는 것이 아니다. 아무리 옳고 좋아도 자기 본마음을 훼손해서는 안되는 한계를 넘어서면 자기 자신이 정작 세상의 골칫거리가 된다. 세상을 구하려다가 이렇게 되는 사람이 어디 한 둘인가?

살다가 생각의 혼돈이 왔을 때는 그 가운데 어느 하나의 생각을 분별

하여 취하려고 하거나 버리려고 해서는 안된다. 이는 반드시 오류를 범하는 것이기 때문이다. 그 때는 옳고 그른 생각으로 나누지 말고 생각 전체가 잠잠해지도록 마음이 푹 쉬어야 한다. 그리고 나서 고요해졌을 때 그 생각들을 일으키는 원인이 되는 것을 객관적으로 철저하게 분석해야 한다. 생각의 혼돈은 두 가지 원인에서 주로 오는데, 그 하나는 득실(得失)의 관점이고 다른 하나는 가치관(價値觀)의 관점이 된다. 이 가운데 일단은 이득손실의 관점에서 마음이 떠나야 보이지 않던 것들이 비로소 보이게 되어 정확할 수 있게 된다. 그리고 그것을 가지고 가치관과 일으키는 충돌을 완화해야 되는데, 여기서 진리가 지표가 되어야 한다. 보다 넓은 차원에서 바른 법을 따르는 것이다. 현상계에서는 비록 손실을 보더라도 진여법계 차원에서는 이득이 되는 경우가 있고 그 반대의 경우도 많다. 두 차원을 아울러 생각해야 그릇됨을 피할 수 있게 된다. 진여법계 차원을 거스르면 결국 현상계에서 더욱 더 크나큰 손실로 다가오니 조심해야 한다. 이기고 지는 것을 이 세계에서의 차원만 가지고 따지는 것은 참으로 어리석다.

23.
二由一有　一亦莫守
이유일유 일역막수

둘은 하나로 말미암아 있음이니 하나마저도 지키지 말라

사랑이 있으므로 미움이 있고 미움이 있으므로 사랑이 있다. 사랑이 없으면 미움도 없고 미움이 없으면 사랑도 없다. 사랑이 멈추면 미움도 멈추고 미움이 멈추면 사랑도 멈춘다. 사랑이 움직이면 미움도 움직이고 미움이 움직이면 사랑도 움직인다. 사랑이 사라지면 미움도 사라지고 미움이 사라지면 사랑도 사라진다. 이렇게 서로 의지하는 사랑과 미움은 내가 있으므로 생겨난 것이고 나의 앞뒷면을 이루고 있다. 그 〈나〉는 뭔가 구하거나 외면하는 마음이 씨앗이 되어 있다. 비록 밖으로 사랑을 구하고 미움을 멀리하려고 하지 않는다 할지라도 그 씨앗인 마음은 여전히 살아 있으니 그 마음이 움직이지 않는다고 가만히 간직하고 있으면 안된다. 때가 되고 연(緣)이 맞으면 다시 사랑과 미움을 싹틔우는 법이니 안심하고 방심하면 안된다. 그 씨앗마저 부숴져 가루가 되어야만 한다. 그렇게 되어 순수한 사랑이 크게 움직여 사랑이 비로소 원만하게 이루어지게 된다.

신(神)이 슬쩍 나타난 것이 유(有)고 신이 은밀하게 있는 것이 무(無)다. 신은 순수하게 텅 빈 공간에 찰나간에 들어차니 신으로 인해 한순간의 공백도 없게 된다.

▨▨▨ 다른 것은 모두 버려도 마지막 하나만은 어떡하든지 지키려는 습성이 있다. 그런데 본래 마지막 하나는 예외없이 모든 것을 변함없이 품고 있는 법인지라 그 마지막 하나를 지키면 양변(兩邊)은 물론 모든 것을 버려도 버린 것이 되지 못하여 헛일이고 결국 모든 것을 다시 불러들여 매이게 된다. 반면 마지막 하나를 놓는다는 것은 모든 것을 놓는 것과 같아서 마지막 하나를 지키지 않으면 모든 것이 저절로 떨어져나가니 자연스럽게 신(神)과 하나가 되어 큰 자유를 얻게 된다. 불이(不二)는 '일합상(一合相)'을 이루고 있던 핵심인자 그 하나로부터도 벗어나 무상(無相)이 되어야 가능한만큼 자기 자신을 보는 주관이 남아 있으면 부처와 만나지 못한다. 한 생각도 나지 않아야 되는 법인데, 있으면 저절로 생각이 난다.

도(道)는 고정됨이 없으니 선(禪)을 하는 자기 역시 스스로를 고정시키지 말아야 된다. 양변(兩邊)의 마음을 벗어나 자기가 온전한 하나가 되었다고 생각하더라도 그 자기에게 머물고 집착하면 안되는 것이다. 그것은 곧 자기가 얻은 진리에 머무르는 것이 되는 것이며 이는 아주 크게 보이지만 실은 조그만 지혜에 그치게 되는 것이다. 진리는 대용(大用)을 하지만 진리나 그 무엇이나 어디에나 머물고자 하는 마음을 조금이라도 가진 사람에게는 가장 교묘하고 강력하며 크나큰 덫이 되는 셈이다. 진리에서는 '자기 따로 진리 따로'가 없고 그 무엇도 얻거나 잃는 것도 없다.

그래야 자기가 고정되지 않고 한량없는 몸이 되고 천백억화신이 되어 도 (道)를 자유자재로 용(用) 할 수 있게 된다.

　결혼하면 두 사람의 운명이 섞여서 하나가 되어 각자에게 작용하게 된다. 그러므로 각각 본래 가지고 있던 운명들은 하나의 운명으로 되니 비로소 부부가 하나가 된다. 그러나 몸과 역할은 나누어지게 되므로 하나 뿐임을 잊어버린다. 하나의 운명이 된 그 덕을 누리려면 나의 상대로서의 관점에서만 배우자를 볼 것이 아니라 나와 무관하게 배우자를 인간 그 자체로서 그 마음을 존중해야만 한다. 그 때 하나의 운명이 생기를 드러내 두 사람을 통해 꽃을 피우게 된다. 그 반대로 배우자를 나의 짝으로만 보고 하나됨만 신경쓰며 살게 되면 그 하나의 운명이 강력해진 살기(殺氣)를 드러내어 각자에게 악(惡)하게 작용하게 된다. 법은 마음과 하나이기 때문이다. 둘을 하나로 합하는 것은 잘하면서 정작 합하고 나서 오히려 문제를 일으키니 이는 바른 법을 모르는 데서 오는 착오가 된다. 합한 덕을 보지 못하고 피해를 만드는 것은 궁합 탓이 아니라 오로지 당사자들의 잘못된 생각 때문이니 그것만 법에 맞게 잘 고치면 된다. 둘이 하나가 된 후 다시 둘로 온전하게 잘 이루는 것은 바른 마음과 지혜를 요구한다.

24.

一心不生 萬法無咎

일심불생 만법무구

한 마음이 나지 않으면 만가지 법이 허물없느니라

만남이 곧 생(生)이고 헤어짐이 곧 사(死)가 된다. 인연은 만남과 헤어짐의 연결이다. 그래서 가까워지고 멀어지는 것이 곧 인연이고 이는 법을 따른다. 인연에 따라 무의식으로 좋고 나쁨을 분별하여 사랑을 구하는 마음이 더 이상 나지 않게 되면 사랑과 미움 역시 나지 않게 되고 움직임도 없게 된다. 그러므로 그 현상들을 하나하나 쫓아가 상대하면서 어찌하려고 발버둥칠 필요가 없다. 나는 만인(萬人)을 품고 있고 만인은 나를 품고 있으니 사랑이 어찌 오로지 내가 단독으로 하는 것인가? 사랑으로 충만하다가 따로 나를 내세워 사랑하는 순간 모든 것이 허물이 되고 그에 따라 보이지 않는 힘에 내 존재가 철저히 구속되고 만다. 그 마음덩어리가 근원적으로 소멸된 순수한 사랑은 천지(天地)와 더불어 움직이니 항상 허물이 없고 평화롭게 된다.

한 마음이 나지 않으면 신(神)이 난다. 신이 움직이니 나에게 만 가지 법은 아무 상관이 없이 신나게 된다.

▨▨▨ 만 가지 법이란 곧 만 가지의 흐름이고 현상이며 허물은 곧 업이고 인과와 인연이며 고통으로서 부자유(不自由)가 근본이다. 숙명으로 인해 타고난 부자유에다가 생각(마음)이 만드는 부자유까지 더해지니 평생 갑갑한 것은 너무나 당연한 현상이다. 그러나 숙명을 받는 실체도 곧 영혼으로서의 마음이니 근본은 역시 마음이 된다. 마음은 자유의지라서 업의 근본은 공(空)하지만 마음이 나고 그것도 그릇되게 움직여 자유의지를 잘못 발현시키므로 스스로 법의 허물을 더욱 초래하게 된다.

인연이 있으니 내가 있고 내가 있으니 인연이 또한 있는 법이다. 내 한 몸속에 만 가지 인연에 따른 마음이 갈래갈래 있지만 이 또한 내 한 마음에서 나오는 법이니 궁극적으로는 한 마음이 문제가 된다. 이 한 생각으로 인해 인연따라 만 가지 생각으로 갈라져 이런저런 현상을 일으키니 청정한 허공의 조화와 균형을 어지럽혀 곧 큰 허물이다. 그 허물은 내가 움직이는 것마다 이리저리 걸려서 갈등과 충돌이 일어나 생긴 것이다. 이것이 곧 업(業)이고 인연이고 인과다. 호사불여무(好事不如無)라고 했듯이 아무리 좋은 일이라도 일 없는 것보다는 못한 법이다. 자유를 잃게 되어 다른 더 큰 일들이 나빠지니 당연하다. 그러므로 만법에 허물이 없다는 것은 일체의 경계에 걸림이 없게 된 상태이다. 나와 상대 사이에 허물이 없으니 비로소 자리이타(自利利他)가 저절로 이루어진다.

한 마음이 나지 않는다는 것은 억지로 마음이 나는 것을 틀어막는 것이 아니다. 그러면 허물이 더 커질 뿐이다. 자연스럽게 한 마음이 나지 않는 상태가 되어야만 천지의 뜻에 부합될 수 있다. 그 한 마음의 실체가 바로 자기생명의 뿌리가 되는 영혼이니 일심(一心)은 곧 영혼의식이다. 한 마음이 나지 않는다는 것은 마음의 뿌리인 자기영혼의 무명(無明)이 소멸된 것이다. 망심인 무명이 허공으로 사라져야 비로소 한 마음도 나지 않게 되는 것이다. 그렇지 않으면 마음이 늘 나고 움직이게 되어 있다. 마음 닦으면서 윤회하나 닦지 않으면서 윤회하나 고통의 정도가 다를 뿐 마음의 체(體)가 여전한 한 윤회하는 사실은 동일하다. 나자신으로 인해 욕심이 나고 인과를 만든다.

만 가지 법이 허물이 없다는 것은 자연스러운 대자유(大自由)를 뜻한다. 무엇을 하건 걸림이 없어 업을 낳지 않는다는 것이다. 그러면 그 업에 따라 법에 의해 구속을 당하는 일이 없어진다. 그러므로 무애자재함은 허물인 업이 소멸되고 한 마음도 나지 않는 상태라야 가능한 것이다. 그렇지 않으면 움직임 하나하나가 업을 만들고 구속을 초래한다. 우리는 그 구속에 운명(運命)이라는 이름을 붙인다. 여기서 우리는 오히려 일심이 만법을 움직인다는 사실에 유념해야 된다. 그리고 운명을 굴려가는 것은 마음이 된다. 그러므로 진리를 잘 알아 신중하게 움직여야 되는 법이다. 불이(不二)의 궁극적 종착점은 바로 일심(一心)도 나지않아 내가 어떻게 움직이든 만법에 허물이 생기지 않도록 하는 것이다. 그런데 자기마음에 경계가 강하게 지어져 있으면 되지 않는다. 그래서 일차적으로 마음을 바르게 열어야 되는 법이다. 선지식은 열고 닫을 마음의 체(體)가 없다.

　같이 인연을 맺어 산다는 것의 의미는 바로 내 마음이 움직이는 법의 작용을 상대에게 가하는 일이 된다. 마음이 바르면 법의 작용이 복을 불러오는 선한 작용이 되어 상대에게 행복을 가져다주고 그 덕으로 인해 나도 행복하게 된다. 마음이 그릇되면 법의 작용이 화(禍)를 불러오는 악한 작용이 되어 상대에게 불행을 가져다주고 그 대가를 나 자신이 과보로 고스란히 받아야만 된다. 그러므로 마음을 함부로 쓰면서 상대에게 겉으로 아무리 잘해줘봐야 헛일이 되기 쉽다. 둘 사이의 운명이 하나로 합해지고 그 마음들이 법의 작용을 만들어내니 상대를 원망할 것도 없고 하늘을 원망할 것도 없고 운명을 탓할 것도 없다. 돈을 많이 벌어주지 못해서 상대를 행복하게 해주지 못한다고 생각하는 것을 먼저 버려야 된다. 이 생각은 법의 작용을 악화시킬 뿐이다. 마음 하나 바르게 일으키면 법의 도움으로 행복할 수 있게 되니 본래 하늘 아래 불행이란 없는 것이다. 있다면 내 마음이 뭔가 왜곡되어 있을 뿐이다.

25.

無咎無法　不生不心

무구무법 불생불심

허물이 없으면 법도 없고 나지 않으면 마음이라고 할 것도 없음이라

　사랑에 있어서 애착이 없고 미움에 있어서 분노가 없다면 사랑을 해도 부자유가 사라진다. 그러다가 사랑을 드러내어 내가 사랑을 한다는 생각이나 사랑을 잘하고 있는가 하는 생각이나 사랑을 좀 더 잘하려는 생각이나 사랑이 떠나가면 어쩌나 하는 생각이나 상대가 나의 사랑을 잘 받아들이고 있는가 또는 의심하지 않는가 하는 등등의 한 생각을 일으키면 곧 법에 의해 인연의 성향이 발동되므로 그에 따라 다양한 마음과 현상들이 나타나게 된다. 그것이 곧 허물이 생기는 것이니 상처가 생기게 된다. 사랑은 고귀하니 가장 깊숙이 감추고 잊어버려서 영원한 뿌리로 만들어야 한다. 그러면 서로에게 필요한 것들이 저절로 오가게 되니 쳐다보는 것만으로도 힘이 샘솟게 된다. 이 때 비로소 사랑의 위대한 힘을 얻게 된다.

허물도 없고 법도 없고 나지 않는다면 따로 신(神)이라고 이름붙일 것도 없다.

▨▨▨▨ 우리가 허물이 없다면 법—일체 현상과 규칙과 진리—역시 따로 생기지 않고 생길 필요도 없게 된다. 허물은 중도를 벗어난 의식이다. 허물이 없는 존재, 그것이 바로 부처다. 부처는 허물이 없으니 따로 부처를 규율하는 법이 없고 법을 따로 낳지도 않게 된다. 한 마음이 나지 않으면 만법이 허물이 없게 되는 것은 부처를 주체로 하여 법이 부처를 따름이고 허물이 없으므로 법이 없고 생겨남이 없으니 마음도 없게 되는 것은 법과 부처의 분별을 지워버린 대도(大道)이다. 사실 허물이니, 법이니, 나거나 나지 않음이니, 마음이니 하는 말들은 자기가 중도에서 벗어나 변견(邊見)에 머물며 존재하니 그에 따라 생긴 말이다. 그러니 내가 중도라는 상태가 되면 일체가 사라지고 만다. 마음이니 법이니 부처니 중생이니 하는 분별표현은 일체가 공(空) 그대로 옳지만 또한 불구부정(不垢不淨)으로서 본래 그렇게 분별이 없는 것이다. 내가 있음으로 해서 모든 허물과 법이 생기고 또 내가 없음으로 인해서 그것들이 사라지니 팔만대장경도 나로 돌아가고 우주도 나로 돌아가니 가히 나 자신과 일체와 우주 모두 서로의 중심이라고 할 수 있겠다. 바른 중심이 무아(無我)이고 바른 마음이 무심(無心)이며 이것은 곧 중도(中道)의 상태이다.

마음과 법과 허물은 하나로 돌아간다. 당연히 어느 하나가 있으면 나머지 둘이 있고 어느 하나가 없으면 나머지 둘 역시 없게 된다. 허물이 없으니 무법(無法)이고 무아(無我)이다. 나지 않음(不生)이란 자기 영

128

혼의 움직임과 그침이 소멸된 것이므로 해탈열반이다. 이후 나는(生) 것은 나지 않음과 대비되어 남(生)이 아니므로 허물이 없는 도(道)의 대용(大用)인 것이니 개별적인 망심이 아니다. 선(禪)에서는 자기를 죽인다고 표현하는데 사실 실상에 그대로 부합하는 직설적인 표현이다. 그것은 곧 성불이요 중도이며 깨달음이 된다. 개체로서의 존재와 개별적인 움직임으로부터 벗어나는 것이고 곧 만다라(曼茶羅)에 편입되는 것이다.

마음이 움직여 생긴 인연(因緣)은 허물의 결합인데, 억지로 떼거나 벗어나려고 해도 안되는 이유는 상처를 내기 때문이다. 그 상처가 영혼 속에 맺혀 법에 따라 다시 만남과 허물을 일으킨다. 이것은 법의 구속을 철저히 받고 마음이 강해지니 허물을 더 크게 남기게 된다. 의상대사가 귀국할 때 연모하던 처녀가 바다에 투신자살해서 귀신이 되어서까지 따라붙는 것을 보면 인연은 도가 아주 높은 대사라도 어려운 문제다. 물론 처녀귀신이 부석사의 창건을 도와주어서 도움이 되었으니 그나마 다행이다. 인연 한가운데서 한 마음도 나지 않고 허물이 없다고 하는 것은 불가능하거나 어렵지 않다. 잘 해보자. 내 마음이 극락으로 들어가 버리면 쫓아오지 못하니 아마 가능할 것이다. 쫓아들어오려면 마음을 뚝 떼야 되니까. 그래서 불국토는 법과 허물이 없는 부처님의 땅이다. 그 속에는 대자유가 주어진다. 그렇다고 또 따로 불국토만을 찾는 것은 허물이 되니 조심해야 한다. 마음이 나면 곧 허물이다. 자기 안의 불국토와 밖의 불국토가 본래 하나이니 그 연결성을 보지 못하도록 훼방놓고 있는 허물과 분별심과 그에 의한 경계를 없애면 내가 지옥에 있어도 저절로 불국토가 내 집이 되는 법이다. 그러자면 내가 한 마음도 나지 않는 상태가 되어야 한다. 나와 상대 사이에 남(生)이 없으니 독존(獨存)이 완성된다.

◈◈◈◈◈◈ ❧ ◈◈◈◈◈◈

　인연을 맺어 처음에는 마음들이 바르게 서로를 잘 향하다가 삶에서 필요한 것들을 충족시키려는 방향으로 나아가면 그만 그 마음들이 흩어지고 일그러져버리게 된다. 그래서 처음에는 사는 것이 마음 편하다가 점점 마음이 불편하게 흐른다. 그래도 필요한 욕망들은 어느 정도 충족되니 다행이다. 그러나 그 다음이 문제다. 왜곡된 마음이 일으키는 법의 작용을 감당하지 못하는 것이다. 그래서 부부 사이에 파열음이 일어나고 여러 가지 문제들이 뒤이어 발생하게 된다. 견디지 못하면 결국 억지로 헤어지기도 하지만 이미 왜곡되어 있는 마음은 이후에도 법이 괴로움을 가져다주도록 작용시키니 헤어지는 것이 능사가 아니다. 각자의 마음을 바로잡는 것이 근본이 된다. 마음에 허물이 없으면 법이 개입되지 않고 변함없이 평화가 이어진다. 더구나 다른 마음이 나지 않으면 더더욱 평화로워진다.

◈◈◈◈◈◈ ❧ ◈◈◈◈◈◈

26.
能隨境滅 境逐能沈
능수경멸 경축능침

주관은 객관을 따라 멸하고 객관은 주관을 따라 잠겨서

내 사랑(미움)도 상대에 따라 변하니 마음의 번잡한 출입으로 마침내 지쳐 상대로부터 나가떨어지게 된다. 상대 역시 내 사랑으로 자기존재를 잃어버리고 내 사랑(미움)의 바다 속을 헤쳐나가느라 힘들게 된다. 내 주관이 있는 한 상대도 없고 당연히 사랑도 없게 된다. 이른 바 꿈속의 사랑이고 망념된 사랑이다. 그래서 평생 누군가를 사랑해도 뭔가 허망함을 느끼지 않을 수 없다. 주관이 강할수록 사랑은 왜곡되고 불순한 것이 되어 스스로를 망치게 된다. 본래 사랑에는 순수한 사랑 이외는 없으므로 오로지 있는 그대로의 상대를 볼 수 있어야만 사랑이 가능하게 된다. 그 때의 대가없는 자기희생은 서로에게 모두 아름다운 결과를 낳게 되므로 세상에서 진정 고귀하고 둘이 아닌 사랑이 된다.

신(神)과 내가 나뉘어져 있으니 나는 신을 따르며 소멸하고 신은 나를 따라 왜곡되어 비치게 된다. 나는 사라지고 신은 인간으로 전락하니 이는 곧 불경죄(不敬罪)로서 업장을 낳는 큰 허물이 된다.

▨▨▨ 능(能)은 주관을, 경(境)은 객관을 말한다. 주관은 객관을 따라 그 때 그 때 수시로 바뀌면서 앞의 주관들은 계속 무의식 속으로 사라지고 또한 쌓여진 주관들로 인해 마음이 점차 굳어져 늘 무거운 사람이 되고 생명력을 잃게 되니 급기야 활달자재한 이전의 자기는 어디론가 없어져버린다. 그러니 이렇게 주관의 연속적인 생멸로 한평생 살고 나면 순간순간의 기억쪼가리들만 남게 되어 세월이 순식간으로 느껴지므로 회한이 깊어짐은 당연하다. 객관은 여전한데도 순간순간 자기주관이 소멸되는 죽음과 같은 허망함이 영혼 속에 모였다가 몸의 소멸 가까이에 이르러서는 더 이상 주관을 내기 어렵게 되니 크게 분출하는 탓이다. 이것이 싫어서 그만 무의식적으로 고정관념을 가지기도 하지만 그 대가는 한 번에 크게 치르게 된다. 대상인 객관 역시 내 주관을 받아들여 그 마음이 왜곡을 일으키니 내 주관 속에 머무는 객관이 될 뿐이다. 그렇게 나의 주관에 잠긴 객관은 참된 모습이 아니라 내가 만든 모습일 뿐이다. 객관이 주관에 잠겨버려 제 모습이 왜곡되는 것이다. 이렇듯 연기(緣起)의 최종결과는 내가 나를 잃고 서로가 서로를 잃어버리게 만드는 것이니, 이곳이 바로 주객(主客)이라는 망념으로 이루어진 현상계다. 그 복잡한 순간순간의 마음들에 따라 법의 천차만별 작용을 받으니 주관과 객관 모두 갑갑하게만 된다.

죽음을 싫어하고 삶을 좋아하지만 주관을 나 자신으로 삼고 객관을 일체대상으로 삼는 경계를 두고 이해득실과 좋고 싫은 마음이 있는 한 이는 곧 망념으로서 순간순간 죽고 사는 생사(生死)를 끝없이 반복하는 셈이다. 그러다가 마침내 몸이 죽는 것은 이 과정을 크게 일단락짓는 사건일 뿐이다. 그렇게 있는 그대로를 보지 못하며 자기 자신을 속이고 상대를 속이고 산다. 망념 속에서 신(神)에 대한 믿음 역시 신을 속이고 나 자신을 속이는 뜬 구름이니 부질없는 짓이 되고 만다. 그러니 사는 것도 믿는 것도 일체가 꿈이다. 그래서 불변(不變)과 영원(永遠)은 주체와 객체를 나누고 따르는 데서 필연적으로 얻는 외로움과 허망함에서 벗어나보려는 영원한 소원이 된다. 부처님이 안타깝게 여기사 불법에서 이 소원을 궁극적으로 이룰 수 있는 큰 길인 대도(大道)를 열어주고 있다. 그러나 주관과 객관만을 늘 쫓아다니면 이 대도로 들어설 기약이 없게 된다. 경계로부터 마음을 한 번 크게 돌이켜야 되는 법이다. 불이(不二)는 이 함정을 극복하고자 하는 큰 가치이기도 하다. 그러니 웰다잉 (well-dying)이 되려면 객관에 너무 끌리지 말아야 되고 또한 상대가 주는 주관에도 물들지 말고 언제 어디서나 항상 바른 견해를 가지고 마음의 중심을 잘 유지해야 되는 법이다. 있는 그대로의 객관은 멸하거나 잠기는 것이 아니다. 내가 꿈속에서 만든 주관과 객관이 멸하고 잠기는 것이다.

　주객(主客)을 분별하는 이 습성을 영원히 멈추려면 근본적으로는 마음에서 경계가 사라져야만 되는 법인데, 이렇게 되려면 경계를 짓고 있는 주체를 찾아내어 없애버려야만 불변과 영원을 이룬다. 주관과 객관 속에는 나의 본래마음은 없게 된다. 당연히 그 어느 마음에도 머물면 안되는 법이다. 일단은 자기의 깊고 그윽한 내면에는 주관과 객관에 끄달려다니지 않는 본체(本體)가 있다는 믿음을 철저하게 군혀야 한다. 사실인데 스스로 확인할 때까지는 믿을 수밖에 없다. 그래서 그 본체가 점차 드러나고 힘을 발휘하도록 스스로를 잘 유도해나가야 한다.

신(神)을 믿을 때 내 욕망에 따른 주관이 있으므로 항상 내가 만든 신이 된다. 즉 내가 내 믿음을 믿는 것일 뿐 신을 믿는 것이 아니게 되는 것이다. 그래서 신과 따로 놀게 되니 신앙생활의 공덕은 크게 감소하는 것이다. 여기서 벗어나 있는 그대로의 신을 만나려면 물론 내 욕망이 사라져야만 가능하다. 그러나 아직은 그렇지 못하니 여기서 안타까움이 생긴다. 부처님이란 신은 이 간격을 메워주기 위해 몸을 나누니 대자대비가 된다. 화신(化身)은 나의 다양한 욕망에 응하고 보신(報身)은 근본 욕망에 응하며 진신(眞身)인 법신(法身)은 내 욕망이 사라진 자리에 응하니 비로소 나와 부처가 언제 어디서나 둘이 아니게 되는 법이다. 얼마나 고마운가? 내 스스로 법신을 향해 나아갈 뿐이다.

27.

境由能境　能由境能

경유능별 능유경능

객관은 주관으로 말미암아 객관이요 주관은 객관으로 말미암아 주관이니

상대는 나의 사랑(미움)으로 말미암아 사랑(미움)받는 사람이 되고 만다. 그 순간 있는 그대로의 상대는 눈앞에서 사라져버린다. 나의 사랑 또한 상대에 의해 생겨나고 결정되고 만다. 각자 있는 그대로의 상대는 보지 못하니 오해하는 결과를 필히 낳는다. 그래서 서로가 자기마음을 몰라준다고 상대를 탓한다. 상대에 부담을 주고 있으면서도 사랑한다고 생각한다. 또한 각자가 그 사랑을 거두어들이거나 바꾸면 내 창조물은 사라지고 처음 보는 사람이 눈앞에 나타나 당황하게 된다. 이렇게 내가 상대와 따로 나뉘어져 주고 받는 사랑은 양자 모두에게 황당한 배신의 상처를 남긴다. 그런데 엄밀히 말하면 상대가 나를 속이거나 변한 것이 아니라 처음부터 내가 내 마음만을 대하고 있었던 것이다. 그러므로 언제나 나 홀로의 나르시스 사랑인지라 사랑해도 고독하다. 상대가 아니라 내가 나 자신을 스스로 배신한 것일 뿐이다. 변함없는 사랑은 오로지 나 자신의 안목에 달려 있게 된다.

신(神)과 망심(妄心)이 마주대하니 신은 망심 속으로 들어가버리고 망심은 신을 보지 못하여 답답하니 새로운 신을 만들어내서 보고 들으며 스스로 만족할 수 밖에 없다.

▧▧▧ 부처는 중생으로 말미암아 부처란 이름이 붙고 중생은 부처로 말미암아 중생이란 이름이 붙으니 그 이름이 붙기 이전의 부처와 중생은 알 수 없게 된다. 내가 있어서 상대가 있게 되고 상대가 있어서 내가 있게 되므로 본래의 독립된 나와 상대는 이 속에서 도저히 찾아볼 수 없다. 나와 상대로 인해 각자 본래존재에 또 하나의 말이 붙었으니 서로가 서로를 오염시킨 말이다. 나와 상대는 서로 의지하여 존재하고 상호작용하면서 각자 고유의 존재가치와 능력을 잃어버리고 합해도 그만 왜곡된 하나가 되고 만다. 이 왜곡된 하나를 품에 안고 이리저리 뒹구니 인생이 진흙탕이 되고 만다. 인(因)과 연(緣)은 이렇게 점차 어지럽고 복잡하게 변해간다. 끊임없는 확대재생산이다. 그래서 우리의 마음이 너무 어지러워지며 분노가 극에 달할 때 신(神)이 청소하며 정리하기도 한다. 이렇듯 주관과 객관은 한덩어리가 되어 가상(假想)의 인연을 만들어내고 이것을 있는 그대로의 인연으로 착각한다. 그리고 그것조차 선인연이니 악인연이니 하면서 또 양변에 머무르는 분별심을 연쇄적으로 일으킨다. 이런 인연은 망념(妄念)에 의한 인연이라고 하여 생사(生死)를 받아 윤회하게 되고 허망하게 되므로 진여(眞如)에서 배제한다. 인연에 의해 내 존재의 본래면목을 가리지 않고 마음이 물들지 않는 인연, 즉 진짜 서로 있는 그대로의 인연이 아닌 것이다. 욕망에 의해 일시적으로 일으킨 인연이니 당연하다. 진여에 의한 인연은 순수하게 객관과 객관의 만남으로서 세상에 흔하지 않다. 그래서 있는 그대로의 마음

136

이 오고 가는 의사소통이 쉽지 않다.

　나(주관)와 경계(객관)가 어떻게 나뉘는가? 본래 둘도 아니고 하나도 아니건만 '나'라는 존재를 중심으로 분별심에 의해 대상을 살피니 있는 그대로의 경계(객관)가 아니라 경계에 투영된 나 자신을 보는 것이다. 그러므로 객관이 있는 그대로 보이지 않는다. 착한 사람 눈에는 모든 사람이 착하게 보이고 욕심많은 사람 눈에는 모든 사람이 욕심많게 보인다. 그러면서 자기의 성품을 정당화한다. 이것은 삿된 짓이다. 어느 쪽이든 객관은 주관적 객관이 되고 주관은 객관적 주관이 되고 만다. 이런 헛것으로서의 객관과 주관의 양변이 모두 사라지면 객관을 있는 그대로 보면서도 마치 내가 거울이 된 것처럼 객관에 물들지 않는 내가 있게 된다. 이것은 중도(中道)에 들어서야 비로소 비춰지게 된다. 이 때 내가 없으니 상대가 없게 되고 상대가 없으니 내가 없게 되므로 나와 상대 모두 있는 그대로의 존재가 된다. 그러므로 마음이 멸(滅)하여 객관과 주관의 상대성이 무너지면 비로소 광명 속에서 큰 지혜를 이루니 이는 곧 죄가 망(亡)하고 마음이 멸(滅)하여 예수님의 천국과 부처님의 극락이 영원히 나의 것이 되는 일이다. 본래의 산과 물은 이 속에 있다.

　상대로 하여금 나 자신에 따른 마음을 일으키게 해놓고 여기에 덧붙여 나 자신의 마음을 받아들여달라고 한다면 상대에게 이중부담을 안기게 되는 것이니 상대는 나로부터 편해지고자 자연히 뒷걸음칠 수밖에 없다. 나 자신 역시 상대를 보고 가진 마음에다가 상대가 자기마음을 받아달라고 한다면 힘들 수밖에 없는 법이다. 그러므로 순수한 내 마음은 덮여버리고 잊어버리게 되고 헛마음만 가득 차게 되니 상대와 나는 허깨비로서 서로를 대하게 된다. 여기에다 대고 진실한 마음이니 간절한 마음이니 하면서 따져봐야 헛된 짓이 되는 법이다. 내 마음 일체가 상대로 인해 일으킨 마음이니만큼 도무지 내 마음이라고 집착할 이유가 없다. 내 마음은 없는 것이다. 내 마음이란 것을 조금이라도 찾아보려거든 당연히 상대로 인해 일어난 마음과 상대가 나에게 준 마음 모두 벗어나야만 한다.

28.

欲知兩段 元是一空

욕지양단 원시일공

양단을 알고자 할진댄 원래 하나의 공이니라

　나와 상대 속에 각각 머물며 서로 오고 가는 사랑(미움)의 근원을 캐보면 허공이 된다. 각자는 허공으로부터 생명을 부여받아 태어났고 그로부터 사랑(미움)이 나오게 된 것이니 서로 나뉜 몸들과 정반대되는 마음들도 실은 부모가 허공으로서 하나인 셈이다. 그러나 순수한 사랑인 부모가 보이지 않아 부모를 모르고 잊어버린 채 각자가 타고 날 때 가지고 나온 천성에 상응하여 가진 한정된 사랑(미움)을 자기로만 알고 있다. 그래서 자기와 상대가 별개이고 각자의 사랑(미움)이 교환대상이 되는 것이다. 누구나 교환으로 손해보려는 이가 없고 이득을 보고자 하니 다툼이 생기고 시비분별에 사로잡히게 된다. 본래 나와 상대가 하나를 이어받았으니 따로 가지고 있지도 않고 또 허공을 부모로 두었으니 각자 한정된 크기로 몸을 나누었지만 모두 무한하고 영원한 사랑인 순수한 사랑을 동일하게 갖고 있어 둘이 아니다. 그러므로 상대에게서 사랑을 따로 구할 것이 없는 것이 나의 본래모습이다.

신(神)을 밝게 보면 나를 얻고 나를 밝게 보면 신을 얻는다. 신을 어둡게 보면 나를 잃고 나를 어둡게 보면 신을 잃는다. 나 자신과 신을 알고자 한다면 원래 하나의 공(空)이니 공한 가운데 각자 뚜렷하게 드러난다.

▨▨▨▨ 생(生)과 사(死)가 생명에게는 자연스러운 현상이지만 또한 공(空)의 장난에 다름 아니다. 공(空)이 손바닥을 펼치면 생(生)이고 공(空)이 손바닥을 뒤집으면 사(死)다. 공(空)이 주먹을 쥐면 생사(生死)의 한가운데 머무르게 된다. 관건은 내가 그 손바닥에 놓여 있는가 아니면 그 손이 내 활용이 되는가 하는 것이 된다. 손바닥도 손이고 손등도 손이며 주먹도 손이니 원래 하나의 손만 있을 뿐이다. 그러므로 내가 어느 한 면만을 붙잡는다는 것은 곧 생(生)과 사(死)의 현상에 내 존재를 그대로 내맡기는 것과 같다.

내가 상대와 경계를 지어놓고 바라보면서 가지는 상념들은 일체가 실상과 어긋난 망념이다. 그러니 일단은 이 망념에 내가 사로잡히지 않는 것이 가장 중요하다. 망념에 사로잡히면 인연에 얽혀들어가게 되기 때문이다. 인연은 의존성을 낳으니 드디어 내 존재와 인생이 내 손에 달리지 않고 상대에 달려 있게 되기 때문에 항상 부자유스러운 현상 속에 처한다. 가상현실로 도피하고자 하지만 내 현실 자체가 내가 만들어낸 가상현실이므로 도피할 곳이 없다. 오로지 제 정신을 차리는 수밖에 없다. 신(神)도 있는 그대로의 신이 아니라 내가 만든 가상현실 속의 신이 되고 만다. 6근(根)에만 의존하면 주관으로 말미암아 객관을 왜곡되게 받아들이고 거기서 오는 괴리로 인해 스스로 고통을 만든다.

주관과 객관을 알고자 한다면 본래 전체가 한 가지로 공(空)하므로 영원히 빠져나올 수 없을 것 같은 이 굴레를 벗어나게 인도해준다. 전체가 공하지 않다면 주관과 객관 역시 영원할 수밖에 없다. 그렇다면 지혜의 광명을 통해 전체가 공함을 증득(證得)하기만 하면 주관과 객관이 사라지므로 더 이상 자기 자신과 상대를 속고 속이지 않게 되는 것이다.

양단이 원래 하나의 공(空)이니 색(色)과 공(空)과 분별경계가 사라진다. 경계(境界)가 각(覺)과 같으니 공(空)하므로 양변(兩邊)의 망념이 본래 생기지 않는 것이라서 깨달음이 없음을 깨달아 안다. 망념을 쉬게 할 수도 없고 쉬는 것도 없고 그치게 할 수도 없고 그쳐지는 것도 없는 것이라서 시각(始覺)이 원만하여 본각(本覺)과 둘이 아니므로 오로지 일각(一覺) 뿐이니 일체중생이 본래 무루(無漏)의 모든 선(善)과 이익의 근본을 지녔다. 다만 욕심이 그것을 가리고 있으니 생각이 없어지면 심상(心相)의 생주이멸(生住異滅)을 알게 된다. 깨치고 관(觀)하는 마음을 두지 않고 깨쳐지는 도(道)를 두지 않는다. 이는 마음이 있는 곳이 없어 청정하므로 마음과 법이 본래부터 나지 않음을 잘 아는 것이다. 인연이 공(空)하니 삼라만상이 본래 자유로워 해탈과 해탈 아님이 없다.

상대와 인연을 맺고 살아도 집착할 까닭이 전혀 없는 것은 인연맺기 전에 상대가 이미 나의 본래성품에 있던 존재이기 때문이다. 이미 하나가 되어 있는데 집착한다면 그것은 참으로 이상한 일이다. 그 때 집착하는 상대는 진실로 내 영혼 속에 본래 있던 존재가 아니라 내 집착이 만들어 낸 허상으로서의 존재가 된다. 이 때 상대와의 인연은 꿈과 같은 망념(妄念)이 만들어 낸 것이므로 결국 허망하게 되고 만다. 상대는 나에게서 태어나 나에게 머물다가 나에게로 들어오니 나와 상대가 하나라는 말을 하기 이전에 이미 하나인 것이다. 당연히 상대에게 요구할 것도 없다. 그것은 내가 나 자신에게 요구하는 것이 되니 나 자신을 스스로 힘들게 할 뿐이다. 상대에게 주는 것은 곧 내가 내 자신에게 주는 것이니만큼 도와준다는 말도 비정상이 된다. 자녀에게 뭔가를 요구하거나 도와준다고 생각하거나 집착하는 것 등이 결과가 좋지 않은 이유는 근본에서 어긋나는 망념들이기 때문이다. 오로지 나쁜 마음을 가지는 것만 막아주면 된다. 그리고 나아가 좋은 마음을 가지도록 가르치는 것이 곧 법의 좋은 작용을 불러오도록 하는 것이니 자녀의 미래를 밝혀주는 일이 된다.

29.
一空同兩　齊含萬象

일공동양 제함만상

하나의 공은 양단과 같아서 삼라만상을 함께 다 포함하여

　사랑과 미움이 동일한 근원임을 비로소 알고 그 근원을 잘 살펴서 보니 텅 비어 있는데 더욱 깊이 살피니 사랑과 미움은 물론 삼라만상의 모든 마음이 다 포함되어 있다. 그런데 신기한 점은 서로 부딪쳐 충돌과 갈등을 일으키지 않고 귀신이 벽을 쓱 통과하듯이 서로에게 걸림이 없다. 나는 이 모두를 포함하고 있는 허공의 상태로 전혀 움직이지 않는다. 그러므로 필요할 때 언제 어디서든 응하는 것을 끄집어내어 사랑으로도 활용하고 미움으로도 활용하는데 상대의 마음에 빈틈없이 들어맞는다. 그러므로 이전처럼 제멋대로 날뛰며 나 자신과 상대와 허공을 대상으로 주먹질을 하지 않으니 비로소 허공은 나와 상대, 사랑과 같게 되었다. 이 때의 사랑은 미움의 환영(幻影)이 사라진 순수한 사랑이 되고 삼라만상 역시 나와 한몸이고 한마음이니 내가 허공의 순수한 사랑을 얻은 까닭이다. 더 이상 사랑을 얻으려 나와 별도의 대상을 만들 필요가 없어졌다. 모두가 나의 고운 님이다.

나는 신(神)의 발현이니 본래 각각 온전하여 이 속에 삼라만상이 함께 다 포함되어 있다. 나 자신이 영원한 축복일 수 밖에 없고 이 사실은 변하지 않는다.

▨▨▨ 생(生)과 사(死)는 나 자신의 어떤 이유로 인해 나온 것이므로 나는 원래 생(生)과 사(死)를 자유롭게 운용할 수 있는 존재다. 그러나 천지자연의 순리와는 따로 별개의 마음을 갖고 있음으로 해서 생(生)과 사(死)의 현상에 휘둘리게 된다. 생(生)과 사(死)를 밝게 비추어보면 본래 둘이 불이(不二)요, 일여(一如)하며, 서로 즉(卽)해 있는 것임을 알게 되어 벗어난다.

양단의 둘을 버리고 나서 하나의 공(空)인줄 비로소 알았는데 그 하나의 공(空)이 또한 바로 둘이다. 이렇게 상반된 둘은 하나인 공(空)을 통해 상반되지 않은 둘이 되어 자유자재로 하나도 되고 둘도 되고 온갖 것이 되어 활용되니 참으로 묘하다. 앞의 둘은 공(空)과는 별개로 오로지 주관과 객관으로 나누어져 고정된 둘이고 뒤의 둘은 주객이 사라지고 공(空)의 대용(大用)한 모습이니 한계가 없는 둘인 것이다. 삼라만상이 다 포함되는 것은 당연하다. 이렇게 하나와 둘, 일체는 서로서로 걸림이 없게 된다. 그 바탕은 양변에 머무는 바 없는 마음이 된다.

취사분별의 마음으로 하나를 취하거나 버리면 반드시 보이지 않는 하나가 그에 상응하여 움직이고 마침내 수많은 것들과 이어지게 된다. 이것은 영혼세계와 물질 위주의 현상계가 즉(卽)해 있으므로 생기는 현상이다. 그러므로 현상계에서 무엇을 취하면 영혼세계 차원에서 떨어져나가는 것이 있고 추가로 달라붙는 것이 있게 된다. 현상계에서 무엇을 버리면 영혼세계 차원에서 주어지는 것이 있게 되고 추가로 떨어져나가는 것 또한 있게 된다. 그러므로 진실로 알고 보면 따로 취할 것도 없고 버릴 것도 없으며 온전하게 취할 수도 없고 버릴 수도 없으니 도무지 집착할 수 없다. 그리고 진실로 얻어지는 것도 없고 잃는 것도 없다. 내가 밖에 나와 있으면 집착이나 포기, 또 다른 선택 등 수많은 상(相)이 전개되니 오히려 나로 인해 동란(動亂)이 생긴다. 내가 본래 적정(寂靜)한 일심(一心)이면 일체가 제 스스로 알맞은 자리를 잡게 되고 각자 따로 애씀이 없이 서로를 스스로 도와주게 된다. 소원이 그치므로 인연이 허물과 법이 없어 진여(眞如)로 원만하게 연결되는 것이다. 나 자신 역시 이 덕을 크게 입어 살기(殺氣)가 해소되고 생기가 커지면서 행복해진다. 이것이 공(空)의 힘이요, 대도(大道)의 힘이요, 신(神)의 힘이다. 개별적인 마음이 비어갈수록 이 힘이 더욱 크게 얻어진다. 각(覺)이 경계와 같으니 마음을 비운다는 것은 머무르거나 머무르지 않는 망념이 사라지는 것이다. 또한 무(無)를 취하면서 마음을 내는 것으로서 일체가 마음이 항상 나고(生) 있음을 아는 것이다. 그리고 짓지 않는 것이 없으므로 남을 이롭게 하는 일에 대하여 하지 않는 것이 없다. 이는 본래 공적(空寂)이 없음을 깨닫는 것으로서 열반을 얻음이 없으며 열반에 들어가는 움직임을 떠나는 것이다.

개별적인 욕망인 양단에 갇혀 힘이 없다가 드디어 일체를 포함했으므로 따로 취하고 버리고 비우고 채우는 끝없는 반복의 굴레에서 해방된다. 드디어 해탈을 하여 우주의 큰 힘을 얻어 마음껏 대자유를 누리게 된다. 일체처(一切處)가 곧 자기의 자리가 되니 귀신이나 산 사람처럼 더 이상 따로 머무는 자리를 찾아 다닐 필요가 없다. 더 이상 얻을 것도 없으니 무득(無得)인지라 취사선택을 하는 일체의 행(行)이 그 이전과 겉으로는 같지만 내용은 전혀 다르다. 또한 신(神)과 함께 움직이고 나와 만물이 스스로 돌아갈 자리를 보고 아니 생로병사에 밝아 조금의 공포도 없다. 이 모든 것이 주관과 객관을 버려서 공(空)을 얻고 그 공(空)의 자리를 큰 움직임으로 용트림하니 대물(大物)인지라, 삼라만상이 나의 몸이 되어 드러나는 이 과정은 실제로 체득해야만 알 수 있다.

인연이 생겨난 내 속의 마음을 쫓아가면 허상이 되고 망념이 됨을 알고 나면 그 다음에는 오로지 공(空)에서 나오는 자비(慈悲)만 남게 된다. 상대와의 결합은 상대가 속해 있던 인연들과의 결합을 이루게 된다. 그런데 상대 하나만 보고 인연을 맺으면 어긋나게 된다. 인연은 성품과 운명의 결합이므로 상대 역시 기존의 인연들에 큰 영향을 받고 이어져 있음을 망각하는 것이니 이기적이다. 그러나 상대가 이미 맺은 인연들을 대함에 있어서 법의 작용이 고맙게 되도록 하려면 자비 외에는 없다. 그리고 상대를 통해 전해오는 수많은 인연들의 압력을 감당하려면 자비를 제외하고 그 어떤 마음과 행(行)으로 가능하겠는가?

30.
不見精麤　寧有偏黨

불견정추 영유편당

세밀하고 거칠음을 보지 못하거니 어찌 치우침이 있겠는가?

　사랑과 미움이 노골적이거나 은밀하거나 또는 말과 표정과 행동 등으로 표현하거나 표현하지 않거나 또는 크거나 작거나 하는 것 등등을 따지지 않으니 이에 따라 사랑과 미움의 어느 한 쪽에 마음이 머물러 찾지 않고 요구하지도 않는다. 오로지 상대의 순수한 사랑과 나의 순수한 사랑이 하나인 사실만 염두에 두니 나와 상대 모두 서로의 주체성을 세우면서 각자 스스로 충만하게 되어 분별도 다툼도 없다. 오로지 나와 상대의 허공만을 음미할 뿐이니 그 사랑의 즐거움은 도저히 이루 말로 표현할 수가 없다.

**내가 거칠어서 신(神)은 세밀하게 되니 나의 세련된 모습을 신으로 삼고
짝사랑하게 되어 오직 외로울 뿐이다.**

▨▨▨▨ 평등에 어긋나 스스로 일으키게 되는 천언만려(千言萬慮)가 곧
생멸(生滅)의 모습이니 이는 대략 상대적인 〈추〉와 〈세〉의 두 가지로
나누어진다. 〈추〉는 보이는 것으로서 움직임이 드러나 인식되는 거칠
음이요, 〈세〉는 보이지 않는 것으로서 움직임이 은밀하고 그쳐서 인식
되지 않는 세밀함이니 〈추〉는 마음과 상응하고 〈세〉는 마음과 상응하
지 않는다. 거친 것은 인생이고 세밀한 것은 운명이다. 거친 것은 물질
이고 세밀한 것은 정신이다. 거친 것은 지식이고 세밀한 것은 지혜다.
거친 것은 인간이고 세밀한 것은 신령이다. 이 두 가지의 생멸은 모두
영혼의식의 훈습(薰習)에 의해 있는 것이므로 인(因)에 의하고 연(緣)에
의한 것이니 이른 바 깨닫지 못하고 망령되이 분별경계를 짓는다. 〈추〉
중의 〈추〉는 상응하여 일어난 마음에 물들고 집착하는 것이 끊이지 않
으니 곧 범부의 경계다. 〈추〉 중의 〈세〉는 분별하는 지혜와 상응하는
염심(染心)이고 〈세〉 중의 〈추〉는 현재의 색(色)과 상응하지 않는 염
심, 능히 보는 마음과 상응하지 않는 염심이니 곧 보살의 경계이다. 이
세 종은 모두 제8식(識)의 자리에 있다. 〈세〉 중의 〈세〉는 마음의 움직
임이 끊어지고 심성이 봄(見)을 떠나 전혀 생각하는 것이 없는 일심(一
心)이니 곧 부처의 경계로서 여래장(如來藏)의 자리에 있다.

〈추〉와 〈세〉를 분별하게 되면 세밀한 것은 고요함으로 비추어보고
거친 것은 이성(理性)으로 상응하는 법이지만 본래 세밀하고 거칠음을
보지 못한다. 마음과 법을 내지 않으니 이는 분별과 차별망상이 원래 생

기지 않는 것임을 깨달아 인(因)이 멸하여 상응하지 않는 마음이 멸하고 곧 연(緣)이 멸하여 상응하는 마음이 멸하는 것이다. 그리하여 무명(無明)의 심성(心性)이 일어나지 않으니 평등하여 〈추〉와 〈세〉를 분별하지 않아 경계를 보지 않고 걸림이 없게 된다. 그 자리에서 범부와 부처, 인간과 신령, 정신과 물질 등이 평등하게 되어 일체의 상(相)을 떠난 진여(眞如)의 체(體)를 얻은 것이다. 큰 지혜광명으로 법계를 두루 비추며 진실로 아는 것이니 스스로 일체의 무량한 공덕을 갖추고 있다. 오로지 삼라만상 일체가 거칠고 세밀함이 없이 천상천하유아독존으로 모든 행(行)에 머무르지 않으며 의지할 것이 없이 각자의 자리에서 빛을 발하고 있을 뿐이다. 다른 상(相)이 없으니 나와 나의 신(神)이 동시에 사라지고 각자 밝은 본래모습으로 밝게 드러난다.

6바라밀(波羅蜜)은 곧 막힘없는 해탈이면서 본래 청정한 열반이니 상(相)과 행(行)이 모두 없어 처음과 나중도 없으며 변함도 없으므로 〈추〉와 〈세〉의 분별에 걸리지 않는다. 부처님의 중생구제 역시 세밀한 상(相)을 대함에 거친 모습으로 은밀히 구제하고 거친 상(相)을 대함에 세밀한 모습으로 은밀히 구제하니 항상 〈추〉와 〈세〉의 막힌 경계가 없으므로 언제 어디서나 그 무엇에게나 영원한 부처이다. 본래마음 역시 그러하지만 도(大道)의 용(用)으로 오로지 바르게 변화를 줄 뿐이고 법(法)의 성품 역시 〈추〉와 〈세〉가 둘이 아니다.

　드러난 힘에는 강함과 약함이 있을 수밖에 없으므로 강자(強者)와 약자(弱者)의 분별이 있게 된다. 강자가 있으므로 약자가 있고 약자가 있으므로 강자가 있다. 그러므로 각자 서로에게 자기를 낮추며 상호신뢰를 얻어 이루고 고마워하며 평화로워야 하는 법이다. 그런데 욕망에 따라 강함과 약함만 보고 투쟁과 갈등이 일어난다. 약자는 분노의 힘으로 뭉쳐 이기려고 하고 강자는 물질의 힘으로 약자를 흩어지게 하여 지배하려고 한다. 강자는 물질의 힘만 믿고 약자는 정신의 힘만 믿지만 정신과 물질의 대결에서는 어느 쪽도 완전히 그리고 영원히 이기지 못하므로 투쟁의 세월만 흘러가고 모두 희생자가 되어간다. 정신은 세밀하고 물질은 거친 것으로서 둘이 본래 영혼을 뿌리로 하나인지라 강자와 약자가 따로 없고 당연히 둘의 싸움은 승자도 패자도 없게 된다. 그러므로 둘을 별개로 보고 물질이나 정신에만 치우치면 안된다. 전체적으로 보면 오로지 바른 정신에 따른 물질의 원만한 역할만이 근본적으로 진정한 평화를 가져온다.

31.

大道體寬　無易無難

대도체관 무이무난

큰 도는 본체가 넓어서 쉬움도 없고 어려움도 없거늘

　허공의 순수한 사랑은 크다고 할 수 없는 크기와 넓다고 할 수 없는 넓음과 그 속에 더 이상 강할 수 없는 힘을 담고 있어 그 무엇도 걸림이 없이 자연스럽게 전개되어 삼라만상을 포용하니 사랑하는 데 어려움이 없다. 또한 아무렇게나 하지 않고 허공이 품고 있는 삼라만상의 성품에 각각 스스로 상응하면서 그 사랑이 스며드니 어려움도 쉬움도 없어 지극하게 쉬우니 온전하다. 그러나 내가 허공을 잊어버렸으니 부모 잃은 자식이 고생하는 것과 마찬가지로 상대를 분별하여 사랑하고 미워하는 데 걸림이 늘 있게 되어 상대마다 또 그 순간순간마다 일일이 어려움과 쉬움이 나타나게 된다. 그 이유는 각자의 미움과 사랑의 비중과 성질이 다르고 둘러싼 환경이 다르며 사랑 속에 여러 가지 욕망들이 불순물로 항상 같이 끼어 있어 개입되니 100% 순수한 사랑이 아니기 때문이다. 순수한 사랑이 나로 인해 그만 힘든 사랑이 되고 마는 법이니 사랑을 따로 구하다가 몸만 망친다. 본래 거래할 수 없는 것을 거래하고 이득을 볼 수 없는 것에서 이득을 보려고 한 착오 때문에 생긴 일이다.

신(神)은 넓어서 나를 보는 데 있어 어려움도 쉬움도 없어 자연스럽지만 나는 좁아서 신을 보는 데 있어 봄에 꽃이 점차로 피는 것을 보는 것과 같아서 쉬움과 어려움이 생긴다. 내가 넓어지면 신을 보는 데 있어 활짝 피어 있는 꽃을 보는 것과 같다. 어려움도 쉬움도 없다.

▨▨▨▨ 대도가 비록 본바탕이 넓다고 말하지만 여기서 크고 넓다고 한 것은 작고 좁다는 것과 상대적으로 비교하여 하는 말이 아니라 절대적으로 크고 넓은 것이다. 무궁무진하며 무한무변하여 절대독존인 것이다. 쉬움은 반드시 어려움을 가져오므로 쉬움이 없고 어려움은 어렵게 받아들이므로 끝내 어려움이 없다. 이것은 곧 일에 쉽고 어려움의 상대성에 의한 압력이 약해지고 평상심을 유지하는 것이므로 마음이 넓을수록 매사 편하면서도 잘 이루어질 가능성이 커지고 큰일도 가능해진다. 마음이 대도(大道)와 합치면, 즉 마음이 무한하게 넓어져버려 신령세계에까지 가득 차면 자연스럽게 모든 일이 돌아가게 되니 드디어 일(事)로부터의 영원한 해방이다. 믿음 역시 완성되었으니 따로 믿음을 가질 이웃도 역시 없게 되어 믿는 데 어려움도 쉬움도 없이 자연스럽다.

부처님의 자비와 예수님의 사랑 역시 누구에게 더 자비롭고 누구를 더 사랑하고 하는 그런 상대적 가치가 없는 것이니 대자대비(大慈大悲)이고 순수한 본래사랑인 것이다. 이런 사랑과 자비는 차별심이 없어 하늘과 땅과 성인(聖人)과 자성(自性)이 품은 뜻과 정확하게 한 치의 오차와 빈틈도 없이 일치하는 것이니 대도(大道)의 대용(大用)이다. 자연스럽게 스스로 움직이니 큰 것의 덕(德)이다. 사랑과 자비가 인연에 따라 크고 작음이 있고 넘치고 모자람이 있으면 비록 사랑과 자비가 있으되

크지도 못하고 넓지도 못한 것이다. 그러면 사랑이 좁으니 미움이 생겨나고 자비가 왜소하니 동정과 무자비가 스며들게 되어 사랑을 하고 자비를 베풀어도 힘들고 어렵게 되며 끊임없이 또 다른 사랑과 자비를 갈구하게 되어 있다. 이것은 사랑과 자비가 모든 존재에게 평등하게 발현되지 못하기 때문이다. 나의 본래성품인 평등성을 확장시킬수록 사랑과 자비는 자연스럽게 이루어지게 되어 있고 쉬움도 어려움도 없이 미치지 못하는 곳이 없게 된다. 이것은 삼라만상의 모든 성품을 포용하는 데서 시작된다. 포용한다는 것은 엄격하게 보면서 평등과 차별을 정확하게 운용하는 것이다.

　도를 닦고 길을 간다는 것은 이렇게 대도(大道)와 나의 사랑과 자비가 정확하게 일치하게 되어가는 것이다. 이것은 사랑과 자비를 삼라만상에게 똑같이 무한히 확장시켜가는 것이며 신(神)을 진실로 보는 길로 나아가는 것이기도 하다. 여기서 쉽고 어려운 문제가 다시 한 번 나온다. 쉬움이 없는 것은 사랑과 자비가 상(相)에 한정되어 발현되므로 원하는만큼 얻으려면 상을 소멸시켜야 되는 때문이다. 어려움이 없는 것은 단 한 번에 그것이 가능하고 누구나 할 수 있는 일이기 때문이다. 대도는 쉽고 어려움이 따로 없거늘 내가 나 자신을 껴안고 있기 때문에 그 욕망과 집착 때문에 쉽고 어려움이 생겨난다. 즉, 도가 어려운 것이 아니라 나 자신이 그만큼 어려운 사람이 되어 있는 것이니 우선 나 자신부터 좀 쉬운 사람으로 바뀌어야 한다. 지극한 도는 어려움이 없다. 나에게 이미 본래 스스로 원만하게 일체가 구족되어 있기 때문에 이것을 깨닫는데 쉽다거나 어렵다고 말하는 지견(知見)이 오히려 문제가 되는 것이다. 그냥 제대로 하면 되는 것이다. 대도를 간다는 것은 어렵다고 안하고 쉽다고 하는 그런 성질의 노력이 아니기 때문이다.

⚜

어려운 것은 쉬운 듯이 해나가고 쉬운 것은 어려운 듯이 해나가면 무리가 없이 이루어낼 수 있는 법이다. 어려운 것을 어려운 것으로만 보고 쉬운 것을 쉬운 것으로만 보는 양단에 머무르는 사고방식은 많은 문제를 낳는다. 어려운 것은 어렵다고 못하고 쉬운 것은 쉽다고 방심하다 오히려 잘못되는 법이다. 모든 사람은 자기의 본래 갖추어진 역량보다 과소평가하는 경향이 있다. 세상이 더욱 힘들어지니 그렇게 된다. 인생에서 살면서 어려운 일에 도전하는 것은 되고 되지 않고를 떠나서 자기의 존재를 향상시키는 데 필수다. 일이 되고 안 됨을 먼저 따지고 드니 충분히 해낼 수 있는 일도 그만 못하고 만다. 한 번 실수는 누구나 겪는 일이요, 두 번 실수는 뭔가 더 깨달아야 되는 필요성을 알려주는 만큼 경험에서 얻는 교훈이 중요한 것이지, 실수 그 자체는 별 것 아니다. 인간은 본래 9번 실패에 한 번 성공하게 되어 있으니까 당당한 것이 중요하고 실패를 잘 통찰하는 것이 중요할 뿐이다. 성공과 실패는 자기존재의 향상에 비하면 근본적으로는 별 것도 아니기 때문이다.

⚜

32.
小見狐疑　轉急轉遲
소견호의 전급전지

줄은 **견**해로 여우같은 의심을 내어 서두를수록 더욱 더디어지도다

　자기의 한정되고 분열된 사랑에만 집착하여 빠져 있는 사람은 허공의 순수한 사랑을 알려주어도 의심만 하거나 아니면 믿어도 더 큰 것을 하루속히 취하고자 하는 탐욕으로 서둘러 순수한 사랑을 안팎으로 얻으려고 노력한다. 의심하는 사람은 자기 자신의 사랑이 제일 나은 줄 아는 견해를 가지고 있다. 그러나 항상 큰 것보다 더 큰 것이 있음을 모르고 더 순수한 것이 있음을 모르니 결국 자기사랑에 자기존재가 시들어간다. 순수한 사랑을 얻으려는 생각 자체가 벌써 이미 있는 순수한 사랑을 덮는다는 사실을 모른다. 그리고 급하게 서두르는 그 마음 자체가 순수한 사랑과는 더욱 멀어지는 것이니만큼 얻는 데 더욱 시간이 많이 걸리고 더디어지게 된다. 서두르거나 느긋하면 순수한 사랑이 있는 그 자리에 영원히 닿지 못한다.

서두름 속에는 망념(妄念)만 있고 내가 없으므로 신(神)도 없어서 항상 그 자리에서 맴도는 것이며 그 무엇을 얻어도 누리지 못하고 부작용만 날뛰게 되어 결국 허깨비인생이 되고 만다. 본래 불변(不變)과 여유(餘裕) 속에 내가 있으므로 신도 있어서 주어지는 것을 맘껏 누리게 되어 행복해진다.

▨▨▨▨ 좁은 견해로 인해 인간사가 다양하고 재미있게 된다. 밝은 길은 어두운 것 같고 나아가는 길은 물러나는 것 같고 평탄한 길은 울퉁불퉁한 것 같고 곧은 길은 구부러진 것 같고 높은 덕은 낮은 것 같고 큰 결백은 욕된 것 같고 너른 덕은 부족한 것 같고 크게 귀한 것은 천한 것 같고 홀로 서 있는 덕은 기대 있는 것 같고 크게 아는 것은 모르는 것 같고 크게 헤아림은 생각없는 것 같고 크게 행하는 것은 노는 것 같고 크게 겸손한 덕은 비굴한 것 같고 큰 용기는 무모한 것 같고 크게 행복한 사람은 불행한 것 같다. 좁은 견해는 가벼운 것을 무거운 것의 뿌리로 삼고 조급한 것을 고요하고 안정된 것의 머리로 삼는 것이니 스스로 무거운 짐을 지고 몸과 마음을 무겁고 곤고하게 만든다.

좁은 것은 넓은 것을 대할 때 그 전부를 수용하지 못하므로 필연적으로 의심이 생겨나게 되어 있다. 그 의심으로 인해 믿음이 왜곡되니 모자라거나 맹신 내지 광신이 되거나 약해지고 만다. 또한 좁은 견해는 넓은 것을 좁은 것으로 보는 주관적 성향이 강하게 있어 넓은 줄 모르니 금방 손에 잡힐 것 같은 착각이 생겨나고 빨리 취하려고 서두르게 된다. 그러나 서두를수록 점점 더 멀어져만 가니 급기야 입맛만 다시게 된다. 대도는 항상 자기견해보다 넓고 크다는 사실을 명심해야 하고 영원불변의 사실이다. 그래서 끝없는 길이다. 시간에 대한 탐욕은 다른 것도 다 놓치고 마니 가장 어리석은 짓이 된다.

조급하거나 게으르면 더욱 더디어진다. 서두를수록 더욱 더디어진다는 것은 한가로운 마음을 바탕으로 정신집중과 탐욕소멸로 더욱 매진해야 된다는 것이고 또한 서두름과 여유가 균형과 조화의 리듬을 가져야 한다는 뜻이다. 즉, 마음의 여유와 한가함이 일상적으로 바탕에 깔려 유지되는 가운데 수시로 자기 자신을 채찍질하는 것이 바르게 용맹정진하는 것이다. 서두르고 조급한 마음은 고요함을 잃게 되고 가벼운 마음은 무거움을 잃으니 수행의 성과는 전혀 없을 뿐더러 사도(邪道)의 소견으로 차게 되며 오히려 마장을 불러들이게 된다. 이와 반대로 도(道)만 붙들고 있으면 나태함만 점점 늘어가며 정신이 흐려지고 만다. 마음이 시간과 자기 자신에게 매여 있지 않아야 진정 한가한 마음이고 신심(信心)이 된다.

천천히 수행하라는 말은 노력과 휴식이 조화와 중도를 이루도록 잘 조정하라는 의미지, 몸이 편하게 적당한 중간 노력으로 수행하라는 말이 아니다. 법(法)과 선(禪)에서도 중간이란 것은 없다. 제행무상이니 시작도 끝도 없는데 하물며 중간이 있겠는가? 중간 역시 망념일 뿐이고 중도가 아니다. 그러니 중간에 머물려고 해도 머물 수 없게 되어 있다. 분수(分數)를 아는 것은 적당히 중간쯤 가지는 것이 아니라 오로지 도(道)를 품고 그 용(用)을 따르며 상응(相應)하는 것을 일컫는다. 이것을 운명(運命)에 순응(順應)한다고 한다. 운명에 순응함은 곧 자연스럽게 주어지는 것이 족(足)함을 알고 살아간다고 하는 것이다. 여기에 분수가 저절로 지켜지니 행복과 불행, 기쁨과 슬픔, 좋고 나쁨, 귀함과 천함 등 양변에 머무는 일체의 분별심이 자연스럽게 없게 된다. 이는 삶에서 〈나〉를 세워 끼워넣지 않고, 있는 그대로 사는 것이니 따로 그 무엇을 구하고 얻음이 없어 삶 그대로가 곧 중도(中道)를 가는 것이 되고 이는 곧 선(禪)을 하는 것이 되니 불법을 실천하는 행(行)이고 속(俗)된 부분과 성(聖)스러운 부분이 따로 없으니 살아있는 불자(佛子)로서 이른 바 통칭하여 생활불교(生活佛敎)다. 분수를 밝게 아는 일심(一心)이 대도의 용(用)을 따라 스스로 움직이면서 안팎의 부처님을 접하여 찰나간에 불심(佛心)으로 승화되니 마침내 성불(成佛)인지라, 생활불교의 정점은 부처를 이루고 저점은 인생의 행복을 이룬다. 이 모든 것이 무위(無爲)로 시작해서 무위로 이어가다가 무위로 끝나는지라 처음의 〈나〉와 마지막의 〈나〉가 마침내 뜻밖의 조우(遭遇)를 하니 이산가족 상봉은 곧 무위자연(無爲自然)이다.

하늘법이 인간세상의 질서를 다스리는 것들 가운데 하나가 바로 시기(時期)다. 때가 주어지지 않았는데도 서둘러봐야 되지 않고 때가 주어져도 머뭇거리면 역시 되지 않는 법이다. 지혜로운 사람일수록 이 시기를 잘 파악하여 그에 맞게 따르고 어리석을수록 욕심만 앞세워 시기를 무시하여 점차 꼬이게 된다. 태어나는 때와 자연스러운 죽음의 때는 운명으로 받아들여도 되지만 그 이외는 자기가 얼마나 하늘의 때와 보조를 잘 맞추느냐에 따라 삶의 질이 결정된다. 또한 욕망의 내용과 주어진 때의 성향이 일치할 때 이루어진다. 하늘의 시기는 크게 움직임과 멈춤, 익힘과 활용, 얻음과 잃음, 많고 적음, 높음과 낮음의 5가지 차원으로 이루어져 있다. 이 때를 잘 파악하여 자기의 욕망을 잘 조정하여 일치시켜나가면 누구나 크게 어긋나지 않고 타고난 복보다 많은 복을 누리게 되고 타고난 액운보다 덜 겪게 된다.

33.

執之失度 必入邪路

집지실도 필입사로

집착하면 법도를 잃음이라 반드시 삿된 길로 들어가고

사랑에 집착하든 미움에 집착하든 순수한 사랑에 집착하든 집착대상이 문제가 아니라 집착하는 마음 그 자체가 순수한 사랑의 자리에 닿는데 있어서 스스로 걸림돌을 만든다. 집착은 그 대상에 자기존재를 꼼짝달싹하지 못하도록 스스로 붙여놓는 것으로 그 사랑을 향해 실제로 갈수 있는 자기존재가 없어지는 셈이다. 그것은 순수한 사랑을 잃은 것이나 마찬가지다. 그런 자기는 결국 이전처럼 그 자리에서 맴돌며 자기나름대로 사랑할 수밖에 없으므로 그러다가 지쳐서 미움이 전면에 나서는 순간 슬픔과 분노가 나의 주인이 되고 만다.

신(神)은 나의 집착대상이 될 수 없으므로 자나 깨나 매달린다고 되는 것이 아니다. 그러면 중독이 되어 반드시 정신이 이상해져 우환이 생겨나고 그릇된 길로 들어가게 된다.

▨▨▨ 신(神)에 집착하고 대도에 집착하고 공(空)에 집착하고 시간에 집착하는 이런 마음은 한낱 소인의 탐욕일 뿐인지라 망심인 아상(我相)만 더 강해진다. 이런 가치들은 내가 소유할 수 있는 것이 아니므로 집착할 수 없고 손댈 수 없고 따로 얻는 것이 아니기 때문이다. 그래서 주관의 가장 강력한 현상인 집착은 천지자연을 크게 벗어난 상태이므로 가장 큰 죄업이 되고 자기와 타인을 망가뜨리고 만다. 법도는 도(道)를 맞이하는 바른 마음인지라 법도를 잃는다는 것은 실은 나 자신을 잃는 것이다. 그래서 부처가 되려면 부처가 되고자 하는 마음을 버리고 깨달으려면 깨닫고자 하는 마음을 버려야 하는 법이다. 그런 마음은 중생의 마음이니 강할수록 중생의 모습만 강해지게 만든다. 옳은 길을 향하고 그른 길을 배척하는 것은 당연하지만 중도를 성취하자 하는 사람이라면 그 마음이 너무 한 곳에 머무르면 안된다. 음양(陰陽)으로 나뉘어진 양변에 집착하면 분열된 인간으로 끝나기 때문이다. 삿된 길이란 것은 이렇게 어느 하나에 집착하여 스스로를 부자유스럽게 구속되는 어리석음을 의미한다. 또한 내 마음이 갈라져 주어진 환경과 번번이 충돌을 일으키고 갈등이 쉬지 못하게 되니 그 무엇이든 나름대로 나누어 분별하여 외골수로 따라가는 것은 삿된 길일 수밖에 없다. 대도를 성취하고자 중도를 가는 것은 환경과 내 마음이 충돌을 전혀 일으키지 않고 묵묵하게 길을 가는 것이다. 본래 나뉘어진 길이 없이 한길(一路)이건만 중생은 가시밭길과 평탄한 길을 나누고 자기가 원하는 길을 가고자 한다.

근본적인 집착을 깨닫기 어려운 것은 무의식적인 차원에서 집착하고 있기 때문이다. 집착하지 않고 있다고 생각하지만 실은 집착하고 있음을 모르는 것이다. 의식적인 집착은 드러나 있으니 쉽게 버릴 수 있지만 영혼 차원의 무의식적인 집착은 숨어 있으니 알고 벗어나는 것이 극히 어려워진다. 그리고 무의식적인 집착이 의식하고 있는 집착보다 훨씬 비중이 크고 깊으며 힘이 강하여 설사 알았다 하더라도 자기 마음대로 금방 버려지지 않는다. 크게 열병을 한 번 앓아야 되고 크게 허전해지는 마음을 견뎌내야 하기 때문이다. 오로지 자기 스스로를 굳게 세워가는 대장부만이 그렇게 할 수 있을 뿐이다. 반면 무의식적인 집착을 찾아내어 크게 버리면 인생 역시 크게 달라지며 마음이 점차 평화롭게 된다. 이렇게 되어야만 비로소 도를 갈 수 있음은 물론이다.

　　도를 닦는다는 것은 처음부터 부처의 마음으로 시작해서 부처의 마음으로 길을 가다가 부처의 마음으로 끝맺는 것이다. 그 외의 마음은 조금도 끼어들 수 없고 오로지 원만할 뿐이다. 이것이 선(禪)이다. 중생으로 출발해서 부처가 된다는 것은 결코 원(圓)이 이루어질 수 없으니 일직선으로 끝없이 흘러가는 것밖에 없다. 선(線)의 두께가 다르고 또한 둥글게 선을 그려나가지 못하니 당연히 시작과 끝이 하나로 적확(的確)하게 이어지지 못하기 때문이다. 부처의 마음은 시간도 공간도 집착하지 않고 자신을 내세우지도 뒤로 물리지도 않으며 타인과의 비교도 없다. 또한 삶과 죽음과 부귀영화에 대한 욕망도 집착도 없다. 따로 머물 공간과 자리를 따지지도 않는다. 이 마음이 완성되면 곧 끝이 난다. 시작도 끝도 오로지 부처만 있을 뿐이니 따로 부처가 되고 싶은 욕망이 어디 붙을 데가 있으며 쉽고 어려움이 어디 있으며 빠르고 늦음이 어디 있는가? 수행하는 내가 어디 있는가? 그래서 초발심(初發心)이 곧 변정각(便正覺)이 되는 것이다. 그래서 주관에 따라 욕망대로 명분을 세우고 집착을 합리화하며 스스로 그것을 믿어 늘 분별하여 찾아 얻고 버리는 중생의 마음을 가지고 도를 닦는 것은 아직 출발도 하지 않은 것이 된다. 그러니 수행의 성과 역시 나오지 않는 것은 당연하고 애쓸수록 마음의 병(病)이 생긴다.

중생은 자기중심적인지라 그렇게 하면 다른 사람은 삿된 길로 가는 것을 인정하지만 자기 자신만은 빠른 시일 내에 대도를 성취할 수 있고 바른 길로 갈 수 있다고 생각하는 기묘한 성품이 있다. 기묘한 것은 정당한 근거가 없기 때문이다. 그래서 '반드시(必)' 라고 말한 것이다. 서두를수록 더욱 더디어지고 집착하면 법도를 잃고 삿된 길로 들어간다는 사실은 그 누구든지 예외가 없다는 것이다. 상근기자는 물론 이 지구에서 제일 똑똑한 사람 역시도 마찬가지다. 잘난 중생이나 못난 중생이나 마찬가지다. 평생 도 닦은 사람이나 초심자나 마찬가지다.

운명은 집착하라고 있는 것이 아니다. 자기의 주어진 길과 내용물을 잘 살펴 지혜롭게 살기 위한 큰 지표로 삼기 위함이다. 그러므로 운명 속의 좋은 것과 나쁜 것을 집착하여 얻거나 버리고자 애쓸수록 오히려 좋은 것은 사라지고 나쁜 것은 더욱 자기를 물고 늘어지게 된다. 결국 스스로 운명 속의 모든 것들을 망가뜨리는 결과를 초래하고 만다. 그리고 운명 전체가 나의 한탄대상이 된다. 운명 속의 좋은 것은 김칫국부터 마시지 말고 나쁜 것은 두려움이 없어야 제대로 된 인생을 살게 된다. 본래 운명이 드러내는 물질과 현상은 정신이 만들어내고 그 정신의 뿌리는 영혼이 된다. 그리고 현실화된 물질과 현상이 또 자기영혼에게 영향을 미치게 된다. 이것이 선순환되도록 하는 지혜와 노력만이 필요할 뿐이다. 정신을 바르게 굳게 하고 영혼의 업장을 소멸하도록 노력하면 현실은 저절로 개선되게 되어 있는 것이 곧 법이다. 법을 따르면 될 뿐이다. 여기서 물질과 현상에 집착하면 자기영혼이 손상을 입게 되어 악순환이 되고 만다.

34.

放之自然　體無去住

방지자연 체무거주

놓아버리면 자연히 본래로 되어 본체는 가거나 머무름이 없도다

　　사랑과 미움의 집착을 조금만 떼면 그 부작용이 추가로 생겨나므로 순수한 사랑이 더욱 묻히게 되어 이전보다 나의 주관적인 사랑과 미움이 더욱 악화될 우려가 있다. 그러므로 철저하고 완벽하게 집착을 놓아야 순수한 사랑이 느껴진다. 사랑을 확인한 후에는 반드시 사랑을 잊어야 사랑이 변치 않고 자연스럽게 익어가니 내면이 순수한 허공이 되어 그 사랑이 탐스런 열매를 맺어 반짝반짝 빛을 발하고 있음을 보게 된다. 이것은 그렇게 한 것에 대해 자연스럽게 일어나는 현상이니 집착을 놓고 나서 더 이상 어떤 것에 대해 생각하면서 애쓸 것이 따로 없다. 나 자신이 나도 모르게 순수한 사랑 그 자체가 되니 편안하게 사랑을 즐기고 오로지 환희심만 가득 찰 뿐이다.

진실로 놓아버리면 왜곡되어 있던 것들이 스스로 제자리를 잡게 되고 본래의 명(命)으로 항상 돌아가 있게 되니 그 속에서 신(神)의 묘(妙)가 드러나므로 신을 자연스럽게 느끼고 보게 된다.

▨▨▨ 하늘은 집착함이 없으니 만물이 스스로 생겨나고 땅은 집착함이 없으니 만물이 번성하며 마음껏 뛰논다. 인간은 집착함이 없으니 비로소 자유를 얻어 천지를 누린다. 천지(天地)는 따로 함이 없고 무엇을 가지고 하려고 하지 않으니 이른 바 위없는 큰 덕을 품고 있어 만물에 이로움이 미치는 데 한계가 없다. 그러나 오직 인간은 자기 자신과 대도(大道)에 대한 신심(信心)이 부족하여 놓지 못하니 안타까움이 천지를 가득 채운다.

집착 그 자체가 〈나〉라는 상(相)의 전체라고 할 만큼 비중이 크고 또 깊고 깊은 곳까지 뿌리를 내리며 오랜 세월 자리를 잡고 있다. 그러므로 집착을 놓는다는 것은 단순히 아는 것만으로 끝나지 않고 또 어느 하나의 생각을 버리고 마음을 비운다는 것이 아니라 나 자신을 통째로 없애버려야 됨을 의미한다. 그것이 곧 부처다. 그러면 모든 것이 자연히 눈앞에 현전한다는 것이다. 역으로 보면 본체인 본래면목이 드러나지 못한 이유가 바로 집착이란 것 때문이니 도를 닦는다는 것은 어찌 보면 이 집착덩어리를 파괴하느냐 못하느냐에 승패가 걸린다고 하겠다. 집착덩어리를 파괴하면서 그 집착덩어리와 싸우고 있는 나 자신도 동시에 없애가야 되는 일이니 안팎의 적군과 싸우는 셈이라서 사실은 힘이 무척 든다. 그러므로 신과 부처님의 도움이 필수다.

집착을 놓아버린다는 것은 자기와 밖을 동시에 놓는 것이고 이는 안팎의 일체를 하나(一)로 거두어들인다는 것이니 곧 중도(中道)와 평등을 얻는 것이다. 이 때의 마음이 곧 불국토와 이어지는 마음이니 집착을 놓은 사람은 그 찰나 신령세계에서 극락왕생이 결정된다. 서방정토의 아미타불을 일념으로 염(念)하는 동시에 나를 비롯한 일체생명이 아미타불임을 같이 인식해야 중도에 어긋나지 않고 집착을 놓는 것이 되며 이 때 비로소 도(道)에 합치된 수행이 되고 그런 나는 도(道)로서 부처님과 자연스럽게 하나가 되어간다. 일념(一念)이란 '욕망이 없는 순수한 마음 하나' 란 의미지만 부처와 중생을 나누어 둘로 보지 않는 마음이기도 하다. 나와 일체생명과 별개로 서방정토의 아미타불만 생각하는 것은 부처님을 부분으로 쪼개서 한 부분에만 내 마음이 달라붙는 것이니 곧 부처님에 대한 주관이며 집착이 되고 부처님을 오히려 욕보이고 부처님의 마음을 거스르는 것이 되니 바르지 못하다. 당연히 살아서는 마음이 극락이 되지 못하고 죽고 나서는 부처님을 욕보였으니 극락으로 들어갈 수도 없다. 그러므로 분별의식을 놓아버리고 일체존재를 부처로 보고 부처를 일체존재로 보는 것이 집착을 놓는 것이다. 모든 것을 놓아버린다는 것은 모든 것을 부처로 거두어들인다는 것과 똑같은 의미다. 이는 현세를 극락으로 만드는 일이니, 비로소 삶에서나 사후에서나 내생에나 의미있는 것이 된다. 특히 모든 것을 거두어들이는 것은 참으로 큰 행(行)이니만큼 반드시 도를 깨달아 내생에 현상으로 눈앞에서 이루어져야 할 바다. 집착을 놓고 깨달았으니 오히려 환생할 자격이 하늘로부터 주어진다. 집착을 갖고 죽으면 환생할 자격──살기(殺氣)를 갖지 않고 삶이 그대로 자리이타가 되는 것이 자격이다──이 없는데도 욕심으로 억지로 환생하니 법(法)이 벌을 내려 인생의 고통이 주어지게 되는 것이다. 이렇게 놓아버리거나 거두어들이거나 어느 하나를 철저히 끝까지 해나가면 비로소 법도를 얻게 된다. 분별하며 어떤 것은 취하고 어떤 것은 놓아버리는 것 자체가 곧 집착의 발동인지라 법도를 잃게 된다. 영혼과 무의식 속의 모든 것을 놓아버리면 최후로 남는 알맹이, 즉 본체가 바로 불성이고 부처며 공(空)이고 중도(中道)다. 그것은 또한 자연(自然)이기도 하다.

'길 없는 길'은 집착이 있으니 생기는 말이다. 본래 길 없는 길, 문 없는 문 등의 표현은 집착을 따로 갖지 않고 길을 갈 것을 요구하는 데서 비롯된다. 나도 없고 길도 없다는 것이니 있는 것은 오로지 본체, 즉 대도(大道)뿐인 것이다. 내가 있고 길이 있으면 당연히 길과 자리가 있게 되고 머무르거나 가게 되니 집착과 또 집착을 놓으려는 수고로움에서 벗어나지 못하게 된다. 머무르는 길 위의 자리가 곧 나의 무덤이 되고 걸어가는 길이 곧 나의 욕망이 될 뿐이니 대도나 수행이나 신(神)이나 내 본래면목에 집착하면 곧 나 자신을 더럽히고 죽이는 결과밖에 생기지 않는다. 그러면 집착을 어떻게 놓을 것인가? 단번에 한꺼번에 놓아버려야만 가능하게 된다. 시간을 두고 공간을 찾아 조금씩 놓으려고 애쓰는 노력 그 자체가 벌써 또 하나의 집착을 덧붙이는 것이다. 그러니 수행도 돈오돈수가 될 수밖에 없다.

이렇고 저런 양변(兩邊)에 걸려 있어 어지러이 움직이는 내 생각과

168

마음을 붙들고 있으니 항상 도(道)와 자성(自性)에 어긋나게 되고 사방으로 뜻과 다르게 걸리게 되어 꼼짝달싹 못하며 당하고 만다. 집착을 놓지 못하는 근본 원인은 두려움, 즉 공포다. 두려움의 근원은 분별심이다. 분별심은 하늘과 땅과 신(神)과 자기의 본래성품에 대해 믿지 못하게 만든다. 그러므로 집착을 놓아버리려면 이것에 대한 굳건한 믿음을 세워야 한다. 그래야 분별심을 떨쳐버리고 단번에 놓을 수 있다. 자기가 선택한 삶이 곧 자기의 길을 가는 것이라는 사실에 대한 확고한 믿음을 가지려면 잘 살고 못 사는 것, 좋고 나쁨 등에 대한 분별심이 근본적으로 떨어져나가야 가능하게 된다. 그러므로 집착을 놓는 것 자체가 곧 도를 닦는 것과 일치하는 일이다. 천지대도에 대한 믿음도 없으면서 도를 닦으면 일체 집착을 완전히 놓지 못하게 되기 때문에 결국 망신(亡身)하게 된다. 도를 이루는 것은 곧 집착의 근원적인 소멸이고 천지대도에 대한 믿음의 완성이며 공포의 영원한 소멸이 된다.

집착과 열정이 무엇이 다른가? 어떤 일에 집착을 하게 되면 가족이나 다른 사람의 마음이 나에게 와닿지 않는다. 반면 열정은 다른 사람의 마음이 나에게 와닿고 느낄 수 있다. 집착과 열정의 겉모습은 크게 다르게 보이지 않지만 속은 이와 같이 하늘과 땅 차이다. 그래서 열정은 다른 사람의 마음까지 끌어들이지만 집착은 자기 자신을 다른 사람으로부터 스스로를 격리시킨다. 당연히 열정은 성공과 행복을 가져오지만 집착은 실패와 소외를 가져온다. 열정적으로 살아야 하고 최선을 다해야 한다. 그러면서 항상 집착으로 빠지는 것이 아닌지를 늘 점검해봐야 한다. 열정은 타인의 마음을 받아들이므로 역시 신(神)의 도움도 오게 되지만 집착은 타인을 무시하고 배척하므로 신의 도움도 스스로 배척하게 만든다. 그러니 열정은 자기 자신의 타고난 한계를 뛰어넘는 성취를 이루지만 집착은 자기 한계에 부딪치면 그것으로 끝나게 되고 그 파편은 자기와 타인에게 고통을 가져온다. 열정은 삶을 풍성하게 해주지만 집착은 삶을 빈약하고 피폐하게 만든다.

35.
任性合道　逍遙絶惱
임성합도 소요절뇌

자성에 맡기면 도에 합하여 소요하여 번뇌가 끊기고

　순수한 사랑에 나 자신을 완전히 내맡기면 상대의 마음자리에 저절로 부합하고 결합하게 되어 하나가 되니 사랑이 변하지도 떠나가지도 않고 서로 자재하여 한가롭게 서로를 즐기게 된다. 그러므로 어떻게 사랑하고 어떻게 사랑받는가에 대한 것은 물론 자기와 상대를 두고 오고 가는 것에 대한 일체의 번뇌가 저절로 끊기게 된다. 자녀에게 이 우주 최고의 사랑을 주려면 간단하다. 부모가 순수한 사랑을 드러내고 그것에 맡겨두면 된다. 그러면 자녀가 어긋나지 않고 저절로 마음의 중심을 갖게 되고 원만한 성품으로 늘 웃음을 띠며 복이 굴러들어오고 신(神)과 조상의 가피를 받으며 행복한 인생을 영위하게 된다.

나를 알게 되어 밝고 밝음을 이루니 번뇌가 저절로 끊긴다. 망심이 청정해져 그 자리의 신(神)을 보게 되니 일체가 모여든다. 그들의 깨끗해진 마음을 곧 내 마음으로 삼으니 나를 내세우지 않고 행(行)하여 크게 이루어진다. 그 속에도 내가 머무르지 아니하니 진정코 영원하게 된다.

▨▨▨ 수행자의 최종 목적이 바로 대도에 계합(契合)하는 것이고 이는 곧 내 몸이 법신(法身)이자 도체(道體)를 이룬다는 것을 의미한다. 이것은 도(道)가 나와 따로 있어 서로가 합한다는 것이 아니다. 자성(自性)이 곧 도(道)인 것이다. 자성(自性)은 일체의 마음(집착심과 변견)이 사라진 그 자리에서 드러나는 성품이니 자성(自性)에 맡긴다는 뜻은 그 성품에서 나오는 광명과 지혜를 그대로 따르는 것이다. 그러므로 자성(自性)에 맡기는 일은 지극히 쉬운 탓에 할 것이 따로 없다. 그런데 자성(自性)에 맡기지 않으면 죽을 때까지 아무리 노력해도 되지 못하니 결코 쉽지 않은 일이다. 자성에 맡기면 그 누구도 예외가 없이 참으로 힘 하나 안 들이고 저절로 도(道)에 합하게 된다. 이럴 때 일상생활 자체가 곧 도를 닦는 것이 되고 중도를 실천하는 것이 된다.

자성(自性), 즉 영혼의 불성(佛性)에 대한 완전한 믿음과 내맡김은 모든 것을 도(道)에 저절로 합치되게 만드니 마음과 인연에서 왜곡된 부분과 부족한 것과 비정상적인 것이 저절로 바로잡혀지고 채워지고 정상화되는 쪽으로 움직인다. 그러므로 현상계에서 나 자신의 중대한 뜻을 충분히 이룰 수 있는 법이다. 자성(自性)과 영혼은 운명과 드러난 능력과 막힌 상황을 초월해서 공(空)의 힘으로 우주 차원에서 움직이기 때문이다. 이렇게 되면 자등명(自燈明)이 되어가니 곧 법등명(法燈明)

172

도 저절로 되어간다.

　나 자신에게 〈무엇을〉 맡기는가 하는 것이 곧 삶의 가치가 되고 〈어떻게〉 맡기는가 하는 것이 곧 삶의 운용이 되며 〈왜〉 맡기는가 하는 것이 곧 삶의 의미가 된다. 나 자신에게 제대로 맡기지 못하면 삶이 곧 나를 구속시키는 일이 되어 삶이 나를 끌어가며 주체성을 상실하니 이는 곧 내 인생에서 스스로 나 자신을 소외시키게 된다. 그리고 〈무엇을〉 맡기느냐 하는 것이 그나마 삶 속에서 자기가 존재가치를 스스로 어느 정도 정할 수 있는 요소이니 여기서 욕심과 소원이 나오게 된다. 이 세 가지 차원이 명백하게 드러나면 〈무엇을〉이라는 대상(객체)과 〈어떻게〉라는 방법(주체)과 〈왜〉라는 까닭(인과)이 영원히 몽땅 사라져 도(道)를 이루니 삶 속에서 본체가 드러나 곧 삶과 도(道)가 하나가 된다. 비로소 집착을 놓아버리게 되는 것이니 이후부터는 일체의 행(行)이 곧 생활불교(生活佛敎)로서 의식함이 없이 저절로 불법이 늘 실천되니 삶에서 비로소 불 속에서도 타지 않고 영원히 지지 않는 꽃이 자연적으로 활짝 피어난다. 그리고 이 세 가지는 〈언제〉라는 때와 더불어 늘 지혜를 떠나지 않게 된다.

　집착을 놓아서 이와 같이 되려면 내 마음을 가리고 있는 번뇌망상(업장)이 어느 정도는 소멸되어야 하는 만큼 이것을 위한 기도나 참선 등 각종 수행 역시도 근본적으로는 나 자신에게 맡기는 일의 과정(過程)이므로 수행할 것이 따로 없어 원만하게 된다. 이것은 무위(無爲)로서의 수행이고 이 때 번뇌망상(업장)과 그 뿌리인 분별취사심이 소리소문 없이 저절로 소멸하게 된다. 그러므로 나 자신에게 맡기는 일이나 수행하는 일이나 번뇌망상(업장)과 탐진치를 소멸하는 일이나 일체가 자연(自然)이고 곧 도(道)의 용(用)이니 애써 한다는 것은 망념이고 무명(無明)을 도울 뿐이다. 도(道)와 선(禪)에서는 유위(有爲)란 일체 없다. 오로지 도(道)와 법(法)을 자연스럽게 따를 뿐이니 다른 마음은 없다. 그리고 삶과 도(道)는 분리되어 있지 않으니 가장 자연스러운 삶이 곧 최상의 삶이며 이는 곧 중도(中道)가 된다. 삶 속에서 따로 사랑이나 돈이나 그 무엇을 생각하거나 구하는 순간 집착심이 생겨나게 되므로 어긋나게 되어 마음이 어긋나는만큼 법(法)이 움직이니 항상 반(反)으로 돌아가게 된다.

자성이 가장 표면에까지 일부 삐져나와 있는 마음이 바로 양심(良心)이다. 그러므로 양심을 거스르는 것은 곧 뿌리인 자성을 거스르는 것이 되어 자해(自害)로써 크나큰 죄업이 된다. 그래서 생멸하는 목숨보다 영원불변하는 양심이 더 중요한 것은 하늘의 법이다. 그래서 양심 하나 평생 못 지키는 사람은 천년을 수행해도 결코 자성을 드러낼 수 없게 되어 있다. 반면 양심에만 매달려도 자성이 온전하게 드러나지 않는다. 중생은 다양한 모습이지만 자성이 바탕이 된 이 양심으로 하나가 되어 있다. 당연히 일체중생이 아프니 나도 아프다고 유마힐거사가 입을 연다. 마찬가지로 일체중생이 행복(불행)할 때 자기만 불행(행복)을 느끼는 것도 양심에 어긋난 분별취사심이 된다. 그러므로 양심은 전체와 함께 하는 바른 마음이다. 또한 종교를 자기 주관에 따라 어느 것을 택해봐야 실제로는 기대에 미치지 못한다. 종교형식을 따라가 봐야 그것

174

은 인간이 만든 인위적인 것일 뿐이고 자기의 자성(自性)을 돌이켜보지 못하면 신앙생활로 괜히 인생에서 쓸데없이 수고로움만 늘이게 된다.

자성(自性)은 드러나면 가만히 있는 것이 아니라 천지의 무한한 힘을 갖고 대도에 저절로 합치하여 움직이므로 업(業)이 되지 않을 뿐더러 크나큰 공익(公益)을 이룬다. 그래서 일체를 자성(自性)에 안심하고 완전히 맡길 수 있다. 자성(自性)이 번뇌도 궁극적으로 소멸시켜주는 것이다. 자기의지가 번뇌를 소멸시키는 것이 아니다. 자기의지는 한계가 있고 일시적이며 의지 자체가 바로 또 하나의 번뇌이기도 하다. 이른바 크고 강한 번뇌로 작고 약한 번뇌를 잠재우는 것밖에 안된다. 자성(自性)이 활동할 때는 자기는 그냥 소요하기만 하면 된다. 얼마나 편한가? 물론 그 전에 자성(自性)이 드러나도록 무심(無心)한 고행인욕이 좀 되어져 있어야 한다. 그러나 그 보답은 너무나 어마어마하니 마치 지금 시대 하루 일한 대가로 1000억을 받는 것도 이에 미치지 못한다. 자성(自性)에 맡긴다고 해서 자기마음이 가는대로 하게 되면 그것은 자성(自性)에 맡기는 것이 아니라 숨어 있는 자기의 번뇌망상과 탐욕과 집착에 자기존재를 맡기는 것으로서 결국 몸을 망신시키고 운명마저 망치고 만다.

자성(自性)에 맡겨 도에 합하게 되면 악착같이 무엇을 하려는 마음이 없어지므로 표면적으로는 몸이 약간 게을러지는 것은 사실이다. 그러나 보이지 않는 우주와 늘 함께 하고 있으므로 보이지 않게 쉬지 않고 움직이고 있다. 고정된 모습이 없으니 더욱 그렇다. 그래서 도인은 게으른 것과는 다르게 소요한다고 한다. 소요는 한마디로 대도(大道)를 완전히 누리는 것이다. 소요는 자재(自在)하며 한가로운 기상이다. 자재하다는 말은 어떤 자리든간에 욕망을 가진 개체가 아니라 항상 전체와 더불어 하나되어 있게 된다는 것이다. 한가롭다는 것은 욕망과 집착이 사라졌으므로 마음이 요동치거나 가라앉는 등의 움직임이 없다는 것이니 곧 평상심(平常心)이다. 인생사에 초탈하여 자기인생이 있는 듯 없는 듯 사뿐히 물 위를 걷듯이 되는 것이다. 그러므로 번뇌가 저절로 끊기게 된다. 만능인 자성(自性)에 모든 것을 내맡겼으니 자기가 눈에 보이게 따로 애써 할 일은 없고 또 그 동안 죽도록 수고했으니 좀 쉬면 어떤가? 오히려 소요할 자격이 주어진 사람이다. 중생은 자성(自性)이 아직 잠들어 있으므로 대신 몸과 마음을 열심히 움직여야 되니 조급하고 두려운 중생은 소요할 자격이 아직 없다. 소요하려면 일이 되고 안되는 등 양변(兩邊)에 대한 집착이 우선 떨어져야만 한다. 그리고 인생 자체가 곧 번뇌망상의 전개이니 자기인생은 아무 미련없이 쓰레기통에 휙! 집어던져버려야 되는 것이다. 완전히 홀가분해야 소요가 되니 무엇이든 소유하고 있는 흐리멍텅한 정신으로는 결코 소요할 수가 없는 법이다.

죽음을 사후와 내생의 시작으로 볼 때 금생의 인생이 과연 성공이었는가의 여부는 어릴 때의 순수한 마음을 얼마나 간직한 채 죽는가 하는 점이 중요하게 된다. 마음이 누더기가 되어 있으면 아무리 재물을 많이 모으고 부귀영화를 누렸더라도 존재 차원에서는 실패한 인생이 될 수

밖에 없다. 마음이 누더기가 되는 이유는 자기존재를 든든하게 의지할 대상을 찾아 헤매고 얻기 때문이다. 그럴수록 번뇌망상만 많아지게 되어 스스로를 해치게 된다. 순수한 마음을 많이 가진다는 것은 그만큼 자기의 본래성품과 천지자연에 가까워지는 것이므로 이 힘에 의해 번뇌망상이 저절로 줄어들게 된다. 인위(人爲)를 줄이는 것은 무위(無爲)의 작용으로 인해 이루어지는 것이다. 천진난만하고 순수한 마음이 곧 무위의 성품이므로 자기마음이 세파에 시달려 이 성품을 잃지 않도록 해야 성공한 인생이 되고 사후와 내생의 행복을 예약하게 된다.

36.
繫念乖眞 昏沈不好

계념괴진 혼침불호

생각에 매이면 참됨에 어긋나서 혼침함이 좋지 않느니라

　사랑에 대한 생각에 매이거나 순수한 사랑을 찾고자 하는 생각에 매이면 순수한 사랑에 더욱 어긋난다. 이런 생각은 순수한 사랑을 가리고 사랑을 무겁게 만들어 맘껏 흘러다니지 못하게 하며 내 속에 고여 썩으니 정신이 혼미하게 된다. 또 헤어나려고 애쓸수록 더욱 깊이 빠져 들어갈 뿐이다. 처음부터 이런 생각에 마음이 달라붙지 않아야 한다. 자기의 좋은 성품을 찾아내 그 성품을 잘 붙잡고 더 깊이 자기 내면으로 들어가면 사랑은 저절로 더욱 충실해지고 애써 사랑하느라 힘든 것은 점점 줄어들게 된다. 점차 사랑이 주는 온갖 즐거움을 온전하게 누리고 죽고 나서도 계속 누리고 다시 태어나도 이어서 누릴 수 있게 된다. 왜냐하면 나와 상대의 간격이 저절로 메워지기 때문이다.

신(神)을 바르게 알고 보지 못하면 결과적으로 나 자신이 생각해서 만든 신의 블랙홀 속으로 빠져들고 만다. 본래 없는 곳에 들어갔으니 광대무변하고 장구한 시공간인지라 빠져나오기가 기약이 없다.

▨▨▨ 도(道)의 차원에서 생각의 가장 큰 두 가지 특성을 말하고 있다. 하나는 참됨, 즉 진리에 항상 어긋난다는 것이고 또 다른 하나는 그 결과로 항상 혼침을 만들고 반복하도록 한다는 것이다. 생각은 무엇을 가지고 하려는 것이므로 좋고 나쁨, 옳고 그름으로 나를 드러내고 나를 내세우고 나를 뽐내는 것이니 항상 진리에 어긋나게 되어 업(業)을 만든다. 그러니 내 존재와 인생이 혼란스럽게 된다. 자기존재가 생각에 갇히는 함정을 스스로 만드는 것이므로 혼침이 심해지고 그 최고도가 바로 치매(癡呆)다. 혼침의 이유는 마(魔)의 침입도 있지만 근본적으로는 자기가 무의식적인 고정관념과 집착을 강하게 갖고 있었기 때문이다. 대개 부처나 도, 진리, 깨달음, 수행에 대한 온갖 기대 등등 이런 것들에 대한 강한 생각을 품고 있은 탓이 크다. 강한 생각들이 자성(自性)을 더욱 덮어버리는 것이다. 참됨은 자성(自性)을 더욱 드러내는 쪽으로 가는 것인데 그 반대로 갔으니 참됨에 더욱 어긋나는 결과로 당연하다. 이럴 때는 수행을 중지하고 미련과 집착을 완전히 뚝 떼어놓고 머릿속까지 푹 쉬어주어야 한다. 그래서 마음이 다시 되살아나면 그 때 너무 집착하지 말고 가벼운 마음으로 시작해나가면 된다. 혼침할 때 이 현상을 극복하고자 더욱 열심히 수행하면 나중에는 회복불능의 상태가 된다. 집착에 욕심까지 겹쳤으니 어찌 이 힘을 이겨내랴! 산란(散亂)함도 마찬가지이다. 큰 병(病)이 시작된 것으로 알고 다시 차분해질 때까지 일체 수행을 멈추고 공부했던 것을 미련없이 깨끗이 버려야 한다. 들뜬 마

음의 틈을 노려 마(魔)가 들이닥쳐 무서운 액운을 겪게 된다. 깨달음은 이런 것이 아니다. 기분좋으려고 깨달음을 추구하는 것이 아니니 조심해야 된다. 생각에 매인 집착은 생각에 생각을 덧붙이게 되어 산란과 혼침이라는 마음병, 영병(靈病)을 만들고 생명을 파괴시킨다. 생각해서 알 수 있는 것과 알 수 없는 것을 명확하게 안다면 생각을 잘 활용할 수 있다. 생각으로 알 수 없는 것은 온몸을 전면에 내세우고 생각은 부수적으로 따라야 된다.

생각에 매이지 않아야 된다는 것은 생각하거나 안하는 양단에 빠지지 말고 또한 생각을 따르거나 거스르라는 것도 아니다. 생각에 매이지 않고 생각하며 바른 마음으로 생각의 바른 힘을 얻어가는 것이 곧 바른 길을 가는 것이 된다. 매이지 않는 이유는 그 정신에 어떤 다른 생각이나 마음들이 어지러이 달라붙지 않기 때문이다. 거기에는 혼침도 산란도 없고 평상심으로서의 순수한 자기만이 남을 뿐이다. 일체의 외부환경과 그에 따른 마음이 모두 끊어져버린 채 천상천하유아독존으로 존재하고 있었던 자기 자신 말이다. 생각도 내면의 재잘거림도 사라지고 순수한 고독과 침묵만이 흐를 뿐이다. 시간도 공간도 모두 잊어버리고 그 누구도 감히 근접할 수 없는 위의(威儀)를 갖추는 것이다. 그 후 한 생각을 내면 그것은 곧 내 생각이자 동시에 천지의 생각이 되며 여기서 창의성이 크게 드러난다. 이렇게 한다면 모든 이들이 자기의 크고 작은 뜻을 이루고도 남는다. 물론 가장 큰 뜻은 무상대도(無上大道)를 성취하는 것이 된다.

180

생각이 일어나는 것은 대단히 복잡한 경로를 통한다. 운명이 일으키는 생각도 있고 자기영혼이 일으키는 생각도 있고 귀신이 일으키는 생각도 있고 타인의 생각이 전달된 생각도 있고 단순히 주어지는 외부정보에 따른 생각도 있다. 특히 귀신이 일으키는 생각은 머릿속을 쉼없이 어지러이 돌아다녀 떨치지도 못하고 잠도 못 자게 만든다. 그러므로 모든 생각을 내 생각만으로 삼지 말아야 되고 또 모든 생각을 부정만 해서도 안된다. 특히 자기의 이전 삶 전체를 무작정 부정하는 생각은 대개 그 결과가 좋지 않다. 왜냐하면 자기의 미래는 과거선상의 연장이기 때문에 과거를 부정하는 것은 곧 미래를 부정하는 것이 되기 때문이다. 그러나 이 때 바르게 부정하면 곧 미래의 문을 크게 여는 일이 되니 생각에 대한 우리의 과제는 곧 지난 생각과 삶을 어떻게 바르게 부정하느냐에 달려 있게 된다. 이것은 곧 크게 긍정하는 것이니 바르게 부정하면 큰 복(福)이 생기고 그르게 부정하면 큰 화(禍)가 생겨난다. 이 때 바르다는 것은 자기안목을 조금이라도 벗어나 두루 살펴 가지는 안목인 것이다.

37.

不好勞神　何用疎親

불호노신 하용소친

좋지 않으면 신기를 괴롭히거늘 어찌 멀리함과 친함을 쓸 것인가

　사랑과 미움, 또 순수한 사랑의 생각에 매여 신경쓰고 정신을 쏟아부으면 자기의 영혼이 건전한 두뇌의 이성체계(理性體系)와 분리되어 오히려 생각들이 단편적이고 일회적으로 뚝뚝 끊기며 동물적인 정신상태로 변해간다. 그리하여 신성(神性)인 순수한 사랑은 물론 현재의 자기 자신과도 점점 멀어진다. 이는 좋다고 생각되는 것을 너무 가까이 해서 내 소유로 하려고 하고 나쁘다고 생각되는 것을 너무 멀리 하려고 애쓴 탓이다. 그러므로 사랑을 얻고자 너무 집착하는 것도 병(病)이요, 미워하는 사람을 떠나고자 너무 애쓰는 것도 병이다. 어느 쪽이든 병을 만드니 이 둘은 자기 자신에게 작용하는 영향이 동일하다. 착오를 깨달으니 나를 붙들어 매고 있던 사랑의 밧줄이 저절로 풀려 이제는 그 밧줄이 사랑을 묶어 떠나지 않게 하는 좋은 밧줄이 된다. 사랑 때문에 신기를 더 이상 괴롭히지 않고 나는 한가롭게 나 자신을 즐기며 소요하기만 하면 된다.

신(神)이 나와 가깝다거나 멀다거나 또는 나에게 있다거나 없다는 것은 일체망상이다.

▨▨▨ 화광동진(和光同塵)하여 취사분별하지 않고 모두를 빠짐없이 잘 구제하니 누구에게도 이로움과 해로움이 따로 없는데 어찌 멀리함과 친함이 있을 수 있겠는가? 좋지 않다는 것은 좋게 하려는 자기 생각에 얽매이고 집착을 하여 쓸데없이 신경을 쓰고 정신을 쏟아붓는 것을 말한다. 이것은 곧 자기가 자기를 피로하게 하면서 스스로 구속하고 채찍질하는 것으로서 숨쉬는 자기생명을 질식시키고 만다. 그렇게 하는 대의명분이 바로 도를 닦고 불법을 따르고 진리를 찾으며 신(神)을 만나는 것 등이라는 것이다. 대의명분에 의해 실속을 내쳐버리는 어리석음이다. 생명은 실속으로 영위되고 있다. 대의명분이 아무리 위대해도 잘못 따르면 최종적으로는 명분도 실속도 모두 잃고 불쌍한 빈털터리 중생이 되고 만다. 큰 일이 되고 안되고는 하늘에 달려 있지만 큰 일을 되게 하거나 안되게 하는 것은 인간에게 달려 있다.

좋지 않는 것은 곧 자기의 신기(神氣)를 괴롭히는 일이 되고 만다. 신기는 '신끼'로서 신령세계와의 교류를 이루는 자기영혼의 정신체질이다. 신기가 무너진다는 것은 신령세계(神靈世界)로부터 멀어지는 것이고 이는 곧 신령으로부터 멀어진다는 것이니 자성(自性)이 더욱 어둠 속으로 들어가게 되고 점점 고독한 사람이 되어가는 것이다. 그러므로 신기를 혹사시켜도 안되고 덮어도 안되는 법이니 오로지 잘 운용하여 올바른 결과를 낳는 방향으로 잘 키워가야 되는 것이다. 신기를 잘 활용하면 크게 성공한다. 크게 성공한 사람들 대부분은 운(運)이 좋다고 얘

기하지만 실은 생각을 넘어서고 위험과 기회를 포착하며 선인연을 끌어당기는 영혼의 지혜를 크게 활용하는 신기를 알게 모르게 발휘했기 때문이다. 천재는 곧 신기를 갖고 태어나 크게 드러내는 사람이다. 그래서 신기가 지나친 나머지 광기(狂氣)가 어느 정도 개입되어 있다. 신기가 많이 괴롭게 되어 훼손되면 인생이 흐트러지고 마(魔)가 끼게 되며 마침내 질병이나 사고 같은 현상도 생긴다. 잘못 알고 정신을 쓰면 신기가 손상되어 오히려 행복과 대도로부터 점점 멀어지고 만다.

무엇을 잘못 하는 것인가? 그것은 애써서 굳이 멀리하고 가까이 하는 것이다. 무엇을 멀리 하고 가까이 하는 것인가? 그것은 모든 것이다. 그렇게 하는 것은 무상대도를 성취하지도 못하지만 그 이전에 고통을 계속 낳는 씨앗이 되고 만다. 세간법을 멀리하고 불법을 추구하면 현상적으로는 불법에 다가가는 것 같지만 근본적으로는 불법으로부터 멀어지고 마는 것이다. 불법은 무상대도의 법이요, 분별취사심이 없는 법이요, 영원한 행복을 주는 법이다. 여기서의 가르침은 일체가 좋지도 나쁘지도 않은 중립적인 현상임을 철저하게 깨닫고 그 어떤 것도 지나치게 애써 버리지도 않고 취하지도 않아야 한다는 것이다. 좋고 나쁜 것을 너무 따지는 분별성향이 강한 사람은 도를 닦으려고 덤벼들면 절대 안된다. 오히려 역효과만 나서 일상생활도 파괴된다. 도를 닦는 자체가 이런 성향을 줄여가는 것이기도 하지만 그 자체가 큰 위험요소가 되므로 도를 닦으려면 반드시 이런 성향을 좀 완화시킨 후에 입문해야 된다.

　인연이란 묘한 것이어서 좋은 인연의 상대는 내가 좋다고 가까이 하려고 집착할수록 오히려 멀어지고 떨어지며 나쁜 인연의 상대는 미워하여 멀리 하려고 애쓸수록 더욱 가까워지고 붙는다. 인연은 법(法)의 작용이 바탕이므로 여기에 내 욕망을 강하게 집어넣을수록 오히려 나에게 불리하게 왜곡되는 것이다. 나쁜 인연은 이전 생(生)에서 남아 있는 주고 받을 것이 완전히 청산되어야 비로소 법에 의해 멀어지므로 미워할수록 괴롭힘이 길어지게 된다. 좋은 인연에게는 먼저 베풀고 잊어버리고 바라지 않고 사귀면서 기다려야 한다. 그러다가 때가 되면 상대가 반드시 다가온다. 그러므로 좋은 인연으로부터 뭔가를 얻으려고 욕심내봐야 본래 얻을 수 있는 것을 아무 것도 얻지 못한다. 나쁜 인연을 멀리하려고 애쓸수록 손실만 커지고 더구나 이득을 챙기려고 욕심내면 망하게 된다. 친하고 멀리함을 법에 맞게 인연에서 활용할 때 착오가 없게 된다. 어느 쪽이나 상대에 대한 욕심은 이득이 줄고 손실이 커지게 되니 어리석음이 된다. 바라지 않는 무심(無心)은 어느 쪽이나 이득이 크고 손실은 줄게 되니 지혜롭다.

38.

欲趣一乘 勿惡六塵

욕취일승 물오육진

일승으로 나아가고자 하거들랑 육진을 미워하지 말라

영원히 순수한 사람이 되어 불변의 순수한 사랑을 누리고 또한 사랑과 미움이 일으키는 고통에서 벗어나고자 한다면 그 상대를 사랑하지도 말고 미워하지도 말아야 되니, 이는 곧 내 마음이 일체마음에 머무름이 없음이다. 사랑은 그 속의 애욕을 씻어내고 미움은 그 속의 어리석음을 씻어내니 이 때의 나 자신이 순수한 사랑으로 나아가고 그 자리가 곧 나 자신의 자성(自性)이 있는 곳이다. 그러므로 상대를 떠나 또 다른 곳에 머문다면 그 자리 역시 사랑이라는 이름의 내 욕망이 머무는 자리인만큼 자기의 분별심은 변함이 없어 아름다움과 그 향기를 드러내지 못한다.

나를 둘러싼 환경은 신(神)이 나에게 드러나 있는 현상계의 모습이다. 그리고 내가 신묘한 대도(大道)의 대용(大用)을 법에 의해 받아들인 모습이기도 하다.

▨▨▨ 일승(一乘)은 곧 무상대도이자 부처니 나 자신은 물론 일체존재가 반야선에 빠짐없이 올라타 무상대도의 본고장인 마하반야바라밀의 세계를 성취하는 것이다. 이렇게 되고자 나아가는 데 있어서 나 자신을 미워해서도 안되고 다른 모든 생명들과 온갖 환경들―육진인 색성향미촉법(色聲香味觸法)―을 미워해서도 안된다. 상대법상 미워한다는 말은 곧 사랑한다는 말도 포함되어 있고 〈나(自)〉라는 것에는 〈타(他)〉도 포함되어 있다. 어느 하나를 미워(사랑)하는 것은 곧 반대쪽에 있는 존재를 미워(사랑)하는 것이 되므로 당연히 일승을 성취할 수 없게 된다. 나를 미워(사랑)하고 있는 것은 곧 상대를 미워(사랑)하고 있는 것이고 상대를 미워(사랑)하고 있는 것은 곧 나 자신을 미워(사랑)하고 있는 것이다. 색성향미촉법을 미워(사랑)하는 것은 나 자신을 미워(사랑)하는 것이 되고 나 자신을 미워(사랑)하는 것은 색성향미촉법을 미워(사랑)하는 것이 된다. 미워(사랑)한다는 것은 곧 멀리(가까이) 하고 버리려고(취하려고) 애쓰는 것이니 그렇게 되면 그것은 곧 나 자신을 멀리(가까이) 하고 버리는(취하는) 것이 된다. 그러면 미워하는 것이나 사랑하는 것이나 모두 하나로서 나를 떠난 일체의 집착일 뿐이니 일승으로 나아갈 〈나〉가 없어지므로 최종적으로는 당연히 허망함만 남게 된다. 모두 같이 반야바라밀로 향하거나 모두 같이 세간에 머무르거나 둘 중에 하나일 뿐 중간은 없다. 부처님께서 깨달음을 얻었을 때 일체중생이 모두 동시에 깨달았다. 자타의 분별, 곧 양단의 변견(邊見)에 머무름

이 사라진 것이다.

육진을 애써 멀리하거나 가까이 하지도 말고 미워하거나 사랑하지도 말라고 하니 아무 생각없이 지금 여기에서 이대로 함께 지내는 것을 의미한다고 생각하는 것은 또 어긋난다. 주관과 객관이 여전하기 때문이다. 분별을 없애 육진 등 일체의 객관과 더불어 신과 부처와 중생 일체가 본래 평등함을 철저하게 증득하는 것이다. 속(俗)을 등지고 성(聖)에 입문하는 것이 아니다. 그것은 진실로 불가능하고 마냥 자기의 착각일 뿐이다. 불법으로의 진정한 입문은 성(聖)을 통째로 속(俗) 한가운데로 짊어지고 와서 성스럽게 변화시켜 승화시키는 것이다. 차갑디 차가운 얼음을 부처님의 따뜻한 광명으로 녹여 모두가 들이마시고 건강할 수 있는 신선한 물과 공기로 만드는 것이다. 얼음이 없으면 곧 물이 없고 물이 없다면 얼음 또한 없다. 그러므로 속(俗)을 버리고서는 따로 얻을 것이 조금도 없다. 그렇게 될 때 색성향미촉법의 육진은 성스러운 빛깔과 자태를 갖게 되고 바른 행(行)을 하는 대상이 되면서 일체를 행복하게 해준다. 그 반대로 육진을 미워하면 색성향미촉법이 스모그가 되어 우리에게 호흡기질병 등 다양한 병폐를 일으키고 만다. 그러니 육진이 문제가 아니라 항상 나 자신이 문제인 것이다. 모든 이치가 다 그렇다. 나와 대상을 마음에서 강하게 경계(境界)짓는 것을 경계하니 따르면 이롭다. 나를 제외한 일체는 아무런 죄가 없는데 괜히 내가 사랑했다가 미워했다가 취했다가 버렸다가 하면서 끝없는 나 홀로 춤을 추고 있다. 관객은 아무도 없으니 쓸쓸하기만 하다. 당연히 수입도 없으니 배고프다.

미움이란 마음을 가지게 되면 인생의 목표를 이루지 못한다. 미움이란 대단히 강렬하여 내 힘을 분산시키고 소진시키기 때문이다. 그러므로 미움 자체가 나의 가장 큰 적이 된다. 그래서 큰 업적을 성취하는 사람일수록 미움이 적고 라이벌이나 적을 미움으로만 바라보지 않는다. 역으로 생각할 때 인생을 성공시키는 큰 힘은 포용심이 된다. 포용심은 내 힘을 쓸데없이 낭비시키지 않고 상대의 힘까지 받아들이므로 그만큼 크게 성공하는 법이다. 상대를 극도로 미워해서 그 미움의 힘을 자기 힘의 원천으로 삼는 이는 상대를 이겼다 할지라도 최종적으로는 스스로를 희생시키게 되는데, 그 힘은 곧 살기(殺氣)이기 때문이다. 살기는 외부로부터 나를 해치는 힘들을 끌어들이게 되어 있다. 그래서 악(惡)은 스스로 자멸하는 법이다. 당연히 인생의 성공 여부는 내 마음 속에 미움이라는 감정이 얼마나 깊게 들어차 있느냐에 달려 있게 된다. 기본적인 인간사가 이럴진대 하물며 도를 가는 데 있어서 미워하는 것이 그 무엇이든 단 하나라도, 조금이라도 있다면 도(道)를 이루기는커녕 접근조차 할 수 없게 된다. 좋고 나쁜 분별이 강하면 미움과 애착이 저절로 생기므로 도를 갈 수 있는 힘이 부족해지고 마음이 갈라지므로 그 어느 대상이든 마음이 오래 동안 혹은 강하게 머물면 안되는 법이다. 나쁜 귀신도 너무 미워하지는 말자.

39.
六塵不惡　還同正覺

육진불오 환동정각

육진을 미워하지 않으면 도리어 정각과 동일함이라

　　상대가 나에게 주는 사랑의 품질이나 정도는 근본적으로 내 마음과 일치한다. 그러므로 나 자신을 그대로 두고 상대를 어떻게 움직여 사랑을 더 많이 잘 받아보려는 것은 탐욕이 되니 오히려 있는 사랑도 일그러지게 된다. 서로의 사랑을 통해 자기를 잘 들여다보는 사람은 사랑이 곧 자기존재의 향상을 가져다주게 된다. 왜냐하면 순수한 사랑에 뿌리를 두고 피어난 그 마음을 항상 시들게 하지 않고 잘 간직하고 있기 때문이다. 당연히 주어지는 인연에 대해 집착하지 않고 자리이타를 위해 사랑을 잘 활용하니 사랑은 더욱 순수해져만 간다. 미움의 참 성품은 곧 사랑이고 욕망덩어리인 이 몸이 곧 사랑의 화신이다. 그러므로 미움과 욕망을 그대로 두고 사랑을 따로 찾고 받아봐야 이것들 위에 쌓이는 사랑인지라 그 사랑의 뿌리가 미움과 욕망이 되고 만다. 그리고 서로 뒤섞여 넉넉한 만족을 갖지 못하게 된다. 고상한 탐욕이 줄어들수록 사랑이 자연스럽게 꽃을 피우게 된다.

육진을 보고 신(神)을 보게 되며 신을 보고 육진을 보게 되니 둘이 아닌지라 망심이 자연스럽게 자취를 감출 수 밖에 없고 나는 일체의 신으로만 둘러싸인다.

※※※ 나 자신과 나를 둘러싼 타존재를 비롯한 일체환경과의 관계를 일러준다. 색성향미촉법의 육진은 내가 태어나기 이전에도 있었고 사는 동안 나를 풍성하게 해주며 죽은 이후에도 있고 육진 속에서 태어났다 사라지곤 반복한다. 육진은 내가 태어나고 살고 죽어가는 근원이니 육진이 없으면 〈나〉라는 상(相)도 없다. 그러므로 내가 태어나지 않으면 그만일 뿐이다. 그런데 내가 부자유에 의해 태어났으므로 육진이 나에게 작용하여 의미를 가지게 된다.

순수하게 객관으로 있는 육진은 독존(獨存)인 나의 모습과는 본래 아무 관계도 없다. 그런데 그 육진이 나에게 작용하는 성격은 내가 결정한다. 왜냐하면 내가 보고 겪는 육진은 내 마음의 산물이고 내 주관이 개입된 육진이기 때문이다. 그러므로 육진은 곧 나의 마음이고 모습이니 육진을 통해 나를 보고 알며 내 마음을 교정해야 되는 법이다. 그렇지 않고 육진을 좋고 나쁜 분별심을 강하게 가져 얻고 버리려고 한다면 나에게 유리하게 되지도 않고 육진을 바꾸려고 애써도 마찬가지로 잘되지도 않을 뿐더러 서로 대립만 심해져 스스로 묶일 뿐이고 고통만 키운다. 육진을 미워할수록 더욱 그렇게 되니 어리석음이다. 나아가 육진과 자신을 너무 결부시키지 말고 좀 여여한 마음도 가져야 되겠다. 육진에 무심할수록 육진이 스스로 변화되어 다른 모습으로 나에게 다가온다. 육진이 나를 모욕할 때 참으면 인(忍)의 덕을 이루고 나를 미워할 때 사랑하면 사랑의 덕을 얻고 나를 믿지 않을 때 믿으면 믿음의 덕을 얻고 나를 해칠 때 베풀면 자비의 덕을 얻는다. 이는 육진을 통해 큰 덕을 이루어 도(道)를 향하는 것이 되어 마침내 내가 불꽃 속에서 연꽃을 피우는 것이 된다. 이는 밝음을 알면서도 어둠을 지키는 것이니 마침내 대도(大道)를 이룬다.

　육진이 나에게 좋게 작용하여―사는 환경이 편안함을 가져다주고 만족을 증대시켜주는 것―살아간다면 그 육진에 잠겨 나 자신의 고귀한 존재를 더욱 매몰시켜버리는 것이 되기 쉽고 육진이 나에게 고통을 주고 있다면 상처투성이의 누더기가 되기 쉽다. 그래서 육진에 대한 무심(無心)―마음이 육진에 끌려 일어나지 않고 육진의 본질을 꿰뚫어보는 것―이 필요하다. 육진은 그 자체가 내 인생의 목적과 본질이 아니므로 육진의 만족을 추구하면 결국에는 무상하고 허무하게 된다. 또한 육진의 세계인 현상계와 육진의 굴레를 벗어난 피안(彼岸)에 대해 분별심과 차별심을 갖게 되면 이 마음 자체가 그만 이 세계에 묶이게 되는 빌미를 제공하는 것이 된다. 바른 깨달음을 성취한 이에게는 일체육진이 자기 자신의 무한전개일 뿐이다. 정각을 성취한다는 것은 생사에 대한 자유를 얻고 육진의 굴레를 벗어나 해탈열반한 것이기 때문에 그 어느 것에도 걸림이 없게 된다. 당연히 육진에 대해 미워하거나 사랑하는 마음이 뿌리까지 떨어져나가버리게 된다. 그러니 미워하지 않는다는 것은 곧 애착과 두려움이 떨어져나갔다는 의미가 되고 이는 양변의 분별심이 사라졌다는 것이니 육진에 대해 치우치지 않는 마음이 되어 도리어 정각과 동일하다. 그래서 성인(聖人)은 삶의 짐이 무겁거나 가볍거나 초

192

라한 모습이나 영화로운 모습에 접해도 한가로이 처하며 초연하다.

　육진이 그 내용물을 달리하여 각자에게 주어지는 것은 대우주의 법(法)에 의하니 자연스럽고 이는 도(道)의 드러남이다. 보시공덕이나 수도(修道)를 많이 한 사람에게는 그 육진이 생기(生氣)와 복덕을 일으키고 자기 이익만 철저히 챙기며 나아가 타인의 이익을 뺏은 사람에게는 살기(殺氣)와 액운을 일으킨다. 그리고 타고난 숙명을 거스르는 사람에게는 그 육진이 철저하고 완벽하게 욕망의 장애물로 작용한다. 육진은 나 자신의 인(因)에 따라 그에 맞는 연(緣)이 오게 되니 육진과 나를 분리시켜 생각하면 나 자신을 잃어버리게 된다. 그리고 이와 같이 일체환경은 나 자신이 만든 것이니 여기에 좋다, 나쁘다는 주관적 생각이 붙을 이유가 하등 없다. 다만 자기가 그 육진의 움직임을 바꾸고자 한다면 자기내면이 먼저 바뀌어야만 가능하다. 그렇지 않고 지금의 자기존재를 그대로 두고 아무리 애써봐야 고단하기만 할 뿐 소득은 일시적인 것에 지나지 않는다. 육진 그 자체가 아니라 육진에 대한 주관적 마음이 나 자신을 개선시키는 데 방해물이 되니 자기가 자기 자신을 스스로 가로막고 있는 꼴이다. 자기가 스스로 귀신을 불러들여놓고 귀신을 내쫓는다고 야단법석을 피우고 있으니 애꿎은 귀신만 피곤하다. 육진의 형성과 작용은 곧 법에 의하니 법을 깨달으면 육진을 깨닫는 것이요, 육진을 깨달으면 법을 깨닫는 것이니 이는 곧 정각이다.

　정각(正覺)은 가만히 있는 것이 아니라 크게 움직이니―작게 움직이는 것은 개체의 이득을 위함이다―일체 생명들에게 이로움을 준다. 그 때 육진은 집착의 대상으로서의 육진도 아니고 객관적인 육진도 아닌 진여(眞如)가 대용(大用)하는 육진이 된다. 육진을 통해 진리를 전달하면서 진리를 보고 깨닫게 해준다. 그렇게 할 수 있는 이유는 정각을 이루게 되면 육진 이대로가 전체로서 진여대용의 나타남이 되기 때문이다. 한정되어 있는 우리 개체의 마음속에 자연(自然)인 전체로서의 육진을 불어넣어 마음을 순화시키고 넓히고 키워서 천지와 일체가 되도록 활용하는 것이다. 당장 소리(聲)만 봐도 자연에서 나온 소리는 우리를 크게 감동시키며 악심(惡心)을 털어내고 부드러움을 키우며 찌들은 중생심을 활짝 퍼지게 만들지 않는가? 성인(聖人)들이 만든 악보는 인간의 소리가 아니라 천지자연의 소리다. 성인은 그 마음이 곧 자연이 되어 있으니까 가능한 것이다. 그래서 거문고를 타니 학이 날아와 춤을 춘다. 이렇게 허공의 드러난 모습인 육진을 잘 받아들이면 그것이 곧 도를 가는 것이 된다. 천지자연의 빛과 소리가 곧 부처님의 화현이요 부처님의 법문이란 말도 그래서 나온 것이다. 단, 그 소리에 너무 집착하면서 그 소리를 내려고 애쓰면 조금 비슷하게 될 수는 있을지언정 완벽하게 일치시킬 수 없다. 그 때는 내 마음을 더욱 자연과 비슷하게 가꾸어가면 저절로 자연의 소리를 내는 연주를 할 수 있게 된다. 소리는 마음에서 나오기 때문이다. 보다 큰 것에 마음을 닫고 열심히 애써봐야 상처만 남는다. 그러므로 천지자연의 마음과 질서, 즉 도(道)를 먼저 잘 알아야 되겠다. 불법은 천지자연의 대도요, 곧 대우주의 법의 전개이니 불법을 닦지 않고서는 자연과 완벽하게 일치하는 육진을 얻기 어렵다.

　나를 괴롭히는 것들을 미워하지 않는 것은 곧 큰일을 해내는 것임은 물론 다른 어떤 큰일도 이루게 되어 있다. 그리고 내가 그렇게 하지 않는 것을 타고난 축복으로 여기면 되는 일이니 어렵지도 않다. 악인연으로부터 벗어나려면 인연법의 유류상종(類類相從) 성격을 활용하면 된다. 상대와 내가 오래 같이 했으니 물들어 똑같은 부분이 있음을 인정하여 밝게 알고 참회하며 그것을 없애는 것이다. 그러면 저절로 점차 멀어지게 되니 이는 곧 인(因)을 멸하여 연(緣)이 멸하게 되는 것이다. 동시에 인연 문제에서는 반드시 신(神)의 도움도 받아야 하는데, 인연은 법에 의거하고 법은 신이 운용하기 때문이다. 상대를 미워하면서 기도하면 신이 들어주지 않는다. 그것은 곧 법과 신을 미워하는 것이 되므로 당연하다. 또 미움 자체가 삿된 것이기 때문이다. 미움을 조금은 줄이고 선악시비(善惡是非)의 분별과 억울함에 다소 무심해진 마음으로 법을 약화시키고 기도한다. 자기 자신을 사랑하고 신의 사랑과 자비를 갖추어갈수록 그만큼 신의 도움이 크게 오게 되어있는 것은 법이다.

40.

智者無爲 愚人自縛

지자무위 우인자박

지혜로운 이는 함이 없거늘 어리석은 사람은 스스로 얽매이도다

　지혜로운 사람은 사랑을 해도 억지로 하지 않고 무리하지 않고 혼잡하게 하지 않는다. 또한 상대를 미워해도 지나치지 않고 주관대로 않고 미워서 미워하지도 않는다. 또한 상대의 사랑에 부합하기 위해 자기 자신을 비틀지도 않는다. 상대 반응에 따라 사랑과 미움을 따로 갖지 않는다. 오로지 욕망보다는 사랑이 저절로 전달되도록 스스로에게 바르게 할 뿐이다. 그러므로 늘 자기 자신을 온전하게 보존하니 또 다른 상대와 사랑을 잘 이어나갈 수 있다. 어리석은 사람은 사랑을 하면 자기를 내세워 자랑하며 무리한다. 그리고 좋다면 무조건 합하려고만 하니 사랑이 혼잡하게 되어 번뇌망상만 키우게 된다. 또한 상대를 미워해도 자기 주관대로이고 미워서 미워함이 끊이지 않는다. 또한 사랑을 얻기 위해 자기존재를 스스로 왜곡시키는 짓을 서슴지 않는다. 결국 더 이상 제대로 사랑하거나 사랑받을 자기가 없는 상태로 만들고야 만다. 나중에 상대가 사랑을 거두어들이면 초라한 자기 자신만 남게 된다.

지혜로운 이는 신(神)으로부터 주고 받는 것을 잊어버리고 어리석은 이는 그것에 스스로 얽매이니 신을 찾고 보더라도 속박이 되고 만다. 신은 판사고 자기는 죄인이니 두려움이 더욱 커지며 떨쳐버릴 수가 없게 된다.

▨▨▨ 행(行)하는 자는 알지 못하고 아는 자는 행하지 않는다. 그러나 행하지 않으면 알기 어렵고 알지 못하면 행하지 못한다. 그래서 잘 알고 행하되 행한 것에 머무르지 않는 법이다. 지혜로운 이는 감히 자기가 무엇을 한다고 생각하거나 떠벌리지 않으면서 하고, 일 없음을 일로 삼으며 무엇을 이룬다고 하지 않으면서도 이룬다. 그러면서 그것을 얻거나 취하지 않으며 족(足)함을 아니 얽매이는 것이 없게 된다. 당연히 이루는 것마다 저절로 조화롭게 된다. 지혜로운 이는 육진을 미워하지 않고 정각과 동일하게 되었으며 육진을 크게 활용하는 사람이다. 이런 사람은 무위(無爲)를 행(行)한다. 집착과 취사심(取捨心)으로 이루어진 개별적인 상(相)이 소멸되어 무아(無我)로서의 자기존재를 드러냈으므로 항상 그 마음이 전체와 도(道)와 법과 신(神)과 더불어 있고 같이 움직이므로 겉으로 드러나는 행이 없으며 따로 인과를 낳아 받는 업(業)을 짓지 않게 된다. 그러므로 지혜로운 사람은 자유롭게 자리이타의 가치 있는 행(行)을 열심히 하되 그 행위 자체에 자기 나름의 의미를 부여하여 자기영혼에 새겨두지 않는다. 아니, 자기영혼에 머물거나 기억할 곳이 아예 없으니 저절로 그렇게 된다. 어리석은 사람은 자기 행위 하나하나에 이런저런 의미를 붙이고 거기에 스스로 마음이 얽매여 고달픈 인생사를 전개시킨다. 누가 또는 그 무엇이 운명을 부여하여 자기를 부자유스럽게 만들고 조종하는 것이 아니다. 스스로 자승자박(自繩自縛)하는 것일 뿐이다.

대우주와 신(神)은 마음을 따라 같이 흐른다. 그러므로 지혜로운 이는 자기마음을 따라 같이 흐르는 천지자연의 법과 신을 잘 알고 자기 자신을 구속시키지 않도록 유념한다. 본래 한마음인데다가 다시 한마음이 되었으니까 당연하다. 자기 자신만 생각하는 이기적인 사람은 마음이 항상 움직임에 달라붙어 있으므로 신과 겉돌게 된다. 지혜로운 이는 공(空)을 통해서 육진이든 신이든 법이든간에 일체의 것들에 대해서 일체가 자유롭게 되도록 한다. 그래서 작은 일도 큰일처럼 신중하게 하고 큰일도 작은 일처럼 텅 빈 마음으로 두려움없이 하는 법이다. 당연히 큰일도 작은 일도 잘 성취하여 두루두루 이득을 만들어낸다. 어리석은 이는 작은 일은 하찮게 여겨 가볍게 하고 큰일은 욕심으로 두려움을 품고 한다. 당연히 큰일 작은 일 할 것 없이 불안하고 시원찮게 된다. 그래놓고 늘 투덜투덜 불평한다. 그러면서 자기를 앞세운다. 지혜로운 이는 일을 하되 그 속에 자기 자신을 빠뜨리지 않고 자타를 잘 분별하지만 어리석은 이는 일을 하되 그 속에서 이득을 얻으려고 애쓰면서 자기 존재를 푹 빠뜨리고 자타의 현명한 분별을 잃어버린다.

마음에 따라 무언가를 하는 것은 곧 마음에 얽매이는 것이다. 지혜로운 이는 마음과 관계없이 자기의 마땅히 행할 바를 한다. 생명은 곧 활동인지라 마음에 지배당하면 법과 행위가 어긋나고 시간이 낭비되므로 생명의 힘과 가치를 스스로 저하시킨다. 그래서 삶 속에서 적극적으로 양단에 머무르려는 마음을 이겨내는 일이 곧 수행인데, 삶과 수행이 하나가 되면 가장 이상적이다. 삶 따로 수행 따로인 것은 마음에 항복하는 일이 된다. 수행에서 가지게 된 바르고 굳건한 마음이 삶에서 일어나는 마음을 꿰뚫어버리면 비로소 생활신앙인이 된다. 이 때부터 도를 닦을 수 있는 사람이 되고 신(神)을 만날 자격이 있는 사람이 된다. 이후부터 절에 다니는 일은 곧 관광이 아니라 순례가 된다. 관광은 부처님 색신을 단순히 보는 것이고 순례는 불령(佛靈)을 만나는 것이다.

41.
法無異法 妄自愛着
법무이법 망자애착

법은 다른 법이 없거늘 망령되이 스스로 애착하여

순수한 사랑은 다른 사랑이 없고 하나로서 그 모양은 오로지 둥글고 기색(氣色)은 오로지 밝다. 그래서 지극히 순수하고 소박하니 그 사랑에 부합하려면 마음 역시 이와 같이 되어야만 한다. 그런데 이를 모르고 자기가 스스로 만들어낸 총천연색의 사랑에 머물고 집착하니 이는 곧 허깨비를 사랑하는 꼴이 되고 만다. 사랑의 허상(虛像)은 그 모습이 사람마다 다르고 또한 때마다 달라지니 본래 없는 이 사랑을 어디서 어떻게 얻으리오? 진정 없는 것을 사랑하니 사랑의 목마름은 영원하게 된다.

신(神)은 다른 신이 없거늘 자기가 분별하여 생각하는 신에 스스로 애착하니 괴이하고 망령된다.

▨▨▨ 내가 생각하거나 찾는 법은 항상 법이 아니다. 내가 얻은 법 역시 항상 법이 아니다. 내가 좋아하는 법 역시 항상 법이 아니다. 안타깝게도 나 자신으로 인해 법은 곧 법이라고 할 수 없으니 내가 좋아하는 법 역시 항상 법이 아니다. 내가 좋아하고 찾고 얻는 법에 붙들리지 말고 나아가 그 마음과 애씀을 완전히 쉬고 내가 사라질 때 때 진여(眞如)의 법이 비로소 스스로 드러난다. 법은 하나이지 둘이 아니건만 나 자신의 상(相)은 여러 조각으로 분열되어 각각 움직이니 각각의 상마다 그 성향에 맞는 이런저런 법을 따로 계속 찾게 된다. 자기가 가장 만족하는 법을 구하는 것이다. 그런데 그런 법은 대우주 어디에도 없다. 법이 자기를 만족시켜주기 위해 있는 것이 아니기 때문이다. 만족한 법을 찾았다고 했을 때 그 법은 법이 아니라 자기 견해로 만든 또 하나의 자기를 아상(我相)에 접붙인 것이다. 결국 더욱더 분열되고 복잡해지며 혼돈이 점점 더 커지게 되어 마침내 법에서 손을 떼게 된다. 자기존재를 법에 맞게 이끌고 나가야 되는 것을 깜박 하고 항상 양단으로 나누어 밖으로 뭔가 구하고 찾는 습성을 따른 결과니 법이나 그 무엇을 탓할 수도 없다.

법은 태초 이전부터 제 자리에 가만히 있어왔고 지금도 그렇고 앞으로도 그렇다. 나는 이미 법 한가운데 깊숙이 들어앉아 있는 것이고 나의 생명 역시 법으로부터 부여받은 것이다. 법이 나를 탄생시켰으니까 법은 나의 어머니가 되기도 한다. 법은 육진의 현상이기도 하고 육진의 움직임을 규율하는 질서부여자이기도 하다. 그러니 나와 육진 속에 이미 법이 있어온 것이다. 밖에서 찾으면 불가능하게 되어 있다. 그렇다고 안에서 찾는 것도 되지 않는다. 집착과 취사분별심이 단단하게 벽을 쌓아 가로막고 있으니까 그렇다. 그러므로 법은 따로 찾고 구할 곳이 없다. 법은 짝사랑의 대상이 될 수 없는 것이다. 애착을 하는 순간 법은 눈앞에서 연기처럼 사라져버린다. 그래서 법을 애착하는 것을 망령된다.

법을 왜 자기 마음대로 나누어 따로 찾는가? 자기가 뭔가 특별한 사람이 되고자 하는 탐욕으로 인한 것이다. 그런데 법을 깨친 사람은 텅비어 법과 마음의 실체를 따로 찾아볼 수 없다. 그러면서도 보이지 않게 법을 자유자재로 쓴다. 아주 큰 것이나 진짜는 눈에 보이지 않는다. 도(道)을 얻는다 함은 껍데기에 대한 애착을 버리고 순수한 자기 자신으로 돌아갈 뿐인 것이다. 특별난 자기가 없으니 진리나 법에 특별한 것이 따로 없다. 하물며 그 어떤 최상의 가치에 대해서도 애착하는 순간 더욱 더 망령된 사람이 되고 만다. 성스러움을 끊고 슬기로움을 버리며 어짐을 끊고 옳음을 버리라고 했다. 분별심은 중생의 크나큰 고질병으로써 도(道)에 입문하는 순간 어긋나게 만드니 극도로 잘 살펴야 한다.

법을 애착하는 망심은 다름 아닌 자기를 내세워 자기 자신에게 집착하고 자기 자신을 애착하는 것이니 법이 현전하겠는가? 신(神)이 더욱 숨으니 최종적으로는 자기파괴가 생기게 된다. 주관에 의해 법을 비법(非法)과 악법(惡法)으로 만드는 어리석음은 자승자박이 되어 하늘은 도(道)의 대용(大用)으로 그에 합당한 과보를 내린다. 이것이 진실된 법이다. 이렇게 법은 형상을 감추고 삼라만상의 움직임으로 항상 살짝 드러내니 법을 쫓기 이전에 밝은 눈을 먼저 가지려고 애써야 된다.

202

　불법공부는 좋아서 해도 안되고 필요해서 해도 안되고 어쩔 수 없이 해도 안되고 호기심으로 해서도 안되고 옳다고 해서도 안되고 무조건 해서도 안된다. 불법은 이 마음 모두를 넘어서 있기 때문에 이런 마음으로 얻는 불법은 자기가 만든 인간의 법일 뿐이다. 그러므로 처음에는 이런 저런 마음으로 불법을 공부한다고 해도 그 마음에 계속 머물면 안되고 시간이 좀 지나면 마땅히 일체마음을 씻어버리고 철저하게 객관적인 지혜를 키워나가야 한다. 그러므로 불법공부의 첫 시작은 공부하고자 하는 그 마음을 법에 맞게 바르게 벗어나는 일이 된다. 그러면 지혜로운 안목이 생기게 된다. 이 안목으로 자기 안팎을 향해 나아감이 없이 나아가는 것이고 머무는 곳이 없이 머무는 것이다. 그래서 불법공부는 쉽기도 하고 어렵기도 하며 할 것이 아주 많기도 하고 따로 할 것이 아무 것도 없기도 하다. 불법으로 자기마음에 공(功)을 잘 들이는 것이 곧 불법을 공부하는 일이 된다. 그러다보면 저절로 마음이 공(空)이 되어 간다.

42.
將心用心　豈非大錯
장심용심 기비대착

마음을 가지고 마음을 쓰니 어찌 크게 그릇됨이 아니랴

　나의 사랑이 순수한 사랑으로부터 나온 것이고 미움이 본래 나에게 없었던 허상인 줄 모르고 따로 순수한 사랑을 찾고자 하는 마음을 내거나 또는 사랑하는 마음으로 또 다른 무엇을 찾아 얻고자 한다거나 또는 사랑하는 마음으로 미워하는 마음을 누르며 없애고자 다툰다면 이 모두는 순수한 사랑으로부터 더욱 멀어지는 꼴이 된다. 오로지 사랑하고 미워하는 마음의 근본을 찾아 들어가면 사랑은 물론 만사가 저절로 원만하게 된다. 그러므로 사랑을 핑계로 억지로 하나됨을 만들게 되면 각자의 개성이 손상되어 서로 사랑할 사람이 없어지게 된다. 사랑은 나 자신과 상대와의 사이에 걸쳐 있는 빈 공간을 아름답게 장식해가는 것이다. 그렇게 해서 나와 상대가 자연스럽게 이 공간 속으로 들어와 즐겁게 머무는 것이다. 여기서는 서로에 대한 포용이 자연스럽게 이루어지니 하나가 되어도 좋고 되지 않아도 좋다.

신(神)을 찾는 마음으로 기도하면 크게 어긋나니 신과 함께 신에게 기도하는 마음이 바르다.

▨▨▨ 사사로움을 적게 하고 바램을 적게 하고 얻음을 적게 하고 귀(貴)함을 없애가는 것은 도(道)를 가는 데 있어서 가장 기본이고 법을 깨닫는 데 필수적인 자격이다. 도(道)와 법(法)은 마음에 애쓸수록 조금은 얻을지라도 진정 큰 덕(德)은 오히려 놓쳐버리게 된다. 그리고 조금 얻은 것은 자칫 나를 크게 왜곡시키게 된다. 도(道)를 잘 가는 사람은 흔적을 남기지 않는다고 했으니 그 마음을 어디에서 찾아볼 수 있을 것인가? 법이 다른 법이 없으니 나 자신 역시 다른 나 자신이 없는 것이다. 그런데 지금과는 다른 나 자신을 생각하며 찾거나 새로 만들려고 부지런히 애쓰니 혹에 또 하나의 혹을 덧붙일 뿐이로다. 그러니 마음을 가진 유심(有心)의 상태에서 또 하나의 마음을 쓰는 것은 아주 큰 착오가 된다. 허망한 업(業)을 추가하는 것이 되기 때문이다. 그러므로 다른 마음이 없어야 하니 이심전심(以心傳心)이 깨달음과 전도(傳道)와 수행의 요체가 된다.

그릇되지 않게 마음을 쓰려면 도(道)와 분리된 마음—도를 생각하는 마음도 도와 분리된 마음이다—을 따로 가지지 않고 천지자연에 즉(卽)한 마음을 써야 하는 법이다. 이것은 자기 자신이 블랙홀과 화이트홀이 하나로 되어 있는 것과 유사하다고 볼 수 있다. 모든 것을 받아들이면 블랙홀이고 자기 내면에 머물거나 고여서 썩지 않고 새로이 재생되어 창조를 하게 되면 화이트홀이니 두 가지가 따로 있지 않은 것이다. 블랙홀이 곧 화이트홀이고 화이트홀이 곧 블랙홀인 것이다. 마음을 가지지 않으니 모든 것을 무한대로 받아들일 수 있게 되고 마음을 쓰니 필요한 것을 그 때 그 때마다 쉼없이 내보낼 수 있다. 이 때 비로소 여여하며 나는 법의 자유로운 운영자가 되는 것이다. 무심(無心)이 체(體)이니 법이 어디 따로 있으며 자기 또한 어디 다른 자기가 있을 수 있겠는가? 마음을 가진 자기 자신으로 마음을 쓴다는 것은 고요한 호수에 돌멩이를 던져 파문을 일으키는 것과 같아서 결국은 법의 구속만 더욱 초래할 뿐이다. 법을 가지거나 깨달은 다른 자기 자신을 생각하면 안된다.

크게 그릇된다는 의미는 대도(大道)와 반대방향으로 가고 있다는 의미다. 내가 천상천하유아독존으로서의 주체성을 잃고 분별주관으로 연기(緣起)에 의해 일어난 일체마음인 망념으로 이루어져 있다. 그러니 마음으로 생각하고 행하는 것은 곧 망념을 움직이거나 그치게 하는 것이니만큼 유위(有爲)로서 무조건 일체 그릇된 것이고 대도를 거스르게 할 뿐이다. 망념(妄念)으로 망념을 쓰니 망념이 더욱 두터워질 뿐이다. 부처님이 비록 망념을 어여삐 여겨 조금 봐주기는 하지만 그래도 망념을 지속하면 결국은 스스로 상(相)이 더욱 저열하고 두터워지며 악화되는 것으로서 어둠으로 빠져든다. 대도는 허공에 꽉 차 있는 광명이니 환하게 드러나 숨을래야 숨을 수 없고 피할래야 피할 수 없는 것이다. 작게 그릇되는 것은 망념(妄念)이 가만히 그대로 있는 것이다. 즉, 현상유지인 것이다. 이는 대도를 가다가 도중에 잠깐 샛길로 샐 때를 말하니 금세 다시 돌아올 수 있지만 크게 그릇되면 서산에 해는 뉘엿뉘엿 지는데 되돌아올 가능성이 점점 멀어지는 것이다. 여러 가지 까닭으로 인해 대도는 한 번 길을 잘못 들면 대부분 금생은 그것으로 끝난다. 그러니 어찌 크게 그릇된 것이 아니겠는가? 그러나 참으로 드물지만 선근(善

根)이 참으로 깊고 근기(根機)가 높은 이는 진짜 선지식을 만나면 반대편으로 금방 훌쩍 뛰어넘어가기도 하지만 이것을 누구에게나 기대하기 어렵다. 더 큰 문제는 자기가 바른 길로 가고 있다는 고집을 피우는 것이다. 그러므로 처음부터 법을 거머쥐고 있는 멋있는 자기가 아른거리걸랑 단칼에 죽여 흔적조차 없애버리고 길을 나서야 한다.

마음을 다스리기 위해 다른 마음을 또 내는 것은 자기존재를 스스로 짓누르는 일밖에 되지 않는다. 악한 마음을 없애기 위해 착한 마음을 내서 다스린다고 해봐야 악한 마음과 착한 마음이 위아래로 이층집을 지어 공존하며 싸울 뿐이다. 항상 그 마음의 근원을 찾아 들어가는 것이 곧 마음을 다스리는 일이 되고 나아가 다스리는 노력이 끝을 보게 된다. 이 때는 그 어떤 가르침에도 전적으로 의존하면 안되고 지식으로만 알면 안된다. 마음이 머리에만 머물러 아무런 힘도 발휘하지 못하기 때문이다. 그 가르침을 지표로 삼아 살아 움직이는 자기 속으로 직접 온몸으로 파고 들어가는 것이다. 기도해도 좋고 명상해도 좋고 참선해도 좋고 염불해도 좋고 방편은 그 무엇이든 좋다. 그런데 방편에만 또 머물면 안된다. 생명은 습(習)이라는 성향이 있어서 방편을 붙들고 안주하기 때문이다. 방편이 곧 목적이 되어버리면 자기존재와 자기마음은 정작 방편에 소외되어 버린다. 무엇이든 습관적으로 하면 하지 않는 것과 별 다를 바 없게 된다.

43.

迷生寂亂　悟無好惡

미생적란 오무호오

미혹하면 고요함과 산란함이 생기고 깨치면 좋음과 미움이 없나니

사랑을 좋아하는 것은 곧 미움을 좋아하는 것이고 미움을 좋아하는 것은 곧 사랑을 좋아하는 것이다. 사랑을 미워하는 것은 곧 미움을 미워하는 것이고 미움을 미워하는 것은 곧 사랑을 미워하는 것이다. 그런데 사랑을 좋아하고 미움을 싫어하니 이것은 자기를 스스로 속이는 것이다. 그래서 사랑과 미움과 본래사랑이 서로 어긋나 헷갈리게 되면 마음 또한 죽어버린 것이라, 사랑이 어디 갔는지 오고 간 곳이 없다. 그러다가 사랑이 무질서하게 되어 사랑인지 미움인지 본래사랑인지 알지도 못한 채 그 사랑을 막연히 따라가는 나는 엉망진창이 되어 마침내 삶의 지표마저 잃고 만다. 헹가래를 하고 나서 받아주는 이가 없는 것과 같다. 그러나 본래사랑을 보게 되면 그로부터 사랑이 질서정연하게 뻗어나와 다양한 모습을 드러내며 시간과 공간을 조화롭게 장식하니 복잡해도 혼란이 없고 단순해도 지루함이 없다.

신(神)은 내가 좋아하거나 미워하는 대상이 아니다. 신은 나 자신의 바른 모습이기도 하기 때문이다. 미혹하면 신으로 인해 고요함과 산란함만 더욱 커지게 도니 신을 통해 고요함을 찾고 얻는 데서 한 차원 더 벗어나야 되는 법이다.

▨▨▨ 깨치고 보면 삼라만상이 하나이며 각 개성의 조화(調和)와 질서일 뿐 부분적인 것이란 따로 없게 된다. 그러므로 좋아하고 싫어함이 없게 되고 모두가 소중하니 자연스럽게 지나친 것은 버려지고 사치스러운 것도 버려지고 과분한 것도 버려지게 된다. 이런 것들은 조화와 균형을 무너뜨려 희생이 생겨나기 때문이다. 그리고 나 자신을 개입시키지 않는다. 미혹하면 나를 내세워 이런 것들을 좋아하여 취하려고 한다. 그 때 천지자연의 조화가 깨지면서 혼돈이 오므로 그에 따라 내 마음 속에도 혼란이 생기니 곧 고요함과 어지러움이다. 늘 양단에 마음이 머무르니 그렇다. 인위(人爲)의 결과인 것이다. 도(道)의 차원에서 보면 고요함은 곧 죽은 것이요, 산란함은 곧 미친 것이다. 고요함은 움직임이 없으니 죽은 사자(死者)요, 산란함은 제멋대로 날뛰어 일관성이 없으니 광인(狂人)이다. 둘은 정반대 현상으로 보이지만 뿌리는 같은 하나인데, 이 모두가 미혹한 데서 오는 현상이다. 그러므로 산란함은 머지않아 고요함으로 바뀌고 고요함은 머지않아 산란함으로 모습을 바꾸는데 여기에 따라 마음도 좋았다가 나빴다가 하면서 오락가락하게 된다. 대체로 고요함을 좋아하고 산란함을 미워하는 까닭이다. 같은 뿌리인줄도 모르니 도(道)를 높이려고 고요함을 추구하고 산란함을 멀리 하려고 애쓴다. 그러나 이 노력 자체가 미혹의 뿌리에 풍성한 영양분을 제공하는 것이 된다. 그러다가 결국 자기 자신을 잃어버린다. 그리고는 자기 자

신을 찾는다면서 또 달려든다. 다람쥐 쳇바퀴 도는 신세다. 자기의 마음상태에 대해 좋고 나쁨을 미리 정해놓고 자기는 그에 따라 반응을 하니 자기가 마음의 주인이 아니라 마음의 노예가 되고 만다. 미혹함이란 양단을 정해놓고 한 변(邊)에 대해 탐착함을 말한다.

깨친 상태는 진정으로 마음이 텅 비어 마음이라 할 것이 없어 움직임 자체도 없다. 그러니 마음이 고요한 것은 산란함을 반대편에 갖고 있는 것이므로 여전히 마음의 뿌리가 남아 있는 것이다. 미혹함과 깨침은 마음의 상태가 다른 것이 아니라 오로지 마음이 있느냐 없느냐 하는 것이다. 근본적으로 도(道)가 있느냐 없느냐 하는 것이지, 도가 높은가 낮은가 하는 것은 본래 없고 그것은 중생의 도토리 키재기 놀음일 뿐이다. 고요함과 산란함은 전부 유(有)이니 무(無)와는 아무 관계가 없다. 고요한 것을 좋아하고 산란한 것을 미워하고 싫어하는 그런 마음 자체가 벌써 마음이 있는 것이고 스스로를 미혹하게 만드니 이런 상태에서는 깨달음에 한 발자국도 다가갈 수 없게 된다. 마음이 고요하건 산란하건 편안하건 불편하건 그런 미세하고 거친 움직임과 그침에 매이지 말고 오로지 마음 그 자체를 완전히 깨부수어 흔적도 없게 만드는 데 전념해야 된다. 불법은 유치하게 마음을 닦는 종교가 아니라 마음 그 자체를 소멸시켜 부처라는 존재로 다시 태어나게 인도하는 법이다.

마음이 즐겁고 괴로운 상태는 별 것도 아니다. 진정한 문제는 그 마음에 자기존재가 끌려다니느냐 아니면 자기존재는 움직이지 않고 그 마음을 자유롭게 자기가 운용하느냐에 달려 있는 것이다. 그러므로 불법은 마음을 어떻게 하는 것이 아니라 자기존재가 그럴 수 있는 상태로 변화시키는 법이다. 그 때 자기는 마음의 주인이 되고 곧 우주의 주인이 된다. 그러므로 마음을 고쳐보려고 마음에 매달려 있는 것은 불법을 닦는다고 할지라도 그건 불법이 아니라 주관적인 인간법일 뿐이고 당연히 근본적인 변화는 없게 된다. 자기존재가 영원히 텅 비어 있을 때라야 마음을 마음대로 움직일 수 있게 된다. 이 때 그 어떤 마음도 더 이상 자기존재를 사로잡지 못하니 곧 자기로부터의 자유가 된다.

44.
一切二邊 良由斟酌

일체이변 양유짐작

모든 상대적인 두 견해는 자못 짐작하기 때문이로다

　　사랑과 미움이나 본래사랑의 있고 없음 등 일체의 대비되는 두 견해
는 사랑을 직접 보지 못하고 단순히 짐작하기 때문이다. 사랑을 짐작하
는 것으로는 원만하게 주고 받을 수 없게 되니 원하는 바를 얻을 수 없
고 미움을 짐작하는 것으로는 원만하게 벗어날 수 없게 되니 짐작할수
록 사랑은 멀어져가고 미움은 커져갈 뿐이다. 이 때 각자의 사랑을 잘
들여다보아 정확하게 알고 말로 제대로 표현할 때 일단은 그 위험으로
부터 벗어나게 된다. 그 후는 몸으로 직접 그 말을 따라 보여주면 비로
소 믿음이 형성되며 짐작이 아닌 실제의 사랑이 오고 간다. 아울러 본래
사랑은 짐작조차 할 수 없는 자성(自性)이고 신(神)의 성품인지라 있다
거나 없다는 짐작은 본래사랑으로부터 더욱 멀어지게 할 뿐이다.

신(神)을 짐작하고 그럴듯하게 추측할수록 신을 더욱 왜곡시키게 된다. 내가 믿는 신과 대비되는 신을 떠올리면 신을 스스로 죽이는 것이다. 신이 죽으니 자기도 죽고 만다. 최종적으로는 자기 짐작만 남으니 망심의 천하가 된다.

▨▨▨ 이 세계가 직선과 곡선이라는 음양(陰陽)과 목화토금수(木火土金水)라는 오행(五行)의 힘과 성질로 생(生)과 극(剋)이라는 상호모순된 파동의 작용을 가지고 생명이 생겨났다. 그러므로 모순(矛盾)의 힘은 곧 음양의 힘이고 곧 대도(大道)의 힘이고 곧 법(法)의 힘이고 곧 삼라만상의 힘이고 곧 천지자연의 힘이고 곧 우주의 힘이고 곧 부처의 힘이며 일체생명의 힘이기도 하다. 순수한 광명(光明)으로만 이루어진 이 힘의 본체(本體)는 불성(佛性) 또는 자성(自性), 본래면목(本來面目) 등의 이름으로 현상계의 개체생명에게는 분별심과 집착에 덮여져 잠들어 있다. 그리고 법(法)은 그 힘의 질서있는 움직임이다. 신(神)은 대우주 차원에서 이 힘을 법으로 운용하는 존재다. 음양의 힘과 법은 현상계를 이루고 전개시키면서 양변(兩邊)을 낳고 생명체에게는 분별심(分別心)을 갖게 만들어 상(相)을 구성하여 결과적으로 산다는 것이 늘 취사선택하는 행(行)으로만 이루어지고 거기에 마음이 머무르게 되었으며 심지어는 자기 자신의 생사(生死)마저 법에 갇혀 마음대로 하지 못하게 되었다. 분별심과 취사선택의 행(行)이 법의 구속을 받아 도(道)에 따른 인과를 낳으니 곧 업(業)이다. 인과와 운명도 곧 도(道)의 용(用)이니 자연스러움이라, 평상심으로 대하면 될 터이다. 편함과 불편함의 양변에 매인 마음으로는 발버둥칠수록 구속만 더욱 심해질 뿐 절대 마음대로 벗어날 수 없으니 정해진 업은 면하기 어렵게 된다. 하늘의 그물은 엉성

해보여도 신(神)의 감시로 빠져나갈 구멍은 전혀 없는 것이니 이른 바 완전한 자유의 상실인 것이다. 그러므로 이 속에서 무엇인가를 얻으려고 하거나 주관(主觀)을 가지게 되면 움직임마다 더욱 양변(兩邊)이라는 모순의 수렁에 빠질 뿐, 지금의 나와 현상계를 만들어낸 음양(陰陽)의 힘과 법의 구속을 탈출할 가망성이 요원하다. 자성을 보거나 본래면목을 찾거나 깨닫거나 해탈한다는 것은 이 힘과 법을 깨달아 보고 얻게 됨으로써 대자유를 얻게 됨을 말한다. 그래서 양변을 벗어나 해탈하게 하는 불법(佛法)이 아주 난해하게 여겨지는 것이다. 그런데 그것은 상(相)에서 나온 생각과 어림짐작으로 따지기 때문이다. 그런데 그럴수록 더욱더 상(相)만 강해지니 어렵다. 그러나 눈만 뜨고 손만 놓으면 양변(兩邊)은 나와 본래 상관없고 모순이 원융무애하게 되어 있는 진여법계와 대도(大道)의 세계에 들어가 생사(生死)조차도 대자유를 얻게 되니 쉽다. 즉, 어렵고도 쉽고 쉽고도 어려운 것이다. 그래서 어렵고 쉬움은 불법이 아니라 오로지 나 자신에게 달려있게 되는 법이다.

양변을 동시에 취할 수 없는 모순의 성격상 그에 따라 마음은 항상 두 갈래 길로 나누어진다. 그래서 어느 한 쪽은 취하고 다른 쪽은 버린다고 애쓰느라 갈등과 노고가 끊이지 않게 된다. 그래서 분별하여 취하고 버리려는 취사심 그 자체를 정(正)과 대비하여 사(邪:그릇됨)가 된다. 사(邪)는 단지 악한 것만이 아니라 상대성에만 매여 업을 짓고 허덕대는 존재상태다. 이 사(邪)의 상태를 벗어난 것이 정(正)이고 정(正)을 향해 걸어가는 길을 여덟 가지로 나누어 알려주는 것이 이른 바 팔정도(八正道)이다. 그래서 팔정도는 중도(中道)인 것이다. 법(法)과 마음(心)은 둘이 아니다. 마음 밖에 법이 따로 없는 것이니 심외무법(心外無

法)이 된다. 그래서 도는 마음으로 가는 길이니 마음을 바르게 가지고 동시에 강하게 만들어야 하는 법이다. 마음이 더 없이 지극히 강하게 된 상태가 곧 부동심(不動心)이다.

　모순으로 태어나고 모순으로 이루어지니 그 어떤 생각이든 생각 자체가 모순의 결과에 지나지 않아서 결코 상대성을 벗어날 수 없어 이 세계에 늘 머무르게 되는 것이니만큼 짐작할수록 모순이 커져만 간다. 도를 간다고 함은 상대성의 모순을 벗어나는 것을 의미한다. 생각하고 미리 짐작하는 습성으로 인해 누구나 가지고 있는 영혼의 능력들을 잃어버리고 말았다. 영혼은 상대성의 모순과 절대성의 전체에 걸쳐 있는 다리같은 것으로 생각이 가지는 모순의 한계를 극복해주는 역할을 한다. 도(道)를 가면 끝없는 끝까지 가야 된다. 또한 분별심으로 외형적인 방편을 차별하는 어리석음은 대도를 갈 수 없게 만든다. 그리고 그 전에 짐작이나 생각이 길 위의 나 자신보다 앞서가면 대도로부터 거꾸로 멀어지게 된다. 생각은 한 번에 어느 하나만 따질 수 있기 때문에 반대편이 항상 제외되게 되어 모순 속을 헤매게 만든다. 법은 짐작하여 헤아려서 아는 것이 아니고 수행한다는 것은 짐작하는 자기존재를 넘어선 차원으로 들어가는 일이다.

　짐작하거나 판단했을 때 바르게 아는 것은 그것이 영혼으로부터 뒷

받침되는 경우가 대부분이다. 그렇지 않으면 대개 실제와 어긋난다. 그런데 이렇게라도 되려면 잡다한 상념들을 갖지 않아야 되고 정신이 통일되어 있어야 한다. 그래야만 영혼이 포착한 정보가 정확하게 두뇌에 전해지기 때문이다. 특출난 아이디어를 원하는 사람은 정신관리를 잘 해야만 된다. 단지 일확천금의 욕심만으로 자기존재를 짜내면 실패하기 마련이다. 일체의 번뇌망상을 버리고 고도로 정신을 집중하거나 마음을 철저히 비운 상태를 잘 유지하면 그런 정보가 전해진다. 그러므로 정보화시대에 아이디어 하나로 인생에 승부를 보려는 사람은 알게 모르게 수행이 되어지는 것이 크게 이롭게 된다. 또한 위대한 아이디어는 신령들이 많이 주는 것인만큼 진심으로 믿고 늘 기도하는 것이 바람직하다.

45.

夢幻空華　何勞把捉

몽환공화 하로파착

꿈 속의 허깨비와 헛꽃을 어찌 애써 잡으려고 하는가

　　내가 주관으로 사랑하거나 미워한다는 것은 본래사랑인 나를 떠나 있는 일이니 잠들어 꿈을 꾸는 일이고 그 마음으로 상대를 붙잡으려고 하거나 벗어나려고 하는 것은 꿈속에서 또 꿈을 꾸는 일이다. 꿈속에서 열심히 애를 쓰는 나도 허깨비고 상대도 역시 허깨비에 지나지 않으니 이 모두가 헛짓을 하는 셈이다. 결국 허망하게 된다. 내가 통째로 깨어 나면 가장 이상적이지만 지금은 잠들어 있으니 어쩔 수 없이 꿈속에서 또 꾸고 있는 그 꿈이라도 먼저 깨야 한다. 그리고 나서 깨어나면 비로 소 본래의 나 자신으로 돌아오게 되니 이제부터 하는 사랑과 미움은 생 생하게 되고 실답게 되니 비로소 살아있게 된다.

신(神)을 보고 들었다고 마음이 들뜬다면 이는 곧 신을 꿈속으로 밀어넣는 일인지라 오히려 망하게 된다. 신을 보고 들으면 달리 할 것이 없이 오로지 망심만 없애려고 애쓸 뿐이니 신이 생생하게 나와 함께 움직인다.

▨▨▨ 상(相)을 보면 비상(非相)을 보고 비상(非相)을 보면 상(相)을 본다. 나를 보면 신(神)을 보고 신(神)을 보면 나를 본다. 신(神)을 보면 법(法)을 보고 법(法)을 보면 신(神)을 본다. 나를 보면 법(法)을 보고 법(法)을 보면 나를 본다. 나를 보면 비상(非相)을 보고 비상(非相)을 보면 나를 본다. 비상(非相)을 보면 신(神)을 보고 신(神)을 보면 비상(非相)을 본다. 선지식이 헛깨비와 헛꽃을 애써 붙잡으니 사람들이 이해하며 웃는다. 부처님을 비로소 알게 된 것이다.

보지 못하면 알지 못하고 알지 못하면 보지 못하는 것이니 나 자신과 상(相)과 법(法)과 비상(非相)과 신(神)은 곧 하나의 눈으로 동시에 보고 아는 것만이 있을 뿐이다. 이 때 비로소 생명(生命)을 보고 안다. 이렇지 못하면서 어떤 부분을 보거나 안다는 것은 단순히 막연한 주관일 뿐이고 불완전하며 혜명(慧明)을 스스로 더욱 가리게 되어 더욱 모르고 보지 못하게 된다. 나와 대상을 따로 나누어놓고 보면서 알려고 하는 것은 일체 허깨비와 헛꽃이 되니 내가 만든 망념일 뿐이다. 환상(幻想)을 지어내 추구하며 나와 내 것으로 삼으려고 하니 내가 나 자신을 희롱하는 꼴밖에 되지 않는다. 오로지 내 생각과 분별심을 막고 동시에 양변(兩邊)을 밝게 비추면서 뛰어넘어 진리가 드러나니 이것은 생각으로는 알 수 없고 생각하면 허깨비와 헛꽃을 만드는 것에 지나지 않는다. 다만 먼저 실증(實證)한 후에 드러나는 생각은 중생심에 대응하여 대도를 활

218

용하는 유용한 도구가 된다. 그러니 깨달음을 위해서는 생각을 굴리는 것이 아니라 경계를 없애가면서 온몸을 굴려야만 하는 법이다.

　일체의 변견—나와 타인, 중생과 부처, 좋고 나쁨, 믿음과 불신 등—을 가지고서 어떤 행(行)을 한다는 것은 바로 꿈속의 허깨비와 헛꽃을 쫓는 일이 되는 법이다. 꿈속의 허깨비와 헛꽃을 애써 잡으려는 것은 애써 버린다는 것과도 통한다. 잡는 것은 곧 버리는 것이고 버리는 것은 곧 잡는 것이기 때문이다. 그러므로 잡는 것이나 버리는 것이 중요한 것이 아니라 애쓴다는 것이 포인트가 된다. 잡을 수도 없고 버릴 수도 없는 것을 가지고 뭔가 하려고 애쓰는 것이 더 문제인 것이다. 애쓰면 뭔가 그에 상응하는 성과가 나와야 되는 법인데 대도(大道)에서는 그렇지 않으니 상대성의 모순을 벗어나 대도를 가려고 하는 데는 애쓰는 일이 여러모로 독(毒)이 되고 만다. 대도는 눈꼽만큼의 낭비도 허용하지 않기 때문이다. 완벽하게 자연히 이루어지니 그렇다. 인간은 똥을 그냥 버리지만 자연은 많은 생명의 원료가 되는 것이다. 낭비는 자기 안팎으로 그에 상응하는 과보를 불러오게 된다. 지혜는 애쓰는 것이 상응하는 결과를 낳을 것인가 아닌가를 보고 아는 안목이기도 하다. 그래서 자기 생각과 짐작으로 헛것을 만들지 않는다.

　망념은 뜬 구름 같아서 붙잡을 수도 없고 버릴 수도 없으니 마음을 닦는다는 것은 망상이 된다. 그러나 마음의 근원에는 법이 있다. 그러니 법을 깨달아갈 때 마음은 구름처럼 저절로 흩어져 사라져버린다. 본래 있던 것도 아니지만 없던 것도 아니기 때문이다. 그러므로 법을 깨달아간다는 것은 곧 마음이 있기 이전의 자리로 자기존재가 이동하게 된다는 것과 일치한다. 그 때 법과 마음을 양 손에 동시에 쥐게 된다. 마음을 비로소 항복받은 것이다. 나와 신(神)을 경계짓고 가리고 있던 그늘을 스스로 걷어내니 영원한 절대적 밝음이다. 그리고 광명 속에서 이것을 자유롭게 움직인다.

한참 살다 보면 인생이 허깨비놀음 같은 감각을 자연스럽게 가지게 된다. 그러나 꿈 속에서 괴로운 것도 괴로운 것인지라 살아온 세월을 아무렇지도 않게 그냥 넘길 일이 아니다. 자기 인생 전체를 제대로 밝게 비추어 살피지 못하면 혼돈과 찌꺼기가 생겨나 사후와 내생에 영향력을 발휘하니 실은 중차대한 문제다. 내가 살아온 한평생을 무엇을 기준으로 평가할 것인가? 자기의 세월 속에서 한 발 빠져나와 살펴야만 제대로 객관적으로 정리된다. 법에서 보면 그 기준은 다음과 같다. 첫째, 내가 나 자신에게 바람직한 덕목을 얼마나 주었는가? 둘째, 나로 인해 얼마나 많은 사람이 덕을 보았는가? 셋째, 남아있는 미련이 얼마나 중대한 것인가? 넷째, 나에게 주어진 숙명을 얼마나 완수하였는가? 다섯째, 나 자신의 순수성을 얼마나 지켜냈는가? 대략 이 정도에서 객관적으로 잘 평가하여 인생을 정리하면 미래가 도움이 될 것이다. 완전히 정리되면 그 다음에는 인생 전체를 싹둑 잘라버리고 홀로 되어 나무아미타불을 지송하면 된다.

46.

得失是非 一時放却

득실시비 일시방각

얻고 잃음과 옳고 그름을 일시에 놓아 버려라

　높음은 낮음을 의지하여 하나이고 앞은 뒤를 의지하여 하나이며 잘 남은 못남을 의지하여 하나이고 보이는 것은 보이지 않는 것을 의지하여 서로 하나이다. 그러므로 자연스러운 하나를 둘로 나누어 분별하여 따로 얻고 버리고자 한다면 한 사람을 두 조각으로 나누는 꼴이 되어 스스로 고통을 만들게 된다. 사랑을 생각하면 사랑한다거나 사랑하지 않는다는 생각을 가지게 되고 행복을 생각하면 행복하다거나 불행하다는 생각을 저절로 갖게 된다. 그러므로 괜히 사랑을 떠올리는 바람에 내면의 갈등만 생기고 다투게 만든다. 사랑을 잊어버리고 사랑해야 한다. 자연스럽게 사는 것이 최상이지만 사랑 또한 인간의 일인지라 인위를 강하게 가지면 자연을 거스르게 되어 피곤해진다.

득실(得失)과 시비(是非)는 망념이 요란하게 구르는 것인지라 어둠만 짙게 드리우고 어지럽히며 신(神)을 보는 눈을 가려버리게 된다.

▨▨▨▨ 인생은 본래 비어 있는 것이다. 빈손으로 왔다가 빈손으로 가는 것뿐만 아니라 그 중간도 역시 늘 비어 있다. 그래서 얻는 것도 본래 없고 잃는 것도 본래 없다. 이득을 보는 것도 본래 없고 밑지는 것도 본래 없다. 그래서 보상받을 것도 본래 없고 나아가 억울한 것도 없고 화낼 일도 없다. 그런데 태어나면서부터 영혼 속에 많은 것들을 채운 채로 태어나서 이후 살면서 채워졌다 비워졌다 하는 경험을 반복하는 탓에 본래 채워져 있는 것이 정상(正常)이고 비워져 있는 것이 비정상이란 착각이 생기게 된다. 그러므로 채워졌다가 비워진 그 자리가 본래 정상인데 허전하고 허무하게 되면서 문제를 일으키게 된다. 그래서 비워진 그 자리에 신(神)이 들어차지 않고 온갖 감정들만 채워지면서 또아리를 틀게 된다. 채워져 있을 때를 집착하면 더욱 그렇게 된다. 비워져 있으니 채워지는 것이고 채워져 있는 것은 일시적이니 비워져 있는 그 자리가 존재 차원에서는 앞서고 본래의 자리가 된다. 직장이든 지위든 돈이든 가족이든 떠나고 나서 텅 빈 그 자리가 본래 정상이다. 이렇게 정상으로 돌아왔는데 이것을 누리지 못하고 잃었다고 오히려 괴로워하니 전도몽상이다. 더구나 비정상이 정상을 비웃으니 더욱 비정상이다. 본래 일체가 공(空)인 사실을 터득하지 못하는 한 얻고 잃음, 만남과 헤어짐, 옳고 그름에서 오는 고통은 면할 길이 없다.

얻고 잃음을 일시에 놓아버리려면 소유의 한계를 알아야 하고 옳고 그름을 일시에 놓아버리려고 하면 아는 것의 한계를 알아야만 되는 법이다. 따로 가질만한 것이 진정으로 없음을 깨닫고 아울러 내 견해에 집착하지 않는 지혜와 밝음이 요구된다. 욕심과 분별심으로 생(生)을 거듭하며 이어진 취사선택의 습성 탓에 인생이란 그 자체가 얻고 잃는 과정의 연속이 되어버렸고 옳고 그름을 따지는 승부의 연속과정이 되었다. 그래서 양보하고 물러서며 버리고 비우려고 애써도 그마저 결코 쉽지 않은 일이 되었다. 나 자신의 취하는 습성을 거슬러야 되고 버리고 비운 뒤에 미련과 기억이 남기 때문에 그렇다. 그래서 마음에서 빈손이 되기가 엄청 힘이 들고 빈손인 정상(正常)으로 돌아가기 위해서는 큰 힘과 정신력을 가져야만 가능하게 되었다. 얻고 잃는 것을 놓는 것보다 옳고 그름을 놓는 것이 훨씬 어렵다. 자기가 옳은 사람임을 내세우는 것은 그 마음의 근원이 진리와 신(神)과 이어져 있기 때문이다.

여기서 벗어나려고 애쓰는 과정에서 두 가지의 큰 착오가 생겨나 바르게 되지 않고 심지어 더욱 악화되기도 한다. 하나는 조금씩 천천히 놓아버리는 것이다. 다른 하나는 이미 블랙홀이 된 나 자신을 그대로 두고 부분적인 것만 따지는 것이다.

상대성의 현상계에서는 내 생각과 관계없이 비우고 채워지는 것이 동시에 일어나고 많이 비울수록 그만큼 많이 채워진다. 당장 눈에 보이느냐 보이지 않느냐 하는 차이만 있을 뿐이다. 내가 굳이 얻으려는 마음이 없어도 마찬가지다. 그러므로 천천히 조금씩 여유를 갖고 놓아간다는 것은 천천히 조금씩 얻어가는 것과 같으니 큰 오류가 된다. 또한 그렇게 되어버린 나 자신을 그대로 두고 대상만 놓고 비우는 것은 크게 소용이 없다. 습성이 조만간 발동하기 때문이다. 2조 혜가가 달마를 찾아와 팔을 단번에 잘라버린 것은 바로 이런 의미가 된다. 가진 것을 놓는 것이 아니라 가지는 몸을 없애버린 것이다. 물론 이렇게 되려면 반드시 먼저 얻은 것과 내 견해를 스스로 제법 버려야 된다. 밖은 텅텅 비어 있는 것 같지만 보이지 않게 조금의 틈도 없이 이미 꽉 차 있기 때문에 놓고 비울 곳도 따로 없고 놓고 비울 것도 따로 없다. 마찬가지로 얻을 것도 얻을 곳도 따로 없다.

방법은 오로지 단 하나, 양변(兩邊)을 단번에 몰록 놓아버려야 하는 법이다. 여기에는 안팎의 분별이 없어야 되고 '점차(漸次)'라는 시간과 '조금씩'이라는 양(量)이 없어야 된다. 그래야 내가 사라지면서 동시에 나의 전부도 같이 사라지는 것이다. 이것이 선(禪)이고 선(善)이며 영원한 해방이요, 자유가 이루어진다. 여기서 조금이라도 어긋나면 계속 옳고 그름을 따지며 얻고 잃는 과정이 이어질 수밖에 없고 대도(大道)는 아무리 눈을 부릅떠도 현전하지 않는다. 대도는 오로지 찰나가 영원(永遠)이 되고 영원이 찰나가 되며 티끌이 전체가 되고 전체가 티끌이 되는 그 마음자리에서 눈부시게 드러난다. 이 모든 것은 실제상황이다. 무소유(無所有)란 이렇게 하는 것을 의미한다. 이렇게 하지 않으면 무소유가 되지 않고 소유의 또 다른 변형일 뿐이다. 일시에 놓아버릴 때 또 다른 유무형의 그 무엇이라도 은근히 기대하고 있다면 아무 소용없게 된다. 진정 비어야만 되는 법이다. 모든 것을 버리고 신(神)을 구하고자 하면 신은 더욱 멀리 사라져버린다. 신은 얻고 버리고 바꾸며 오고 가는 것이 아니라 진정한 무소유가 될 때 자연스럽게 나에게 드러나는 것이다. 놓아버리는 것은 나 자신에게 일체를 스스로 완전히 맡기는 것이다. 그 때 신(神)이 비로소 전면에 나선다.

인생에서 중요한 일은 몸과 마음을 가볍게 하는 일이다. 왜냐하면 그 누구도 예외없이 법에 의해 이미 주어진 자기의 길을 나름대로 가고 있기 때문이다. 그 과정에서 얻고 잃고 내세우는 것은 길을 가다가 눈에 띠어 주웠다가 버렸다가 하는 일밖에 안된다. 그리고 자기 나름대로 이 길로 갈까 저 길로 갈까 해봐야 이미 타고난 길을 벗어나 더욱 돌고 도는 일밖에 되지 않는다. 자기 나름대로의 옳음이란 본래 없는 법이고 고집피우는 것밖에 안된다. 그리고 길 한가운데 머무는 것 또한 없다. 억지로 좋은 자리라고 머물려고 해봐야 서산에 해는 지고 캄캄한데 호랑이와 사자가 와서 잡아먹어버리기 때문에 괜히 두려움만 더욱 커지게 된다. 그러므로 지혜로운 이는 주어진 자기의 길을 가는 데만 전념할 뿐 그 길에서 얻고 잃는 것, 옳고 그른 생각에 매이지 않으며 이들을 놓아버리지도 않고 취하지도 않는다. 인생이 곧 자기의 길을 가는 것이라는 사실을 잊어버리면 그 자리에서 얻는 것과 잃는 것의 소유와 옳은 것과 그른 것의 생각에 매여 스스로 고(苦)를 초래하게 된다.

47.

眼若不睡　諸夢自除

안약불수 제몽자제

눈에 만약 졸음이 없으면 모든 꿈 저절로 없어지고

　　좋아하게 되면 나도 모르게 점점 사랑에 빠져들고 싫어하게 되면 나도 모르게 점점 미움에 빠져들게 된다. 그리고는 무의식적으로 깊어지는 사랑과 미움을 대함에 따라 이성(理性)이 작동되지 않고 기쁨과 분노의 감정이 교차하면서 자기도 모르게 상대와 옳고 그름을 조금씩 따지게 된다. 바쁘게 사랑하거나 미워해도 졸음의 연속일 뿐이니 이는 마치 몽유병환자와 다를 바 없는 신세다. 그러다가 문득 깨어나 자기를 돌이켜보면 사랑이나 미움, 다툼이 부질없는 짓인 줄 깨닫고 나아가 좋아하거나 미워하는 마음에 스스로 제동을 거니 비로소 자기 자신의 몰골과 사방이 저절로 명확하게 눈에 들어온다. 안팎이 밝아지니 비로소 완전히 깨어나게 되어 스스로 충만한 본래사랑도 보이게 된다. 그 때는 내 마음을 명확하게 인식하고 있으므로 사랑에 있어서 이성(理性)의 도움이 크게 된다.

226

인생의 꿈이 몽땅 사라진 뒤에 드러나는 것이 바로 나의 진정한 숙명(宿命)이다. 숙명은 말 그대로 잠들어 있는 천명(天命)이니 움직임이 있으면 보이지 않게 된다. 신(神)은 이 숙명과 함께 돌아가고 있으니 신을 보려면 숙명을 깨달아야만 되는 법이다. 또한 신을 봐야 숙명을 깨닫게 되는 것이기도 하다.

▨▨▨ 졸음이 있으면 눈이 감기게 되니 꿈 속은 밝지만 몸 밖은 어둡게 되어 몸속은 환상이요, 몸 밖은 공포다. 그러면 있는 그대로를 명백하게 보지 못하게 되어 그냥 손에 잡히는 것을 무의식적으로 집으려고 하게 된다. 집으면 놓아야 하니 허망할 따름이다. 〈나〉라는 상(相)을 갖게 되고 영위하는 주체는 몸을 감싸고 있는 영혼이다. 모든 생명체는 몸과 영혼의 결합체이므로 나의 욕망도 물질과 신령세계의 가치를 함께 추구하는 것이 나올 수밖에 없다. 깨어 있을 때는 6근(根)으로 물질세계를 앞서 주로 접하기 때문에 신령세계는 어렵다. 영혼이 속해 있는 신령세계를 맛봐야 하기 때문에 신령세계를 접하기 위해서는 두뇌가 잠들게 되는 것이다. 그 때 영혼이 주체적으로 등장하여 움직이는 내용이 꿈이라는 현상으로 나타난다. 그래서 대우주에 퍼져 있는 미래정보를 영혼이 접하면 미래예지몽이고 머릿속에 잡념이 많다면 당연히 잡꿈을 꾸게 된다. 귀신이 있다면 꿈을 통해 귀신과의 교류현상이 드러난다. 꿈은 이렇게 내가 보이지 않게 항상 접하고 있는 신령세계와 교류하며 보이지 않는 정보를 얻는 것이다. 그래서 타인의 영혼을 만나고 속마음도 알게 되고 전생의 모습도 나오고 큰 의문을 풀기도 하고 전혀 새로운 아이디어를 얻기도 한다. 두뇌 속의 지식을 재조합하는 것 역시 영혼이 하는 일이다. 그래서 생명체가 잠을 자게 되어 있는 이유가 몸의 휴식과

재충전인 것도 있지만 근본적으로는 영혼의 존재 때문이다.

　꿈은 왜 꾸게 되는가? 근본적으로 그것은 욕망과 기억이 있기 때문이다. 그것들을 따라 내 영혼을 위주로 해서 대우주의 모든 정보들이 때로는 무질서하게 때로는 질서있게 오고 간다. 선(禪)에서 '깨어 있어라' 는 말은 자기영혼의 크고 넓은 세계를 보고 주체로 삼으라는 의미가 일차적이다. 잠을 푹 자지 못하면 영혼도 문제를 일으키니 잠을 잘 자는 것은 비단 건강 차원에서만 아니라 지혜 차원에서도 극히 중요하다.

　눈에 졸음이 있다는 의미는 시야가 좁아지고 똑바로 보지 못하게 되는 것이니 곧 망념에 지배되어 망심을 나로 삼고 망념이 원하는 것을 내 욕망으로 삼으며 망념이 가진 것을 내 것으로 여기는 것이다. 망념은 족(足)함을 모르니 상대성의 양변(兩邊)에 대한 실상을 제대로 보고 알지 못하여 흐리멍텅하게 한 쪽만 보며 얻고 잃는 욕망에 매달리며 끙끙대고 있다. 그래서 졸리는 눈에 포착되는 것은 모두 허망한 꿈같다는 것이니 곧 삶이 악몽이 된다. 허망한 꿈은 번뇌망상에서 나오는 쓸데없는 욕망을 의미한다. 졸음이 없다는 것은 눈을 똑바로 뜨고 보는 것이니 비로소 양변에 매이는 정체를 깨달아 생생하게 벗어나 대도(大道)를 보게 된다는 의미다. 졸음을 깨고 나면 모든 것이 명료하게 되어 진정 자기에게 필요하고 도움이 되며 불필요하고 해롭게 되는 것을 있는 그대로 알게 되어 길을 잘 가면서도 행복하게 되는 법이다. 나아가 좋고 나쁜 것이 따로 없고 그 무엇도 따로 구할 필요가 없는 자기존재를 보게 되니 곧 내면의 극락이 드러난다. 망념인 꿈에서는 변형을 일으키므로 비치는 대상과 비추는 거울이 따로 있어 주관과 객관의 양변을 벗어나지 못하여 대도가 현전하지 않게 된다. 그런데 졸음이 없으면 모든 꿈이 〈저절로〉없어지므로 졸음을 없애는 것이 본질이지, 꿈을 억지로 없애려고 노력하는 것은 어긋나게 된다. 그것은 꿈속의 꿈이 되기 때문에 더욱 졸음을 깨기 어렵게 되는 것이다.

꿈이 가장 정확하게 들어맞는 경우는 크게 두 가지다. 깨기 직전의 새벽녘 꿈과 대낮에 잠깐 조는 사이의 꿈이다. 이 때 좋은 내용의 꿈이라면 절대 김칫국부터 마시거나 기대하지 말아야 되고 나쁜 꿈이라면 깨고 나서 불교의 광명(光明)진언이나 호신(護身)진언을 무심(無心)으로 3번 외어두는 것이 이롭다. 특히 백일몽에 어떤 존재가 나타났다면 실제로 본인에게 와 있는 경우가 대부분이니 빙의(憑依)현상일 가능성이 높다. 꿈 역시 중도(中道)에 따라 너무 매이지도 말고 무시하지도 않아야 하며 오로지 자기가 혹시 잘못되어 있는 점이 없는지 꿈 내용을 근거삼아 두루 살펴보면 꿈의 가치를 살리고 덕을 크게 보게 된다. 그 때 잘못된 점을 찾아 고치면 반드시 큰 복(福)이 뒤이어 오게 되니 예기치 않은 웃음을 안게 된다.

48.

心若不異 萬法一如

심약불이 만법일여

마음이 다르지 않으면 만법이 한결같느니라

사랑과 미움이 움직이면 인과의 연쇄사슬에 따라 오만가지 법(현상)
이 생겨나고 그것들이 또 나에게 온갖 작용을 가하니 이에 따라 나 자신
이 다양한 구속을 받게 된다. 그래서 사랑과 미움이 곧 나의 일체환경이
되고 일체환경의 뿌리가 곧 사랑과 미움이다. 애욕의 사랑은 열기인지
라 사랑으로 순수한 광명을 드러낼 수가 없다. 이 뜨거움을 일으키는 처
음의 하나는 바로 상대를 탐하는 마음이다. 이 마음이 소멸될 때 비로소
사랑이 밝음을 가져다주고 지속되며 꽃을 피운다. 뜨거움에만 머무르
면 결국 나 자신을 불태우고 만다. 사랑의 욕망이 사라진 자리를 나 자
신으로 삼으면 사랑이 변함이 없게 되고 따라서 일체의 굴레로부터 근
본적으로 벗어나게 된다. 그 때의 사랑은 대우주 법(진리)과 하나가 되
어 있으니 본래사랑이고 곧 내 본심이 머무는 곳이다. 그 법 역시 나와
하나가 되어있어 법이 나의 본래사랑과 별개로 다르게 변하거나 움직
이지 않아 나의 모든 사랑이 곧 자유의 기쁨이 된다.

230

신(神)은 하나지만 또한 내 마음과 법을 따라 천변만화하니 마음이 다르지 않으면 신의 진신(眞身)을 보게 되고 만법이 한결같이 되면 법의 움직임 속에서 보이지 않던 불변(不變)의 신이 드러나니 역시 마찬가지다.

▨▨▨ 심법불이(心法不二)인지라 마음과 법이 본래 둘이 아니므로 마음의 움직임은 곧 법을 전개시키는 것이 되니 마음은 법의 원동력이 된다. 마음이 천 갈래 만 갈래가 되면 그에 따라 법 또한 천법만법(千法萬法)이 펼쳐진다. 그러므로 마음이 변할수록 그만큼 법의 다양한 구속을 받게 되니 마음을 하나로 항상 잘 모아 유지하고 나아가 그 마음조차 소멸시키는 방향으로 살아야 하겠다. 그래야 진정한 자유와 평화가 주어진다. 그 때 법은 나의 대용(大用)이 된다. 즉 나를 겨누고 있던 칼이 내가 요리하는 유용한 도구가 되는 셈이다.

물(水)과 불(火)로 이루어진 생명은 물로 정력(精力)을 이루고 불로 활동력을 삼으니 물이 깨끗하고 불이 뜨겁지 않아야 되는 법이다. 물과 불의 근원은 마음이니 삼계(三界) 밖에 마음이 없는지라, 마음이 깨끗하여 기(氣)와 피가 깨끗하니 심신이 건강하고 밝아 비로소 욕망의 불길은 꺼지고 밝고 또 밝은 광명을 이루어 기쁘게 된다. 이 때 법은 나의 건강한 생명력과 아름다운 행(行)의 결실을 보도록 해주니 전체와 더불어 허공에 기쁨이 끊임없이 가득 차 있게 된다.

도(道)를 간다는 것은 수화(水火)로 이루어진 생명 속에서 화(火) 속의 열기는 없애고 밝은 빛만 남기는 것이다. 그러려면 일단 불 속의 열기를 순차적으로 식혀나가야 된다. 뜨거운 마음의 핵심은 천지대도에서 바라보면 바로 분별심으로 하나를 상반되는 두 개로 나누어 보는 주관이고 둘을 차별하는 어리석음이고 나아가 얻고 버리려는 탐욕인 것이다. 열기(火)를 식히려면 토(土)를 거치고 금(金)을 이룬 후 수(水)를 접해가야 한다. 토(土)를 거치는 것은 곧 믿음과 나누는 보시행을 비롯한 자비심과 일체를 포용하는 평등심을 형성하는 것이다. 금(金)을 이루는 것은 안팎으로 아름다운 결실을 맺는 것이다. 수(水)를 접하는 것은 지혜를 발휘하여 거기서 물러나 가장 낮은 곳으로 스스로 내려가는 것이다. 이렇게 하면 열기가 점점 사그라든다. 그러면서 마음이 다르지 않고 순수해지니 이는 곧 무심(無心)으로서의 일심(一心)이라, 내가 탐욕과 이기심이 사라진 순수한 생명(木)이 되고 이 순수함 속에 불 속의 열기는 사라지고 광명이 점차 드러나는 것이다. 즉, 본래의 순수한 화(火)로 돌아온 것이니 비로소 불(火) 아닌 불(佛)이 된다. 순수함 속에서 나의 광명이 대우주의 광명과 접하면서 하나를 이루니 이른 바 천진불(天眞佛)이다. 이 때 만법(萬法)은 한결같게 된다. 이렇게 천지자연의 순리를 따를수록 도가 높아지고 밝아지는 성인(聖人)이 되어간다.

현상계에서는 각자의 마음이 인연따라 욕망따라 그물처럼 촘촘하게 얽히고 설켜 서로가 서로에게 빠져나올 수 없는 그물망을 이루고 있으니 이 세간은 한마디로 마음덩어리인 셈이고 나는 그 속에 하나의 티끌인 것이다. 마음과 마음의 충돌로 인한 열기(熱氣)와 강력한 집착이 공간과의 마찰로 발생하는 열기가 공간의 화기(火氣)를 강화시켜 뜨거운 불길로 타오르게 하고 너무나 강렬하고 뜨거워 화택(火宅)세계가 되어 그 불길에 온 몸이 휩싸여 아우성친다. 그래서 부처님의 감로수를 그렇게 기원한다. 집착이 강할수록 마음이 이렇게 저렇게 분주하게 움직이고 대상과의 마찰과 충돌이 커지니 열기가 강해져 얼굴이 울그락불그락하는 붉은 기색을 띠거나 더 심해지면 정반대로 얼음보다 차갑고 눈보다 하얗게 되는 것이다. 물과 불은 본래 근원이 같기 때문이고 또한 차갑고 하얗게 되는 것은 반대극으로 순간 이동한 것이니 붉은 기색보다 더 강해진 것인지라 더욱 위험하다. 순리를 거역하고 욕망을 통해 곧바로 수(水)를 접하게 되면, 즉 조급하게 도를 닦는 것은 물과 불이 맞상대로 만나 시커먼 연기가 피어오르며 물의 깨끗한 정(精)은 혼탁해지고 불의 밝은 신(神)은 가려버리게 되니 건강한 생기와 밝은 성품을 멸실하고 자연히 정신이 흐려지면서 사기(邪氣)가 강해져 악심(惡心)이 크게 드러나 마침내 마(魔)의 침범을 받게 된다. 자연은 몸 안에서 불(火)기운을 상승시키고 물(水)기운을 하강시키며 서로 분리시키고 몸과의 경계로 인체가 품고 있는 힘이 점차 허공으로 빠져나가게 만든다. 그렇게 법(法)은 상하(上下)와 내외(內外)의 모순의 힘으로 심신의 건강과 수명을 제한시키니 수행은 곧 마음을 깨우쳐 허공의 힘을 얻고 물과 불의 동일한 근원을 찾아 이 모순을 원만하고 자연스럽게 벗어나는 일이다. 이 때 마음이 다르지 않게 되니 만법도 한결같아질 수밖에 없다.

  마음이 다르다는 것은 두 가지인데, 하나는 앞마음과 뒷마음의 연속적인 생멸(生滅)이고 다른 하나는 대도(大道)와 어긋나 다름이다. 허망함과 지속적인 고통으로 늘 마음이 불편하고 뭔가에 걸려 있게 된다. 그래서 다른 마음에 따라 만법이 다르게 움직이니 휴식이 없게 된다. 여기서 근본적으로 벗어나려면 당연히 마음이 다르지 않고 한결같아야 되니 이는 곧 법이 한결같게 됨을 이루는 것이고 마음과 법이 온전하게 하나되는 것이다. 이 때의 마음을 일컬어 평상심(平常心) 또는 항상심(恒常心)이라고 부른다. 평상심을 찾아라고 말하는 것은 법을 곧 한결같게 하라는 의미가 된다. 이것은 있고 없음, 되고 안됨의 지나친 분별심과 차별심에 대한 집착을 버리고 얻거나 버리려는 데 너무 애쓰지 말라는 것을 뜻한다. 마음이 일관되어 다르지 않으면 법 또한 항상 여여(如如)하게 된다. 마음이 변동이 없이 고정되어 있는 것은 죽은 것이다. 마음을 억지로 한결같이 유지하는 것 역시 마찬가지다. 그것 자체가 벌써 자기 자신과 법과 싸우는 또 하나의 차가운 마음을 만든 것으로 혹을 하나 더 붙이는 어리석음이다. 유심(有心)은 절대로 다르지 않게 할 수 없고 불가능하다. 유심으로 하는 행(行) 역시 제행무상일 수밖에 없다.

평화란 말 그대로 거칠고 불규칙한 움직임이 사라지고 조화와 질서를 갖춘 잔잔한 생명력이 생생하게 활동하게 될 때를 말한다. 그러므로 마음 역시 두 마음이 없고 법 역시 다르지 않고 한결같아야만 자기존재의 평화가 이룩된다. 어느 한 쪽에 머물고 취하려는 마음을 가진 이상 그에 따라 법이 선하고 악한 작용을 쉼없이 반복하게 되므로 평화는 불가능하게 되고 생명력은 쇠잔하고 만다.

재물은 도(道)와 상반되지 않는다. 단지 도(道)가 재물을 자연에 들어맞게 활용하느냐 하는 점만 있을 뿐이다. 자연은 있는 곳에서 없는 곳

234

으로, 높은 곳에서 낮은 곳으로 한 순간도 쉼없이 모든 것을 움직인다. 그 움직임이 너무나 미세하여 모든 것이 눈앞에 드러나는 것이 시간문제일 뿐이다. 그래서 결국은 있다가 없어지고 높다가 낮아지는 법이다. 재물을 자연의 흐름과 같이 흘러가게 한다면 이 사람은 도(道)를 풍성하게 가꾸어주는 사람이니 자연히 도(道)가 드러나게 된다. 그런데 마음속에 재물을 두고 있다면 이는 곧 고정시키는 것이니 도(道)와 어긋나게 된다. 마음이 도(道)와 어긋나니 도(道)가 드러나지 않는 것일 뿐 재물 그 자체는 아무 관계없다. 마음을 비웠다면서 재물을 많이 가지고 있는 사람은 도(道)와 더욱더 멀어진다. 자기 마음 안팎이 달라 위선이 되어 스스로를 배신하기 때문이고 도(道)까지 탐욕을 부리니 팔자에도 없는 큰 문제가 생기고 만다. 그래서 성인(聖人)은 어쩔 수 없이 안팎으로 가난한 사람들을 상대할 수밖에 없다. 부자에게는 보시밖에 가르칠 것이 없기 때문이고 이것은 가르칠 것도 없는 상식에 지나지 않기 때문이다.

49.

一如體玄 兀爾忘緣

일여체현 올이망연

한결같음은 본체가 현묘하여 올연히 인연을 잊어서

내가 사랑하고 미워하는 상대와의 인연은 그 이전에 내가 주관으로 만든 상대를 대하여 생긴 인연이니 뿌리가 없어 뜬구름같은 망념(妄念)에 의한 인연이다. 그러므로 본래사랑과 법이 한결같이 이루어진 그 자리에 내가 들어가지 못하고서는 어떤 노력을 해도 한계가 있게 된다. 애쓸수록 이 사랑과 인연을 잊지 못하고 더욱 강하게 각인시키고 만다. 그런데 법과 일체화된 본래사랑을 품고 있는 그 자리를 보고 나 자신의 성품으로 이루니 사랑과 미움이라는 망념에 의한 인연이 올연히 사라지니 신묘한 일이다. 그 이유는 내가 따로 움직이지 않는데도 저절로 순식간에 사라지기 때문이다. 그 때 그 인연은 진여(眞如)에 의한 인연이 되니 나의 자유로운 사랑으로 큰 덕을 입게 된다.

신(神)은 어지러운 인연 가운데서도 한결 같으니 내 마음이 인연에 어둡지 않으면 신을 밝게 볼 수 있다.

▨▨▨ 마음이 다르지 않아 만법(萬法)이 일법(一法)으로 한결같게 될 수 있는 이유는 바로 본체가 현묘(玄妙)하여 인연을 잊었기 때문이다. 즉, 마음과 법이 본래부터 하나인데 그 하나의 근본이 바로 본체이다. 선(禪)에서 현묘한 본체는 '석가도 알지 못하거니 가섭이 어찌 전할 수 있을건가(釋迦猶未會 迦葉豈能傳)' 라고 표현하고 있다. 마음과 법과 본체도 본래 하나다. 그러므로 마음을 깨달았다고 해도 되고 법을 깨달았다고 해도 되고 본체를 깨달았다고 해도 된다. 비로소 삼라만상과 우주를 밝히는 대광명(大光明)이 눈앞에 드러난다. 본체가 현묘함은 깊고 고요하며 빛나면서 움직이지 않아 만상(萬象)의 뿌리와 근본이 되니 현(玄)이고 그러면서도 만법과 마음을 무한히 자유롭게 전개시키며 또한 동시에 일체를 거두니 묘(妙)다. 그래서 천차만별의 상(相)이 전개되고 있지만 실은 일여(一如)한 모습이고 일여한 모습을 하고 있지만 또한 천차만별의 상을 드러낸다. 이것은 홀로그램 영상처럼 '일즉다 다즉일'(一卽多 多卽一)이니 '하나' 라고 할 수도 없고 모든 것이라고 할 수도 없다.

올연히 인연을 잊지 못하면 마음과 법이 한결같을 수 없고 현묘한 본체를 깨달을 수 없으니 결코 신(神)을 보지 못한다. 그러므로 실제 노력할 바는 본체를 알려고 할 것이 아니라 인연을 올연히 잊어버리는 방향으로 가는 것이 된다. 인연으로 눈이 가려져 있고 그 인연들이 또한 망심(妄心)으로서 나 자신의 마음과 법이 되어 있기 때문에 정신이 늘 복잡하여 이 상태로는 목숨까지 바쳐 본체를 알려고 해도 도저히 알 수가 없다. 그래서 일단은 밖의 인연이라도 잊은 채로 도를 닦으라는 것이다. 인연을 올연히 잊어버린 사람에게는 종교의 형식과 외향은 자신에게 큰 의미도 없고 오로지 부처님을 비롯한 신(神)만 있을 뿐이다.

인연을 잊는다고 하는 의미는 내가 있고 상대가 있어 서로 연결되어 때로는 가까워지고 때로는 멀어지는 마음에서 벗어난다는 것이다. 인연을 올연히 잊는 길은 두 가지가 있는데, 나와 상대방을 본래부터 하나로 보는 것과 처음부터 상대방을 부처로 보는 것이 그것이다. 본래부터 하나라면 인연이란 말은 성립하지 않는다. 또한 처음부터 상대방이 부처라면 인연을 맺고 끊고 하는 말 자체가 들어설 수가 없다. 부처는 인연에 매인 존재가 아니기 때문이다. 어느 것을 선택해서 나아갈지는 자기 자신의 자유이다. 다만 인연을 진정으로 몽땅 잊어버리는 것이 중요한 것이다. 천천히 조금씩 인연을 잊는 다는 것은 불가능하니 움직이지 않은 채로 그 자리에서 우뚝 서서 천상천하 유아독존으로 단박에 잊는다. 이렇게 되면 인연을 맺는 것도 아니고 끊는 것도 아니게 된다. 왜냐하면 인연에 접한 의식이 티끌만큼이라도 남아있으면 먼 인연과 가까운 인연, 나와 남으로 나누어지고 저절로 차별과 분별이 생겨 천차만별의 현상만 볼 뿐 일여하여 차별과 분별이 본래 없는 본체를 보지 못하게 되기 때문이다. 그런데 그 본체라는 것도 따로 없다. 마음이 무심(無心)이니 법 또한 달리 움직일 수 없어 한결같을 수밖에 없다. 나로 인해 만법(萬法)이 일여(一如)하게 되니 고정되지 않고 중구난방의 욕망을 따르지도 않으며 본체와 그 무심에서 나오는 자유묘용(自由妙用)한 마음을 따라 일체생명에게 이롭도록 일관되게 전개된다. 즉, 마음과 법과 본체가 하나로 체(體)가 되어 나의 중립된 상(相)을 통해 용(用)을 표출하는 것이다. 이 때의 상(相)은 방편이 되고 용(用)은 걸림이 없는 행(行)이 되니 무애행(無碍行)이고 이득(利得) 면에서 자리이타(自利利他)요, 이 때 만법(萬法)이 곧 일법(一法)이 되고 일법(一法)이 곧 무법(無法)이며 도(道)가 된다.

〈장식〉

나를 힘들게 하는 인연을 벗어나는 길은 오로지 나의 망심과 신(神)에 달려 있을 뿐, 상대와 밖에 있지 않다. 상대와 밖을 향하여 노력한다는 것은 곧 그 대상에 마음이 달라붙어 집착하고 다툰다는 의미고 법에 대항하는 일인지라 더욱 더 자승자박하게 되어 결국은 패배하고 만다. 그 길은 인연으로부터 얻고 잃는 것에 초연하고 사랑하고 미워하는 마음과 괴롭고 편한 마음에 머물지 않는 데 있으니 이와 같다면 머지않아 인연이 저절로 멀어지게 된다. 애초에 인연을 만든 마음을 소멸시켜야 인연이 잊어지기 때문이다. 그러므로 인연과의 싸움은 곧 나 자신과의 싸움이 되는 것이고 나의 마음을 항복받는 일이 곧 이기는 것이다. 내가 나를 이겨버리면 내가 끌어들인 인연 역시 법에 의해 서로에게 벗어나지게 됨은 너무나 지당한 자연현상이다. 전쟁에서 장수를 베면 병사들은 흩어져버리는 법이다. 지피지기면 백전백승이라고 하나 자기를 스스로 이겨야 진정 만전만승(萬戰萬勝)이 된다.

〈장식〉

50.
萬法齊觀 歸復自然
만법제관 귀복자연

만법이 다 현전함에 돌아감이 자연스럽구나

　나 자신을 사랑한다는 것은 나 자신을 있는 그대로 알게 되는 것이다. 나 자신을 미워한다는 것은 나 자신에 대해 눈을 감고 모르게 되는 것이다. 그러므로 나 자신을 사랑할수록 지혜가 생겨나므로 사랑도 원만하게 되어가고 사랑의 덕(德)을 얻는다. 나 자신을 미워할수록 욕망과 감정이 위주가 되므로 사랑이 일그러지고 어긋나게 되니 최종결과는 고독일 뿐이다. 상대를 사랑한다는 것은 상대를 알고 이를 통해 더 큰 세계를 접해가는 것이다. 상대를 미워한다는 것은 상대를 모르고 내가 더 좁은 세계로 갇히는 것이다. 나 자신과 상대를 있는 그대로 알수록 주고받던 사랑이 저절로 자연에 맞게 재조정되어 나 자신과 일체상대 사이에 사랑이 조금의 간격도 없게 된다. 완전히 합일(合一)된 사랑으로서 사랑의 화신이 된 것이다. 진정으로 나 자신을 사랑한다면 사랑의 집착에서 원만하게 벗어나게 되니 눈이 밝아져 모든 사랑과 미움이 눈앞에 환하게 드러나고 순수한 본래사랑으로 저절로 돌아가는 때문이다.

신(神)을 보면 만법이 모두 현전하고 만법이 모두 현전하면 곧 신을 보게 되니 비로소 망심이 근원적으로 끊어지게 되어 나 자신과 일체가 저절로 신으로 돌아간다.

▨▨▨ 조급함과 짐작과 목표지향적 사고방식은 한없이 제자리를 맴돌게 만든다. 본체에 대해 열심히 공부해봐야 헛것이 되고 만다. 필요한 것을 하나하나 해나가다 보면 인연과 시간을 잊었을 때 본체는 저절로 눈앞에 나타나서 만나게 되어 있다. 그렇다고 본체에 대해 아무 생각도 하지 않는 것은 또 다른 치우친 변견일 뿐이다. 도를 닦는 궁극적인 의미는 늘 잊어버리지 않고 알고는 있어야 되는 법이다. 그렇지 않으면 다른 길로 새고 만다. 길 없는 길이라고 아무 길이나 가면 되는 것이 아니다. 그것은 자기 상념(想念)으로는 갈 수 없다는 사실을 알려주는 것이다. 자기 상념을 길잡이로 삼으면 안된다. 상념을 아무리 가져도 본체는 항상 상념 저 너머에 있다.

만법이 모두 눈앞에 드러난다는 것은 물질세계의 움직임과 본질 뿐만이 아니라 영혼세계를 포함한 비(非)물질세계의 모든 모습, 즉 음양(陰陽)을 비롯한 제법(諸法)의 일체 움직임과 부동(不動)을 보게 된다는 것이다. 이것이 시방삼세를 모두 보고 아는 부처님의 대지혜를 얻게 되는 것이다. 만법을 애써 노력해서 보는 것이 아니라 자기의 분별집착심이 사라질수록 점점 또렷하게 나타나니 자연히 보이는 것이다. 보려고 하면 더욱 보이지 않는다. 작은 것은 보일지언정 정작 자기가 기대하는 큰 것은 보이지 않는다. 말할 수 없고 글로도 표현할 수 없다.

만법이 눈앞에 모두 현전한 그 사람은 어떻게 되는가? 자성청정심(自性淸淨心)으로 돌아가는 것이 애씀이 없이 자연스럽게 된다. 즉, 그 사람은 물질세계에 속한 사람이 아니라 명실상부하게 영혼세계까지 포함한 대우주에 속한 신령스러운 존재—대우주에서 바라보면 완전히 평범해진 존재—가 된다. 물질의 감옥에 갇힌 동물원의 동물이 아니라 대우주를 집으로 삼는 자유인(自由人)이 되는 것이다. 이렇게 되는 순간을 두고 깨달았다, 견성했다, 부처가 되었다, 본래 청정한 자성(自性)을 회복했다, 하는 등등의 용어를 사용하는 것이다. 이렇게 되는 것은 힘들지 않고 분별하여 애쓰는 마음만 모두 버려진다면 본체와 만법이 현전하고 그러면 자성청정심으로 돌아가기 위해 힘들지도 않고 애써 노력할 이유가 없는 법이다. 손에 쥐고 있는 것을 놓는 것이나 옷을 벗는 것이나 낑낑대며 힘을 쓰는 것이 오히려 부자연스럽지 않은가? 돌아간다고 하니 또 돌아가는 길이 따로 있는 줄로 착각할 수 있으니 조심해야 한다. 시작이나 과정이나 결과나 일체가 자연(自然)인 것이 도(道)와 선(禪)이 된다. 그래서 분별집착심은 항상 도를 어기는 것이 되어 업(業)이라는 쓰레기를 낳고 자기가 낳았으니 남에게 줄 수도 없고 주어도 받지도 않으니 자기가 그 악취를 어쩔 수 없이 맡아야 하는 것이다.

모두가 자연스럽게 서로 사랑하고 자비를 베풀며 아름다운 마음이 드러나는 일이 인류의 과제인데, 지금 과정이 삐거덕해서 문제지만 언젠가는 그렇게 된다. 왜냐하면 그렇게 되어있는 것이 자연의 근본성품이고 이것은 곧 모든 생명의 성품이기도 하며 인간의 모든 인위적인 행(行)이 자연에 거스르는 부분은 점차 소멸되므로 결국 도(道)에 합치되는 것만 남기 때문이다. 또한 아날로그인 인간의 인위적인 행위도 지치는 때가 오게 되어 있고 욕망의 불길은 자기 자신을 쉼없이 활활 태우므로 반드시 꺼지게 되어 있어 그렇다. 그러니 우리는 아무리 고통스럽다고 해도 희망을 영원히 가질 수 있고 이 희망의 최종근거는 천지자연의 대도(大道)가 된다. 그러므로 개개인의 마음이 도(道)를 따를수록 개인은 물론 인류의 과제는 앞당겨 완성된다. 더구나 많이 가지고 힘있는 사람이 앞장설수록 더욱 더 앞당겨지게 됨은 당연하다. 그런데 많이 가진 강자(强者)는 도를 더욱 거스르는 사람이 되고 마니 이 점이 관건이고 더디게 진행되는 이유다.

51.
泯其所以 不可方比
민기소이 불가방비

그 까닭을 없이 하여 견주어 비할 바가 없음이라

사랑을 주고 받고 미움을 가지고 없애는 등의 일에는 까닭이 있다. 무엇 때문에 그래야 한다는 까닭은 사랑을 부자연스럽게 만들고 그 까닭에 내 자신이 매여버리게 된다. 그래서 사랑도 미움도 제대로 해나갈 수가 없다. 순수한 본래사랑은 그런 것이 없다. 사랑해야 되는 이유도 없고 사랑하지 말아야 하는 이유도 없다. 사랑받아야 하는 이유도 없다. 그런 까닭 없이 저절로 움직이니 그 무엇과도 견주어 비교할 수 없다. 내 존재 전체가 텅 빈 중심이 되면서 상대를 모두 포용하기 때문이고 이것도 자연스럽게 그렇게 되기 때문이다. 본래사랑은 사랑하는 방법도 없고 사랑받는 방법도 따로 없다. 그러므로 자유롭게 서로를 가득 채운다.

신(神)을 대함에 있어 신을 보려는 까닭이 사라지면 신은 저절로 드러나고 기도 역시 항상 자연스럽게 된다.

▨▨▨ 만법이 다 현전하여 자성청정심으로 돌아가는 것이 자연스러운 까닭이 무엇이냐고 할 때 그 까닭은 말로 표현할 수 없으니 까닭에 의지하지 않아야만 된다. 즉, 이유를 캐묻지 말라는 것이다. 생각할 수 없는 해탈경계(解脫境界)이므로 그냥 믿어야 되는 것이다. 인연을 올연히 잊지 못하는 것은 '～ 때문에' 라는 이유에 마음이 항상 묶여 있기 때문이다. 본체(本體)는 '～ 때문에' 라는 것이 없다. 그냥 본체일 뿐이다. 비교대상도 없고 말할 수도 없다. 까닭이 있으면 그에 해당하는 법에 사로잡히고 집착분별심이 생겨 본체가 현전하지 않고 그렇게 되면 자성청정심으로 돌아가는 것이 되지 않아 모든 것이 부자유스러워진다. 또한 까닭은 '～을 위해' 라는 목표의식을 저절로 생겨나게 만드니 그에 사로잡혀 아무리 수행하더라도 현상계와 욕망의 경계를 절대 넘지 못하게 된다.

까닭(所以)이란 무엇인가? 바로 '～ 때문에 그렇다' 는 것이다. 이것은 바로 욕망의 존재와 집착을 강화시키고 스스로 인과(因果)와 인정(人情)에 늘 걸리게 한다. 만법이 일여(一如)하게 현전한다는 것은 바로 이 까닭이 사라진다는 것이고 그것은 인과를 항상 낳는 분별취사심과 차별법에서 벗어난다는 사실이 된다. 그리고 그것은 그 어느 것에도 견주어 비교할 것이 없게 된다. 유일독존(唯一獨尊)이 되는 것이니 무엇에 비할 수가 있겠는가? 운명(運命)은 바로 정(情)과 까닭에 매여사는 것이다. 그러므로 나는 사람이라는 마음과 항상 '～ 때문에 그렇다' 고

생각하는 사람일수록 운명의 고리에 더욱 얽매여 들어가게 된다. 대장
부일수록 까닭은 있을지라도 자기 자신에 대해 더욱더 집중하는 법이
다. 그리고 자기의 뿌리로 돌아가 마침내 까닭을 떨쳐내버린다. 이것이
운명을 개척하고 만들어가는 것이 된다. 무엇에 의존하고 의지할수록
운명을 타파하고 새롭게 창조하는 것이 어려워지는 법이다. 오히려 핑
계만 더해진다. 무슨 일을 하든 이유를 늘 입에 달고 사는 사람은 도(道)
를 닦으면 자칫 자기존재가 도(道)의 포로가 되니 조심해야 된다. 도를
닦는다는 것은 까닭이 하나하나 저절로 떨어져나가다가 마침내 까닭을
무한정 만들어내는 공장 자체가 소멸되는 것이기도 하다.

　법을 통해 깊이 들어가든 자기 자신을 통해 깊이 들어가든 근본에서
는 까닭이 사라지고 만다. 도(道)는 까닭이 없으므로 거기서 영원한 자
유와 해방이 이루어진다. 까닭이 떨어져나가면 목표의식도 저절로 떨
어져나가게 되니 일체가 자연스럽게 되어 천지자연의 대도(大道)와 하
나가 될 수 있다. 그러면 어떻게 까닭을 없게 할 것인가? 근본적으로는
나 자신을 깨달아야 까닭으로부터 벗어나게 되지만 일차적으로는 까닭
과 중도실상(中道實相)을 잘 통찰하여 까닭이 만든 자기욕망에 휘둘리
지 않아야 된다. 나아가 마음이 머물 까닭을 스스로에게 무의식적으로
주지 말아야 한다.

　까닭을 없이 하라고 하니 또 ‘왜?’ 라는 의문을 가지지도 않는 것은
또 다른 분별심이다. 까닭을 무시하는 것도 까닭에 걸려드는 것이니 더
욱 어리석은 사람이 된다. 그러므로 처음부터 ‘왜?’ 를 없이 하는 것이

아니라 만법과 본체가 모두 다 현전하고 나서 비로소 '왜?'를 없게 해야 자연스럽게 돌아가게 되는 것이다. 처음에는 까닭을 철저히 붙들고 들어가야 한다.

내가 생각하고 행하는 일체는 가만히 따져보면 하나하나 모두 어떤 까닭에 걸려 있음을 알게 된다. 설사 그 까닭를 모르더라도 무의식 속에 그것이 담겨 있다. 그래서 항상 인연과 인과의 법과 정(情)에 걸리게 되고 넘어지게 되는 것이다. 그렇다고 아무 까닭없이 하는 것은 또 비정상이니 까닭 있음과 까닭 없음의 양쪽에 매이게 되면 그만 꼼짝달싹 못한다. 불법은 이 까닭을 근원적으로 없애주어 자유로운 생각과 자연스러운 행(行)을 가능하게 해준다. 결과 역시 원만하게 된다. 문제는 항상 까닭을 찾는 습성이다. 그것이 있고 없음이 진정 문제가 아닌 것이다. 까닭을 찾는 진정한 이유는 바로 마음이 머물 구실을 마련하기 위함이다. 이른 바 내가 집착하게 되도록 만드는 강력접착제인 것이다. 일만 가지 이유가 곧 일만가지 번뇌망상인지라, 성인(聖人)의 가르침에는 까닭을 달지 말고 일단 마음과 행(行)으로 따르는 것이 도움이 된다. 까닭을 붙이면 자칫 성인의 가르침이 아니라 자기의 주관적인 견해가 되어 버리니 곧 알음알이다. 해탈하고 나면 까닭은 사라지고 방편만 남는다.

52.
止動無動 動止無止
지동무동 동지무지

그치면서 움직이니 움직임이 없고 움직이면서 그치니 그침이 없나니

　사랑이 진정한 사랑이 아닌 이유는 그 속에 미움을 품고 있기 때문이고 미움이 진정한 미움이 아닌 이유는 그 속에 사랑을 품고 있기 때문이다. 그래서 사랑하는 것도 아니고 미워하는 것도 아닌 이상한 요물이 사랑이다. 사랑하다가 안하다가 미워하다가 안하다가 하는 등 왔다갔다 하면서 이 쪽 저 쪽 뚝뚝 끊기는 마음을 내려놓고 나니 본래사랑이 드러난다. 본래사랑은 그대로 변함없이 있으면서 쉼없이 모든 사랑이 저절로 포섭되고 저절로 내보내지므로 본래사랑이 따로 움직이거나 그치는 없다.

내가 움직이면 신(神)이 움직이고 신이 움직이면 내가 그치는 것은 분별 망념에 의한 일이다. 신이 나를 부려서 일을 한다거나 내가 신을 통해서 일 한다는 것 역시 마찬가지다. 신은 나와 숨바꼭질을 하지 않는다.

▨▨▨ 내가 움직이니 귀신도 움직이고 귀신이 움직이니 내가 움직인다. 내가 그치니 귀신도 그치고 귀신이 그치니 나도 그친다. 내가 귀신이고 귀신이 〈나〉였는데, 움직이고 그치는 내가 사라지니 귀신도 사라지면서 그 자리에 나와 귀신이 또렷이 드러난다. 나는 〈나〉요, 귀신은 귀신이다. 이렇게 사람도 귀신도 서로를 해(害)하지 않게 되니 덕(德)이 사람과 귀신 서로에게 쌓여간다. 덕이 쌓이고 쌓여 항상스럽게 되면 이루지 못할 일이 없다.

생명은 마음이 머물고 있는 욕망으로 인해 움직임과 그침을 잠시도 쉬지 않고 반복하며 죽은 후에도 영혼이 계속 이어간다. 그런데 그친다고 해도 움직임 가운데 일부분만 잠깐 그칠 뿐이고 움직인다고 해도 그침 가운데 일부분만 잠깐 움직일 뿐이니 한 몸에 움직임과 그침이 동시에 상대적으로 이루어져 모순이 생긴다. 당연히 부분적인 움직임과 그침이 될 뿐이며 마음껏 움직이지도 못하고 온전하게 쉬지도 못한다. 나아가 그칠수록 움직임이 더하고 움직일수록 그침이 더하게 되니 서로의 저항으로 인해 내면의 긴장이 멈출 순간이 없다. 또한 움직임과 그침이 순수한 자유의지만이 아니라 법이 개입되어 있어 보이지 않는 구속으로 인해 욕망과 수시로 충돌한다. 이렇게 되니 움직임과 그침에 순수한 마음을 담기 어렵고 자연히 번뇌망상을 키우게 된다. 최종적으로는 움직임과 그침이 모두 헛되고 덧없는 일로 기억에 남게 된다. 그리고 이것들은 습(習)을 형성하여 인연을 따라 후손의 DNA에 전해지는 유산이 되고 동시에 본인의 차후 운명에 끼어드니 곧 내생의 천성(天性)과 길흉화복의 근본이 된다.

움직이면 쉴 수 없고 그치면 활동할 수 없으니 움직이거나 그치거나 하는 것은 양쪽 모두 곧 사멸(死滅)이다. 그침(止)을 죽음이라고 보고 움직임(動)을 삶이라고 대비해 살펴보자. 죽어가면서 살아가니 진정한 삶이 없고 살아가면서 죽어가니 진정한 죽음이 없다. 진정한 삶은 영원한 삶이고 진정한 죽음은 영원한 죽음으로써 영원히 죽어야 영원히 살고 영원히 살아야 영원히 죽으니 진여법계에서 보면 움직임과 그침, 삶과 죽음은 하나이다. 생사(生死)문제만 해결되면 일체번민이 사라지니 자유롭게 된다. 삶 가운데 죽음이 있으니(生中死) 살려고 하는 자는 죽고 죽음 가운데 삶이 있으니(死中生) 죽으려고 하는 자는 산다. 생사불이(生死不二)니 생즉사(生卽死) 사즉생(死卽生)이고 생사일여(生死一如)니 삶도 죽음도 따로 없이 면면이 이어지고 있다.

도(道)의 작용으로 우주공간의 암흑물질은 중력(重力)으로 수렴하여 물질적 욕망과 소유의식이라는 움직임을 만들고 암흑에너지는 척력(斥力)으로 팽창하여 영적(靈的) 욕망과 무소유의식이라는 그침을 만든다. 중도(中道)는 이것으로부터 영원한 자유를 얻는 길이다. 이 때의 자유는 부증불감(不增不減)이 된다. 도(道)의 본체는 따로 움직임이 없고 따로 그침이 없어 움직임과 그침이 눈에 드러나지 않는다. 영원한 그침으로 영원한 움직임을 이루고 영원한 움직임으로 영원한 그침을 이루고 있다. 신(神) 역시 그러하니 내가 그 속에 들어가 있으면 될 일이지만 아

250

직 부족하니 내가 따로 신을 청하여 기도하는 것은 필요하다. 해탈은 영원한 움직임이고 열반은 영원한 그침이니 곧 해탈열반이다. 삶과 죽음이 자유자재하여 움직임과 그침이 나누어진 둘이 아니게 된다. 여기에는 따로 쉬는 것도 없고 따로 활동하는 것이 없다. 움직임과 그침이 본래 따로 없는 것이면서 동시에 명백하게 드러나 있어 융통자재하게 서로를 즉(卽)해 이루어지니 움직임과 그침, 삶과 죽음 사이에 다툼이 없다. 이 때는 움직임과 그침, 삶과 죽음에 있어서 헛됨이 일체 없다. 그러므로 신심(信心)이 깊어지면 비로소 양변으로부터 근본적으로 벗어날 수 있게 된다. 도(道)에서 보면 없는 데서 움직임과 그침이 나오니 곧 둘이 따로 있는 것도 아니고 움직임과 그침도 본래 있던 것이 아니다. 크게 보면 오로지 나 홀로 움직임과 그침을 왔다 갔다 하는 것이 문제일 뿐이다. 그래서 분별심이 완전히 사라져 신령세계에 자유롭게 오가며 도(道)가 높아질수록 그침과 움직임이 깊어지고 온전해지게 된다. 대도(大道)는 그러하지만 현상계에서 움직임과 그침의 양변을 오가는 상(相)으로 존재하는 우리는 일단은 움직임과 그침을 잘 조화를 이루면서 균형을 잡아나가도록 운용해야 되는 법이다. 그러므로 선지식이 금생은 물론 내생에도 다시 와서 사람들과 함께 움직이고 그치면서 깨닫게 해주는 것이 자비다.

움직임은 힘의 발산(發散)이고 인연이며 그침은 힘의 저장(貯藏)이고 독존이니 어느 한 쪽의 흠결은 상대 쪽의 흠결을 동시에 가져온다.

움직임과 그침을 잘못 쓰면 망하게 되는데, 그 기준은 나의 역량과 천지의 시공간과 인연관계에 있게 된다. 나의 인생 전체가 움직임과 그침 중어느 것을 위주로 할 것인가는 운명을 잘 살펴야 하고 나의 역량도 잘살펴야 하며 인연관계의 도움 여부도 잘 살펴야 한다. 이 가운데 어느하나라도 모자라면 원만하게 되지 않는다. 운(運)이 좋을 때는 움직임을 주(主)로 삼고 그침을 부(副)로 하여 움직임 속에 그침을 담고 운이나쁠 때는 그침을 주(主)로 삼고 움직임을 부(副)로 해서 그침 속에 움직임을 담아야 인생을 파도타기하듯 잘 헤쳐나가게 되고 질서가 엉클어지지 않으면서 뭔가를 이루게 된다. 움직임과 그침을 아는 것이 곧 분수를 아는 것이고 안과태평하게 사는 것이다. 움직임과 그침은 곧 업(業)이 되어 내생에 이어지는 것이니 그만큼 바르고 강한 정신력을 동원해 지혜롭게 해내야 한다. 가장 나쁜 것은 움직일 때는 살아있는 감각을 느끼고 그쳐 있을 때는 죽은 감각을 느끼는 것이다. 이는 양변을 쪼개 이 쪽 저 쪽 강하게 머무르는 것이니만큼 인생에 큰 회한을 가져오게된다. 엑셀과 브레이크는 서로를 보조해주는 것이지, 서로를 배척하는것이 아니다.

53.

雨旣不成　一何有爾

양기불성 일하유이

둘이 이미 이루어지지 못하거니 하나인들 어찌 있을손가

　　사랑과 미움, 사랑을 한다 안한다, 미워한다 안한다는 것이 동시에 사라져 영원히 사랑하고 있는 본래사랑이 드러났거늘 어찌 사랑을 하고 안하는 나 자신이 따로 있겠는가? 비로소 나와 본래사랑이 일체가 되어 사랑의 욕망이 사라졌으니 항상 사랑이 넘쳐흐르고 있다. 사람들이 내게 와서 받아들이고 느끼면 되는 일 외엔 아무 것도 하릴없고 나 자신도 사랑을 찾아 헤맬 이유도 없다. 이렇게 되지 못하고 있다면 아직 사랑과 미움, 하고 하지 않음에 나의 영혼이 붙잡혀 있음을 알아야 한다.

나와 신(神)이 본래 주체와 객체로서 상대성을 가지고 이루어진 것이 아니므로 나 자신이나 신이나 어찌 각각 있을 수 있겠는가? 없는 나 자신이 없는 신을 찾으니 허깨비가 춤을 춘다.

▨▨▨ 하나(一)는 둘(二)을 생(生)하고 둘은 하나로부터 나왔으니 둘이 사라지면 그 하나 역시 있을 수가 없게 된다. 움직임과 그침, 생(生)과 사(死)의 양변은 분별심의 주체가 있음으로써 나타난 법이니 내가 사라져도 양변이 소멸하고 양변이 소멸해도 내가 사라진다. 그러므로 하나가 잘못되어 있으면 양변이 항상 문제를 일으키게 된다. 크게는 생사(生死)의 고통이고 작게는 생사의 범위 내에서 행복과 불행, 되고 안 됨, 편함과 불편함 등등이 계속 요동친다. 법을 일으키는 그 하나를 그대로 놔두고 양변을 아무리 수리해봐야 한계가 있게 된다. 나 자신이 사라질 때 무념(無念)이 된다. 무념 속에는 생사(生死)와 주객(主客)으로 나뉘는 양변이 없다. 둘(二)이 없어지니 하나(一) 역시 사라져 하나를 생(生)한 도(道)로 직접 들어간다. 그래서 무념이 곧 도가 된다.

하나를 붙드는 것은 둘을 붙드는 것이고 둘을 붙드는 것은 하나를 붙드는 일이 된다. 그러므로 둘을 버리고서 하나가 남아 있다는 것은 둘을 완전히 버리지 못한 것이다. 또한 하나가 소멸했는데도 둘이 남아 있다는 것은 하나가 완전히 소멸하지 않은 것이다. 중도(中道)를 간다는 것은 양변을 여읜 길을 간다는 것이고 이것은 양변을 낳는 망념을 소멸시킨 것을 의미한다. 천천히 조금씩 소멸시키는 것은 여전히 양변에 붙들려 있는 것이 되므로 해탈열반은 불가능하여 불가(佛家)의 근본이 아니게 됨은 당연하다.

많은 것이 문제가 아니라 항상 근본의 하나가 진정코 문제가 된다. 그 하나를 잘 놓으면 양변에 갇혀 있던 자기존재가 크게 해방되어 미래의 만 가지를 자유롭게 얻을 수 있는 사람이 되고 그 하나를 잘 놓지 못하면 자기존재가 양변이 낳은 셋과 이로부터 뻗어나온 삼라만상의 포로가 되어 존재한다. 인생에서 마지막 하나마저 놓게 되는 때가 본의 아니게 한 번 정도는 오게 되는데, 평소 법을 잘 터득하고 있는 사람에게는 환골탈태하는 절호의 기회가 되니 놓치지 않기 바란다.

움직임을 크게 할 때는 반드시 상대를 제압할 수 있을 때라야 되고 그침을 크게 할 때는 상대를 완전히 안심시킬 수 있을 때라야 된다. 움직이는 듯 그치고 그치는 듯 그치고 있을 때는 힘의 저장 유무를, 움직이는 때는 힘의 발산 방향을 잘 쳐다봐야 한다. 작은 움직임 뒤의 그침과 작은 그침 뒤의 움직임을 잘 살펴야 된다. 큰 힘이 작게 움직일(그칠) 때나 작은 힘이 크게 움직일(그칠) 때는 그 진정한 의도가 다른 곳에 있다. 움직일 때는 그치며 봐야 하고 그칠 때는 움직이며 봐야 한다. 상대의 움직임에 내 움직임이 따라가고 상대의 그침에 내 그침이 따라가면 백전백패하게 된다. 상대를 크게 움직이도록 하려면 내가 크게 그쳐 있어야 되고 상대를 크게 그치려고 하려면 내가 크게 움직여야 한다.

54.

究竟窮極　不存軌則

구경궁극 부존궤칙

구경하고 궁극하여 일정한 법칙이 있지 않음이요

　사랑하는 방법이란 없다. 오직 그 마음의 자연스러움만 있을 뿐이다. 사랑에 배신당하고 큰 충격을 받아 사랑이란 무엇이고 도대체 어떻게 사랑해야 되는가 하는 문제에 큰 의심을 품고 밤낮으로 자지 않고 오로지 그것만 골몰하게 생각하다가 뭔가 머리에 번뜩 스쳐간다. 그 순간 슬픔과 충격에서 벗어나니 드디어 자기를 살려냈다. 밝은 마음으로 사랑의 탐욕을 참회하고 그것을 넘어 자기 자신의 마음을 찾는다. 사랑하거나 미워하거나 그저 그렇거나 아무 것도 안하는 그 방법과 생각을 넘어 지극히 순수하고 소박한 본래사랑의 자리에 닿으면 그 자리는 더 이상 들어갈 것이 없는 사랑이다. 본래사랑은 사랑과 미움을 상대에 응하여 마음껏 쓰니 자유롭고 걸림이 없다. 오로지 내 마음대로이니 이 때 일체가 내 본래사랑의 마음자리에 따라 저절로 이루어진다. 상대가 나를 사랑하든 배신하든 그것은 이제부터 상대가 하는 일일 뿐이다.

신(神)을 찾거나 보는 일정한 법칙은 없다. 단지 마음이 더 이상 나아갈 데가 없는 지극한 곳까지 이르면 절벽 너머의 신을 보게 될 뿐이다.

⊠⊠⊠ 상대성의 양변(兩邊)을 참구하여 그 경계를 넘어 궁극까지 이른다는 것은 곧 양변을 몽땅 떠남을 이름이고 일정한 법칙이 있지 않은 것은 원융무애하게 된 그 양변을 고정되거나 획일적으로 쓰지 않는다는 것이니 앞은 크게 죽는 것이고 뒤는 크게 되살아나는 것이다. 작게 죽는 것은 삶에 아직 매인 것이고 작게 사는 것은 아직 죽음에 매인 것이니 움직임과 그침의 지배를 여전히 받게 된다. 크게 죽으니 곧 해탈열반(解脫涅槃)이요, 진여(眞如)이고 동시에 크게 되살아나니 곧 대용(大用)이다. 대도를 자유자재로 호호탕탕하게 마음대로 쓰는 대용(大用)인데, 그 힘이 곧 도력(道力)이고 신통력이며 법과 하나된 힘으로서 타인의 마음을 그대로 받아들이니 곧 자비(慈悲)고 그 마음에 꼭 들어맞게 쓰니 곧 지혜(智慧)다.

양변을 완전히 떠나서 중도를 성취하는 것이 구경하여 궁극에 이르는 것인데, 공부하는 것이 어렵게 느껴지는 이유는 일정한 법칙이 있지 않으므로 어떤 체계적인 공부방법이나 수행단계가 있는 것이 아니기 때문이다. 당연히 그런 것들을 정해놓고 거기에 따라 충실하게 해봐야 소용이 없는 법이다. 그것을 익힌 또 하나의 자기만 있을 뿐 그 결과는 없다. 공부 잘하는 방법만 붙들고 익히고 있으면서 정작 공부는 안되는 것이다. 공부란 하는 것이 아니라 되는 것이다. 그러나 없지만 또 있는 법이라, 그 있는 법은 마음이 열리는만큼 보이게 된다. 없다고 하면 막막해하고 있다고 하면 집착이 생기니 있으나 없으나 제대로 하기는 어렵다. 그러므로 당면문제는 있고 없음이 아니라 양변 가운데 어느 하나라도 제대로 취할 수 없는 빈약한 자기 자신이다. 그래서 먼저 양변을 감당할 수 있는 힘과 정신력을 충분하게 키우고 도에 입문해야 된다. 하나를 취하는 것은 동시에 상대 쪽도 취하는 것이므로 뒤집어질 때 자칫 다치게 되기 때문이다.

정해진 길이 따로 없는데 어떻게 중도를 향해 가는가? 일정한 법칙이 있지 않다는 것을 살펴보면 법은 마음이 전개하므로 바로 자기마음이 중도를 향해 나아가는 관문이 되는 것이다. 자기 자신이 문(門)이고 길이고 목적지가 된다. 만법을 움직이고 있는 자기의 마음을 뚫고 지나가야 되는 것이다. 그런데 모두 자기마음에 막히니 그 앞에서 방법을 찾고 문을 갈고 닦고 버리고 어쩌고 하면서 또 하나의 망념을 내어 헛되이 애쓴다. 그래서 참으로 큰 용기만이 마음을 조금도 미련없이 깨부수어버리는 것이다. 이 때 첫 도끼질 대상은 소유물과 그에 따른 마음이 된다. 마음을 깨부수어버리는 데 무슨 절차나 단계나 정해진 법칙이 있는가? 그냥 부숴버리면 단박에 끝날 일일 뿐이다. 법칙을 찾는 것은 아직 자기마음을 소중하게 간직하려는 마음이 있는 것이고 또한 까닭에 매여 있는 것이 되므로 문을 나누고 길을 나누고 마음을 나누는 분별취사심이 여전하다는 것을 의미한다. 나누어진 하나를 부숴봐야 그 좁은 문으로는 크나큰 본체가 당연히 보이지 않게 된다. 그런데 억지로 들여다보니 보이는 것이 전부인 줄 안다. 그러나 자기 몸은 온전하게 그 문을 빠져나가지 못한다. 대도(大道)가 무문(無門)이지만 자기가 문을 여러 개로 나누어 만들어놓았으므로 스스로 갇힌 것이다. 본래는 깨부술 문과 마음이 처음부터 실은 없으니 그냥 분별심만 사라지면 되는 법이다.

　살면서 큰 일을 당하면 비로소 종교를 찾고 운명을 보러 다니면서 법을 고려하게 되는데, 여기서 얻을 것은 진정 아무 것도 없음을 우선 알아야 한다. 뭔가를 얻으려고 한다면 크게 어긋나는 것이 있게 된다. 이럴 때 법을 찾는 것은 자칫 자기 자신을 스스로 소외시키게 되어 더 큰 문제를 일으키게 될 위험성이 크다. 큰 일을 당한 다음에는 법에 따른 운명이나 신(神)보다도 자기 마음이 그 후의 인생행로를 근본적으로 결정하게 된다. 법은 이미 역할을 완수했으니 더 이상 적극적으로 나서지 않기 때문이고 상처입은 마음이 회복될 때 비로소 주체적인 삶이 다시 시작되니까 그렇다. 그 후부터는 신의 도움을 청하며 법과 마음이 조화를 이루어나가도록 해나가는 것이 과제가 되고 그렇게 되면 두 번 다시 큰 일은 생기지 않게 된다. 상처입은 마음은 분노와 삐뚤어진 욕망의 돌출로 마음과 법을 모두 왜곡시켜버린다. 그러면 신(神)과 천리만리 어긋나는 것은 물론 마음과 법을 모두 잊고 자유롭기는커녕 더욱 구속을 받게 되니 신앙생활이나 수행을 하려는 이들은 반드시 상처입은 마음을 회복시키고 움직여야만 됨을 잊지 않아야 된다. 신앙생활의 입문자격은 원만하고 온전한 마음이 되니 입문이 곧 졸업이 된다.

55.
契心平等 所作俱息
계심평등 소작구식

마음에 계합하여 평등케 되어 짓고 짓는 바가 함께 쉬도다

　　순수한 사랑은 모든 생명과 신령(神靈)이 한 치의 다름이 없이 갖고 있으니 근본적으로는 절대적으로 평등할 수밖에 없다. 그러므로 내가 상대를 사랑한다고 해서 감히 무엇을 요구할 수 있겠는가? 나 자신이 이 마음자리에 꼭 들어맞게 되면 사랑은 평등을 더욱 느끼게 해 주니 기쁠 뿐이다. 나와 상대를 나누어 따로 사랑하고 말고 할 것이 없음에라, 일체가 똑같이 자유로와지면서 영원히 행복하다. 사랑에 힘든 것이 조금도 없고 움직이거나 그쳐도 사랑은 달라지지 않는다. 사랑으로 나를 위해서는 따로 할 일이 없는 법이니 사랑이 곧 영원한 휴식과 평화가 된다.

신(神)이 나를 달리 대하는 것이 아니라 내가 신의 마음을 일일이 분별하고 있으니 내 마음이 항상 움직여 신과 계합되지 못하고 평등하게 되지도 못하여 스스로 한적한 평화를 얻지 못한다.

▧▧▧ 마음이 본체(本體)와 계합하면 비로소 평등케 된다. 마음에 계합한다는 것은 주관에 따른 분별심에 의해 구분된 마음이 사라져 더 이상 안팎의 경계를 짓지 않게 되니 안팎이 하나가 되어 드넓은 허공이 내 안으로 들어오는 것이다. 만 가지 법을 마음에 따라 차별하지 않고 허공과 일체와 내가 평등한 것을 보게 된다. 그래서 좁아서 답답하던 마음이 근본적으로 소멸되고 언제든지 드넓은 허공을 나로 삼아 자유롭게 움직일 수 있다. 억지평등이 되면 역사적으로 경험하듯 수많은 부작용이 생겨나고 생명들이 손상된다. 현상계의 평등은 항상 자유와 모순이 되지만 대도에서의 평등은 상호 걸리지 않고 완전하다. 계합한다는 말은 서로가 조금의 빈틈이나 어긋남도 없이 완벽하게 결합되어 하나의 전체상태로 된 것이다. 수인(手印)은 개체가 본체의 힘을 계합하여 무드라(mudra)차크라를 통해 그 힘을 필요에 맞게 변형시켜 활용하는 지혜이니 도(道)의 대용(大用)이다. 진언(眞言)과 많이 결합하여 활용한다. 기독교의 안수기도도 같은 이치니 겉모습만 흉내만 내봐야 심리적인 위안을 빼고는 아무 소용도 없다. 안수기도를 하는 자기 자신이 없어야만 진짜 안수기도가 되는 법이다. 본체와 계합된 마음을 이룬 사람이 해야만 그 본래목적을 달성할 수 있다. 그러므로 똑같은 수인을 하더라도 본체와 얼마나 계합되어 있느냐에 따라 수인의 파워는 사람마다 다르게 발현된다. 여기서는 각자가 전체이고 본체가 되면서 동시에 개체도 되어 있으니 크고 작음, 높고 낮음, 앞과 뒤 등의 차별이 없다. 그러니

저절로 평등이 되는 것이다. 그러려면 충돌을 일으키는 상(相)이 사라져야 하고 그러려면 분별취사심을 놓아야 하는 법이다. 분별이 따로 있다면 실제로 불가능하게 된다. 당연히 상대성의 변견(邊見)도 다 쉬어버린다.

신(神)의 가피가 가지는 본질도 이와 같다. 대도(大道)의 차원에서 우리를 대하니 신은 내 마음을 근본적으로 본체와 점점 가깝게 이어주며 고통의 근원으로부터 영원히 빠져나오도록 유도해준다. 다만 우리가 욕심과 소원에 매여 있어 그 가피를 잘 따라가지 못하는 문제가 있기는 하지만 어쨌든 개체의 분별심과 본체와의 괴리를 축소시켜주는 것이 중생구제(衆生救濟)가 된다. 그러니 가장 근본적인 죄업은 취사분별심이 되고 가장 어리석은 견해는 양변이 다른 줄 알고 거기에 머무르는 견해인 것이다. 당연히 이 사실을 깨우치는 것으로부터 진정한 참회가 시작된다. 자기 마음 안에서만 갇혀 자기도 모르게 분별하면서 자타를 손상시키고 많은 죄가 지어진 것에 대한 참회이다. 부처님이 비로소 참회를 받아주니 죄망심멸양구공(罪亡心滅兩俱空)이 되는 것이다.

마음이 계합하여 평등케 된 이후의 분별과 개체는 무엇이 되는가? 그 이전에는 분별심을 가져 그냥 본체와 단절된 개체일 뿐이었지만 이제부터는 분별심이 사라져 본체를 공유하고 있는 개체가 되는 것이다. 일체가 평등한 가치를 지니고 그 마음 바탕 위에서 각자 가진 개성을 보게 되는 것이니 어느 것이 더 귀하고 어느 것이 더 천하다는 분별이 없다. 모든 것들을 즐길 뿐이다. 나와 한마음인 일체를 상대로 무엇을 할 것인가? 그리고 그 일체 역시 나의 마음이니 나를 보고 무엇을 하겠는가? 그 자체로 각각 완벽하고 평등하게 되면 도무지 상대에게 손대거나 나 자신을 움직일 일이 없어진다. 분별심으로 손대는 것은 상대는 물론 허공을 어지럽히게 되니 당연히 나 자신에게도 때를 묻히는 결과밖에 되지 않는다. 나 자신에게도 그 누구나 그 무엇에게도 어떤 할 것이나 할 바가 도무지 없음을 평등으로 밝게 보고 알게 되니 자연스럽게 따로 짓고 짓는 바도 없게 되어 상대도 일체도 나도 함께 더불어 쉬는 것이다. 산은 산 그대로고 물 역시 물 그대로다. 여여부동(如如不動)하여 일체가 있는 그대로 신(神)이고 부처이니 그들에게서 별도의 신과 부처를 찾을 수 없다. 그러니 신과 부처를 상대로 무엇을 하겠는가? 그래서 짓는 바가 함께 쉰다. 평등을 이루니 저절로 하릴없고 고요하며 한가롭게 되고 한 마음도 낼 까닭이 없어져 곧 열반락(涅槃樂)이다. 여기서 대승(大乘)과 대비되는 소승(小乘)의 본질이 드러난다. 소승은 일체가 그대로 부처이고 신이라는 사실을 현상계에서도 100% 그대로 받아들이는 것이다. 어찌 보면 대승보다 소승이 훨씬 더 무서운 면을 가지고 있지만 어느 것이 더 우월하냐 하는 것은 의미없고 오로지 상대에 맞게 소승과 대승을 자유자재하게 운용하면 되니 곧 제행무상이라서 본체(本體)의 일정한 법칙이 있지 않은 대용(大用)이다. 진정 깨달은 도인이라면 사람들의 넘치고 모자라는 부분과 직접 계합하여 도를 깨닫게 해 줄 것이다.

마음이 평등하지 않으면 보시 등 착한 행위를 하고 착한 마음을 가져도 법에서 보면 허물이 생기게 된다. 그것은 곧 과보를 초래하게 된다는 의미니 여기에 또 매이게 된다. 평등하면 주고 받을 것도 없고 얻고 잃는 것도 없이 저절로 모든 마음이 쉬어지니 짓고 짓는 바가 함께 쉬어지고 허물이 없게 되어 곧 최상의 착한 마음이다. 평등한 마음은 또한 고른 마음이니 요동침이 없고 평화를 가져다준다. 그러므로 내가 행복해지려면 반드시 평등심을 갖추어야 되고 평등심을 갖추어갈수록 행복해지게 되어 있다. 그럼 무엇을 기준으로 평등심을 갖추어가는가? 그것이 바로 천지자연이고 곧 도(道)가 된다. 막연히 자기 혼자 평등심을 갖춘다고 해봐야 무의식 가운데의 분별과 차별에 따른 마음을 억지로 고르게 하고 억누르고 굳히게 되는 것이니만큼 자연의 도에 어긋나고 본인만 더 힘들게 된다. 착한 마음이란 것은 바탕에 평등심을 포함하고 있는 마음이다.

56.
狐疑淨盡　正信調直
호의정진 정신조직

여우같은 의심이 다하여 맑아지면 바른 믿음이 고루 발라지며

　애욕을 사랑으로, 자기를 내세우는 것을 사랑으로 생각해온 사람은 존재 사이에 자연스럽게 오고가는 본래사랑의 성품을 결코 알지 못하고 믿지도 못한다. 이런 사람은 상대가 가지고 있는 안팎의 조건에 따라 믿음과 사랑을 내고 거두어들이니 있는 그대로의 존재를 사랑하지 못하여 늘 자기 자신을 고단하게 만든다. 그러다가 본래사랑이 있음을 믿고 그 믿음의 힘으로 마침내 조건과 애욕을 떠나 상대를 사랑하게 되니 이전과는 뭔가 다른 감각을 가진다. 그렇게 나아가다가 본래사랑을 보고 알게 되면 그 믿음이 온몸에 빈틈없이 골고루 퍼져 조화롭게 되며 똑바로 서게 된다.

신(神)에 대한 믿음과 불신, 주고 받음의 양변에 머무르는 믿음은 망념 속의 믿음에 불과하니 신을 믿는 것이 곧 자기 자신을 믿는 것에 다름아니게 되고 진정한 신은 여전히 잠들어 있다.

▨▨▨ 기독교에서는 뱀이 억울한 짐승이고 불교에서는 여우가 억울한 짐승이다. 별 죄도 없이 대표로 선발되어 곤욕을 치르고 있으니 가엾기도 하다. 어쨌든 인간의 분별망상으로 인해 이로운 성품을 타고 나야 사랑받을 수 있으니 뱀과 여우는 숨어서 인간에게 분노의 눈빛을 번쩍이고 있다. 여우는 인간에게 어떤 해를 끼치지도 않으면서 괜히 의심이 많은 성품 탓에 사자와 대비되어 구설수에 오른다. 여우는 의심과 잔꾀가 많은데 힘이 약해 두려움을 가진 데서 오는 어쩔 수 없는 생존본능이다. 이것은 인간도 마찬가지이다. 사자는 힘이 가장 세니 두려움이 없고 당연히 거칠 것이 없어 의심이나 잔꾀가 따로 필요없다. 그냥 가고 오고 싶은 대로 어슬렁거리면 되는 것이다. 그러니 마음의 평화를 늘 성취할 수 있는 것이다. 도인의 성품과 한가한 소요와 닮은 면이 많다. 법력을 얻는 것이 바로 대자유를 얻는 것이고 이는 자기의 망심을 이기고 생사의 윤회를 끊어내는 것으로 성취된다. 의심이 많다는 것은 온갖 번뇌망상에 사로잡혀 있는 상태이다. 그래서 정작 큰 결단을 내리지 못하고 이리저리 재면서 세월만 낭비하고 만다. 그래서 여우가 구미호라는 영물(靈物)이 되어도 부처는 되지 못하는 것이다. 성품의 근본적인 교체가 따라주어야 부처가 된다. 여우같은 의심이 다하려면 무조건 큰 힘을 성취해야 되는 수밖에 없다. 물론 지혜가 힘을 이기기는 하지만 이것도 큰 힘이 뒷받침된 지혜라야 완전하게 된다.

바른 믿음(正信)이란 중도에 서 있을 때의 믿음으로서 변함이 없는 마음자리에서 나오는 믿음이니 불변(不變)의 믿음이다. 또한 신(神)도 있고 나(我)도 있으면서 나 자신이 역시 신(神)임을 깨달아 확증할 때의 믿음이니 도(道)의 믿음이다. 그 사실을 추측하거나 경전을 보거나 스승의 말을 듣거나 해서 믿는 것이 아니라 내가 그것을 그냥 사실로 알아버린 데서 오는 믿음이니 의심이 영원히 떨어져나간 지혜로운 믿음이다. 실제로 나 자신의 안팎이 계합하여 평등케 되니 일체존재가 가진 평등한 믿음이다. 그리고 마음이 허공에 두루하니 곧 원만한 믿음이다. 또한 양변이 떨어져 나가고 만법이 현전하여 중도정각을 성취한 데서 아무 까닭이나 생각없이 저절로 생기는 믿음이니 자연스러운 믿음이다. 나아가 도력(道力)을 갖게 된 데서 똑바로 서게 된 믿음이니 단순히 굳게 믿는 것이 아니라 우주의 힘을 갖춘 믿음이다. 당연히 강요가 없으니 나 자신과 타존재에 있어서 자유로운 믿음이고 나 자신을 완전히 믿게 되었으니 완성된 믿음이다. 그러므로 믿는 데 있어서 조금도 애씀이 없으니 힘들거나 어려움이 전혀 없어 지극히 안락하고 믿음이 일상에서 매순간마다 자연스러운 행(行)이 되니 곧 무위(無爲)가 된다. 이것은 도(道)에 합치된 믿음인지라 곧 영원한 믿음이면서 완전한 믿음이 된다. 이런 믿음이 자성청정심에 계합하는 믿음이 되는 것이다. 바른 믿음이 고루 발라진다는 것은 영원히 의심하지 않게 되어 그 중도심(中道心)—자비심, 청정심, 부동심, 평등심 등—이 자기존재 전체—대우주—에 꽉 차는 것이다. 깨달음은 곧 믿음의 완성이 되는 것이고 본체와의 계합은 무한한 공덕을 성취한 것이니 믿음은 공덕의 어머니가 되는 것이다.

　마음이 어두운 사람에게는 믿음이란 없고 마음이 악한 사람에게는 믿음이란 없으며 사람들에게 지적받는 인품을 가진 사람에게도 역시 믿음이 없다. 마음이 약한 사람에게도 믿음은 없고 좋아하고 싫어함이 뚜렷하게 드러나는 사람에게도 역시 믿음이 없다. 정이 많은 사람에게도 믿음이 없고 정이 없는 사람 역시 믿음이 없다. 천국에 가고자 보시하는 사람 역시 믿음이 없고 신을 사랑하면서 사람을 미워하는 사람에게도 역시 믿음이 없다. 자기 생각이 강한 사람에게도 믿음이 없고 자기 신세를 한탄하는 사람에게도 믿음이 없다. 남 탓하는 사람에게도 믿음이 없고 자기 탓을 하는 사람에게도 믿음이 없다. 믿음은 곧 신이 깃든 마음이고 사람의 마음은 곧 신의 마음이 아니기 때문이다. 그래서 믿음이 참으로 어렵다. 그러나 또한 어렵지 않은데, 착한 마음이 법에 따라 잘 움직이게 되면 곧 믿음이 이루어지기 때문이다. 그러므로 바른 믿음을 가지려면 가장 먼저 법을 바르게 잘 이해하고 받아들이면서 실천해 가야 되는 법이다.

57.
一切不留　無可記憶
일체불류 무가기억

일체가 머물지 아니하여 기억할 아무 것도 없도다

　내 사랑을 상대의 마음속에 심어주려고 하거나 나 자신을 상대에게 기억시키기 위해 애쓸 필요가 없다. 왜냐하면 만남과 사랑 이전에 내가 이미 상대 속에 들어가 있었기 때문이다. 만남과 사랑은 그것을 눈앞에서 직접 확인하는 것일 뿐이다. 본래사랑의 마음자리는 텅 비어 있으므로 커지거나 작아지거나 늘어나거나 줄어들거나 깨끗해지거나 더러워지는 등의 변화가 영원히 없다. 그러므로 상대의 아무리 크고 강한 사랑과 미움 등이라도 그 일체가 머물며 쌓이지 않는다. 그래서 나 자신은 상대의 마음과 인연으로부터 독립된다. 마찬가지로 그 자리에서는 상대에 대한 사랑과 미움도 쌓이고 머물지 않으니 상대 역시 나 자신으로부터 해방된다. 그러므로 각자 서로에게 부담이 전혀 없는 온전한 사랑이 된다. 당연히 상대와 나 자신에게는 따로 서로를 기억할 것이 아무 것도 없게 된다. 그래서 사랑과 미움에 따른 부담과 일체의 갈등이 사라졌다.

신(神)은 실지실견(悉知悉見)이니 일체가 신에게 머무는 것이 없고 신이 기억할 것도 없다. 또한 일체가 신에게 머물지 않는 것도 없고 신이 잊어버릴 것도 없다. 그래서 신은 나를 자유롭게 해준다. 지옥과 천국, 악행과 선행도 오로지 나 자신에게 달려 있게 된다.

▨▨▨▨ 머물려고 하면 머물 자리가 일단 있어야 되는데 그 자리는 바로 색상(色相)이며 이 속에서 단기투숙은 두뇌가 주(主)가 되고 생(生)을 이어가는 장기투숙은 영혼이 주가 된다. 그런데 상이 소멸되어 바른 믿음이 곧고 발라서 진여자성(眞如自性)이 현전해 있기 때문에 일체가 머물래도 머물 수가 없고 또한 일체를 머물게 하지도 않는다. 만일 머무는 것이 있다면 아직 분별심을 가진 상(相)이 남아 있어 오염되어 있는 것이고 그 자리는 진여자성이 되지 못한다. 한 걸음 더 나아가야 되는 것이다. 흔히들 깊은 망심을 진여자성으로 착각하기도 한다. 그러나 영혼 속의 망념이야말로 일체가 머무는 자리의 주범임을 알면 자기영혼에 애착하지 않을 것이다. 귀신 천도의 본질은 영혼에 머물고 있는 기억과 그 몸이 머물고 있는 자리를 소멸시켜주는 일이다. 그러니 자연스럽게 신계(神界)로 들어가게 된다. 그러니 처음부터 극락 등 어디로 이동시키고자 하는 마음으로 천도에 달려들면 앞뒤가 전도된 것이 되어 천도가 되지 않을뿐더러 인위(人爲)의 부작용을 낳게 된다.

머물러 기억하는 것은 곧 업(業)을 의미한다. 업이란 자기영혼에 남기고 머무는 일체의 기억요소들이다. 그러므로 망심(妄心)의 움직임 자체가 곧 업이고 업은 곧 구속이며 망심 그 자체가 곧 업덩어리다. 도(道)를 성취하거나 깨닫거나 자성을 보았다거나 해탈했다는 등등은 일체의

270

경험이 머물고 담기며 기억하는 망심의 체(休)가 사라지고 없어 티끌 하나 머물지 않게 된 상태로서 자기영혼을 구제한 것이다. 그러니 기억 할래야 따로 기억할 것이 없는 것은 당연하다. 그래서 불구부정(不垢不 淨)이니 비로소 청정심(淸淨心)이다. 그 어떤 것을 해도 행(行)과 그 결 과를 담고 기억을 남기는 인(因)이 사라졌으니 인과에 걸리지 않고 인 연에 매이지도 않고 인연에 어둡지도 않으며 시간과 공간의 구속과 분 별을 뛰어넘어 자유를 성취하게 되는 것이다. 죽음과 불행의 공포도 근 원적으로 없고 삶의 집착이나 욕망도 그 뿌리가 없으니 자유로울 수밖 에 없다. 이렇게 되지 못하면 항상 걸리면서 살게 된다. 삶 자체가 곧 걸 림이다.

일체가 머물고 기억할 것이 없게 되므로 대도를 성취하여 일체의 업 (業)이 소멸되었고 공간적으로는 모든 것이 머물지 않고 동시에 시간적 으로는 기억에 매이지 않으니 시공(時空)을 초월했으며 일체 그 어떤 것도 더 이상 대도를 성취한 사람을 변화시키거나 영향을 끼칠 수가 없 게 된다. 억지로 그렇게 한다는 것이 아니고 또 억지로 한다고 되는 것 도 아니다. 억지로 머물지 않게 하려거나 기억하지 않으려고 하는 것은 더욱 머물고 기억하게 되는 결과밖에 없다. 자연스럽게 그렇게 되는 것 이라야 비로소 참된 것이다.

일체가 머물지 않고 기억할 아무 것도 없다고 하니 망심이 사라진 두 뇌는 무엇인가? 바로 진여자성의 묘용(妙用)을 위한 훌륭한 방편이 된 다. 그래서 두뇌에 많은 것을 머물게 하고 많은 기억을 하고 분별하고 취사선택한다. 그러나 그것들로 인해 번뇌망상을 따로 만들어내지는 않는다. 분별집착심이 근본적으로 사라졌기 때문이다. 그리고 주관과 객관을 나누지 않는 자리에 있으므로 육안을 통해 실상이 있는 그대로 비치고 보게 되므로 여래의 육안이 되는 것이고 여래의 귀가 되는 것이고 여래의 입이 되는 것이다. 진여자성을 이루면 두뇌의 활용이 이렇게 중생과 전혀 달라지는 것이다.

기억이나 집착이나 모두 허상(虛像)인데, 내 마음이 본래 허상이므로 인연따라 이런 허상들이 생겨나는 법이다. 생겨난 것은 어쩔 수 없이 내가 그 영향을 받게 된다. 이것은 자기존재가 그 어떤 것도 뜻에 반해 기억되거나 머물지 않고 자유롭게 움직이는 그 자리가 있음을 무시하고 살아가는 까닭이다. 어쨌든 이 허상의 굴레에서 벗어나야 무엇이든 내 마음속에 담아두는 습성이 사라지게 된다. 기억이나 집착이나 한(恨)이 저절로 완전히 떨어져나가는 마음자리는 실제로 일체 다른 것 없이 텅 비어 오로지 광명으로만 차 있는데, 지장경에 있는 광명진언(光明眞言)이 바로 이 자리를 드러나게 해주는 만트라다. '옴마니반메홈'은 이 광명이 대우주에 퍼져나가며 가득 채우고 대우주의 힘과 법을 받아들여 일체화되며 큰 차원에서 움직이고 활용하게 되도록 해주는 만트라다. 그래서 광명진언을 늘 소리를 잘 내어 외면 큰 도움이 된다. 억지로 떨어뜨리려고 하면 더욱더 강하게 되니 조심해야 된다.

58.
虛明自照 不勞心力

허명자조 불로심력

허허로이 밝아 스스로 비추나니 애써 마음 쓸 일 아니로다

완벽한 사랑은 자기의 마음을 몽땅 비워버리고 끊어내어야 가능하다. 그 때 무한한 사랑이 내면에서 솟아나와 상대를 온전하게 있는 그대로의 전체로 내면에 완벽하게 품게 되어 비로소 진정한 하나가 된다. 이것은 내 마음에 따라 저절로 되는 것이다. 본래사랑은 허명(虛明)한데, 완벽하게 애욕이 끊어진 허(虛)가 되어 사랑을 완벽하게 상대에 비추는 명(明)이 된다. 또한 명(明)이 되므로 허(虛)가 된다. 서로 오고 가는 사랑과 미움을 받아들여 머물거나 기억할 것이 없으니 본래사랑의 자리는 항상 이것들과 끊어져 있지만 또한 본래사랑의 광명이 나와 한없이 밝으므로 사랑과 미움을 밝게 비추어 불순물이 사라지고 사랑이 순수하게 되면서 미움은 흔적없이 사라지게 된다. 이런 현상은 자연스럽게 되는 것이므로 따로 애써 사랑과 미움을 어떻게 해보려고 할 까닭이 없다.

신(神)이 나에게 광명을 따로 나누어주는 것이 아니라 항상하고 있는 광명을 내가 스스로 받아들이는 것이다. 부처님은 내가 광명을 받아들일 수 있도록 직접 나서서 쉼없이 여러모로 도와주시는 신(神)이다. 그래서 사생자부(四生慈父)이시다.

▨▨▨▨ 태양이 애써 빛을 비추고자 하는 것이 아니라 태양의 성품이 스스로 그러하여 빛이 나는 것이고 그 혜택으로 생명이 존재하고 살아간다. 그렇듯 나에게 본래 갖추어진 자성(自性)의 묘한 작용 또한 허(虛)와 명(明)을 갖추고 있다. 허(虛)란 머물고 기억할 것이 없으니 일체가 끊어진 자리이고 명(明)은 그 자리에서 일체를 비추는 것이다. 일체가 끊어졌으니 스스로 일체를 비추고 일체를 비추니 스스로 일체가 끊어진다. 이 두 가지가 상대법으로서의 양변이 아니라 원융무애하게 되는 것으로서 조금의 빈틈도 없이 하나가 되어 서로를 포옹하며 자성을 꽉 채우면서 동시에 드러내고 있다. 진여묘용(眞如妙用)인지라 애쓸 것이 도무지 없다. 비로소 바른 믿음이 온몸 속에 똑바로 서게 되니 허(虛)는 공(空)이 되고 명(明)은 지혜(智慧)가 된다. 이 때의 공(空)을 공공적적(空空寂寂)하다고 말하며 이 때의 지혜를 대원경지(大圓鏡智)라고 한다.

이렇게 본래 갖추어져 있는 자성(自性)의 신묘한 작용은 마음의 힘을 동원하여 억지로 어떻게 한다고 그렇게 되는 것이 아니고 억지로 할 수도 없게 되어 있다. 억지로 하게 되면 오히려 점점 더 자성으로부터 멀어져만 간다. 자성을 얻으려는 노력은 자기를 더욱 괴롭힐 뿐이다. 한마디로 마음이 분별하여 양단에 집착하며 머물지 않고 그늘만 만들지 않으면 된다. 굳이 노력한다면 이미 만들어진 그늘은 점차 걷어내고 동시에 이것이 저절로 되게끔 자기를 그 길로 잘 끌고 가는 것이 전부다. 나 자신을 위로할 때는 위로하고 채찍질할 때는 채찍질하고 쉬어주어야 할 때는 잘 쉬어주고 막을 때는 잘 막고 열 때는 잘 열어야 된다. 덧붙이는 것은 자성을 더욱 어둡게 가리기 때문이다. 무엇을 배우고 얻으려는 욕망은 근본자리에서 보면 스스로를 후퇴시킬 뿐이다. 깨어 있는 정신으로 옳고 그름, 착하고 악함, 좋고 나쁨 등에 치우친 분별심과 번뇌망상과 인연과 인과와 욕심과 소원과 배운 것과 알음알이, 쓸데없는 자존심과 자만심, 열등감과 절망 등등 그 일체를 남김없이 경계없는 방편으로 몽땅 놓아버린다. 그래서 완전히 빈손과 빈마음이 되도록 해서 스스로 정견(正見)이 갖추어지도록 하며 일체의 행(行)이 정견을 나 자신에게 더욱 체화(體化)시키도록 해주면서 마음자리를 깨끗하게 유지해준다. 그러면 나 자신도 모르게 점차 자성에 근접하게 된다. 그 수고로움이 눈에 드러나지 않고 워낙 서서히 또는 찰나에 이루어지므로 그 누구도 알 수 없고 볼 수 없다. 그래서 본래 수행함도 없으니 자성에 대해 애써 마음 쓸 일 없고 이심전심(以心傳心)이다.

대인관계가 자연스럽게 잘 이루어지는 사람은 근본적으로는 그 내면에 자기가 알든 모르든 간에 비어 있는 부분이 있고 밝은 부분이 있다. 이 둘은 하나로 되어 있는데, 비어 있는 부분은 사람을 끌어당기고 상대에 맞는 무엇인가를 보이지 않게 전해주면서 대인관계를 원만하게 만든다. 또한 밝은 부분은 이미지를 밝고 환하게 만들어 상대에게 비추어지게 해주므로 아무런 이유없이 상대 마음도 밝아지니 좋아하게 된다. 물론 유유상종의 법칙에 따라 어둡고 가득 찬 마음도 그에 맞는 사람에게는 끌리고 교류가 이루어지지만 덕 볼 일은 없다. 그러므로 대인관계를 좋게 하고자 원하는 사람은 마음속에 빈 부분과 밝은 부분을 만들어 내야 되는 법이다. 그렇지 않고 억지로 애를 써 봐야 얼마가지 못한다. 보이지 않게 저절로 상대에게 덕을 베풀게 되는 마음은 곧 최상의 마음이다.

59.

非思量處　識情難測

비사량처 식정난측

생각으로 헤아릴 곳 아님이라 의식과 망정으로 측량키 어렵도다

　사랑과 미움은 수시로 변하고 깊이를 달리하니 생각이나 감각으로는 내 사랑이나 상대의 사랑을 정확하게 알 수가 없고 말 또한 본심이 아니라 감정에 따라 변하니 그리 믿을 바가 못된다. 그러므로 함부로 단정짓고 그것을 굳게 믿으면 더욱 안된다. 하물며 본래사랑의 성품과 그 있는 곳은 생각으로 더더욱 헤아릴 수 없다. 그러므로 온갖 추측과 상념과 직관으로도 측정할 수 없으니 이런 것들로 헤아리고 측정해봐야 본래사랑과는 더욱더 멀어지게 되고 본래사랑은 더욱 두텁게 덮이게 되어 깊어진다. 이는 나와 본래사랑을 따로 대상으로 놓고 따지기 때문이니 일체가 그르게 된다. 상대의 사랑을 정확하게 알려면 내 마음을 고요하게 해야 되며 내 사랑을 정확하게 알려면 내 마음을 더더욱 고요하게 하면서 잘 바라보아야 한다.

신(神)의 자리는 생각 등으로 헤아리거나 측량할 수 없고 오로지 그 자리를 증득해야만 비로소 생각마다 신을 바르게 헤아리게 된다.

░░░░ 도(道)는 유식과 무식에 있지 않다. 그러나 유식과 무식을 떠나 있지도 않다. 그러므로 알지 못하면서도 아는 것 같은 생각은 병(病)이고 그것을 확신하고 드러내는 것은 중병(重病)이다. 알지 못한다는 사실을 확실히 아는 것과 알면서도 안다는 사실을 생각하지 않는 것은 지혜로움이고 곧 도(道)가 된다. 병을 병으로 스스로 깨닫고 있기 때문에 병이 되지 아니한다. 한 생각 인연따라 일어나는 것이 실은 일어남이 없음을 일단은 믿어야 한다.

대도(大道)는 나의 객체가 아니므로 주관으로 보이지 않고 그 대용(大用)은 일정한 법칙이 없는지라, 절대로 생각으로 헤아리지 못하고 알 수도 없다. 여기서 생각이란 이성(理性)과 논리(論理)가 위주이고 식(識)은 영혼의식까지 포괄하며 정(情)은 마음이 움직이는 일체의 감각으로서 식정(識情)은 비(非)이성적인 부분이니 직관이나 추측이나 짐작 등 일체의 비(非)논리다. 가장 큰 문제인 무의식적인 생각은 있는지도 알지 못하고 또한 생각은 분별에 따른 3단논법을 넘어서지 못하니 양변에 매인다. 식정은 시공간의 기억에 매여 있어 채워져 있고 그늘이 있으므로 탐진치(貪嗔痴) 삼독심의 바탕이고 허명(虛明)한 자리를 도무지 알 수가 없으므로 허허로이 밝게 스스로 비출 수 없다. 그런데 생각과 식정으로 헤아리고 측량하니 오히려 중도를 거스르며 본체와 대용(大用)을 더욱 가리게 된다. 특히 이 가운데 자기영혼은 모든 것을 보고 알고 있다는 생각은 더욱 큰 망상이다. 자기영혼은 생각과 의식과 망정을 내는 근원인지라 오히려 허명(虛明)한 자성(自性)을 가리고 있는 핵심이니 역시 대도를 알 수 없다. 도를 가는 것은 어찌보면 일체의 생각과 식정을 원천적으로 없애가는 과정이 된다. 정확하게 볼수록 생각과 추측이 크게 필요없게 됨은 당연하다.

중도를 가는 데 있어 가장 문제되는 식정이 바로 예외없이 본체로 착각을 불러일으키는 제8아뢰야식으로서 곧 미세사량(微細思量)이다. 도를 밝히기 전에 마지막 가지고 있는 번뇌망상인데, 미세하지만 여전히 인간의식과 인연에 매인 정(情)이 아직 무의식 차원에서 작용하고 있다. 그러므로 평생 심혈을 기울여 수도를 했건만 미세사량이 남아 있으면 본질에서는 처음 수도할 때의 마음자리 그대로이니 여전히 법과 양변(兩邊)의 분별취사심에 묶여 있게 된다. 비로소 부처님의 동아줄을 붙잡고 밖으로 나오게 되니 곧 줄탁동기인지라, 여기에 무슨 생각과 식정이 필요하랴?

도(道)의 출발점에서 가장 큰 문제는 무의식 차원에서 늘 생각과 식정이 먼저 쉼없이 움직이는 이 관성화된 습성을 어떻게 제어하고 다루어가야 하느냐는 것이다. 이 때 부처님의 마음과 지혜를 잘 헤아려 열심히 받아들여야 되는 것이다. 머물고 기억하게 되는 것들이 뭉치고 쌓여서 태어나 타고난 식정과 사고방식으로 대도를 따지니 결국은 자기생각만 더 굳어지고 식정이 오히려 강화된다. 욕망을 위해 주관으로 생각한다면 최종적으로는 법(운명)의 구속을 더욱 강하게 받는 결과밖에 남지 않는다. 특히 도를 닦으려면 생각이 한 치도 어긋남도 없어야 되니 그만큼 자기생각에 대해 신중해야 된다. 그리고 절대적으로 바른 생각이 천변만화하는 마음을 이끌고 갈 수 있어야 한다. 도(道)의 수행은 〈왜 그렇게 생각하는가?〉를 마음으로부터 깨닫는 데서 비로소 시작되니 정신이 철저히 깨어 있어야만 된다. 출발부터 끝까지 신(神)이 함께 해주어야 중도를 성취한다.

생각과 의식과 망정을 효율적으로 처리하는 방편을 하나 만들었으니 곧 화두(話頭)라는 것이다. 참선 가운데 현재의 보편적인 방식이 화두를 들어 참구하는 것이다. 그런데 모든 참선이 그렇듯이 반드시 바른 마음과 바른 힘이 절대적으로 뒷받침되어야 하는 법이다. 필수요건으로 세 가지를 들고 있는데, 첫째는 큰 신심이고 둘째는 큰 분심이며 셋째는 큰 의심이다.

큰 신심(信心)은 참선의 최종 목적지인 자기의 근본자리를 잊지 않기 위함이다. 그 자리에 대한 믿음이 흔들리면 참선은 되지 않는다. 그 믿음은 부처님과 이어지고 큰 도움을 받게 되는 자리다. '크다'는 의미는 '절대적'이라는 것이다. 욕망을 일체 버려 현상계의 그 어떤 상황에서도 두려움없이 흔들리지 않고 변함없이 까닭없이 부처님과 나의 불성을 믿는 것이다. 그래야만 참선시 다가오는 다양한 마(魔)를 뚫고 나아가며 큰 용기를 낼 수 있게 된다.

큰 분심(憤心)은 고도의 정신력을 얻기 위함이다. 참선수행은 제8아뢰야식을 대상으로 하므로 일상생활에서 가지는 힘보다는 차원이 다른 힘을 요구하는데, 참선이 끊이지 않게 계속 이어져야 하고 지치는 마음을 극복해야 되기 때문이다. 시간과 공간과 자기를 잊고 잠을 잘 때도 이어져야 하니 얼마나 큰 집중력이 요구되는가? 큰 분심이라야 이런 고도의 염력(念力)을 만들어낼 수 있다. '크다' 는 의미는 고도의 염파동(念波動)을 만들어내고 이어가야 한다는 사실이다.

큰 의심(疑心)은 화두, 즉 제8아뢰야식 자체를 깨뜨리기 위함이다. 화두내용에 대한 해답을 얻는 것이 아니고 해답도 없다. 그러려면 머리를 이리저리 굴려 그 화두에 그 어떤 상념도 갖다붙이지 않아야 된다. 해답이 있고 생각으로 알 수 있다면 그것은 화두가 아니라 단순한 수수께끼에 지나지 않고 자기존재의 변혁은 이루어지지 않는다. '크다' 는 의미는 그 어떤 생각이나 식정을 가지고 헤아리지 않아야 된다는 것이다. 답답해한다거나 깨칠 날을 기다린다거나 헤아린다거나 하는 등등의 마음과 알음알이를 화두에 갖다 붙이면 화두가 오염되어 순수한 그 의문 하나로만 이어갈 수 없게 되고 깨트려지지도 않게 된다. 마음이 더 갈 곳이 없어야 되는 법이다.

이 세 가지 가운데 하나만 빠져도 참선이 되지 않으니 참선이 제대로 될 수 있는 상태만 갖추어도 그 사람은 상당한 수준의 도(道)에 이른 사람이라고 볼 수 있고 참선하면 반드시 성불한다. 전생에 한평생 정도는 순수하게 오로지 고행인욕을 쉼없이 해야 비로소 갖추어질 수 있는 조건이기도 하다. 그리고 참선 때 추가로 아주 조심해야 될 것은 그 화두를 가지고 관련된 의문을 밖으로도 확장시켜나가야 된다는 사실이다.

즉, 줄기 하나에 여러 꽃이 피어 있듯이 화두 하나에 관련대상을 확산시키고 그것들을 다시 첫 화두에 수렴하면서 자유롭게 화두를 다루어가고(managing) 이렇게 해서 화두의 생명력을 유지해나가면서 안팎을 동시에 열어가야 한다. 그렇지 않으면 자칫 화두참구 하느라 자기 안에 갇혀버릴 수도 있다. 화두는 자기의 안팎에 걸치는 것이지, 자기 안에만 머무는 것이 아니다. 그것은 화두를 죽이는 것이고 자기존재가 그만 화두의 포로가 되고 마는 것이며 마음이 더욱 닫혀 아상(我相)이 극도로 강화되어 더욱 어두워진다. 석가모니부처님이 왜 그렇게 내 밖의 대우주에 가득 찬 대상들을 많이 가르쳐주었는가를 잘 음미해야 된다. 두려워하지 말고 믿고 마음을 열어 안팎의 분별을 없애라는 것이니 화두 역시 그렇게 참구해야 되는 법이다. 법에 어긋난 수행은 그 어떤 것이든 삿된 일이 되고 허망하게 된다.

신심명 전체에서 맨 처음의 세 번째 구절부터 여기까지 각론을 말하며 생각과 식정으로는 상대성의 분별을 벗어나지 못하여 허명한 자성을 알 수 없다고 종합하였다. 다음 구절부터는 총 결산편에 속한다고 보면 된다.

우리는 도(道)를 닦아 신령세계와 실상을 정확하게 보고 그것을 바탕으로 인간이 해야 할 바를 그에 맞게 제시해왔다. 서양에서는 도(道)

를 대신하여 영적(靈的) 공백을 생각을 바탕으로 한 사상과 철학과 인간의 종교로 채웠는데, 그것이 망념으로 만든 유일신앙인데다가 이분법적 믿음으로 왜곡되니 신(神)과 제대로 이어지지 못했다. 신앙에 도(道)가 없는지라 당연히 내면이 분열되고 거기서 파생되는 고통을 물질로 위로하게 되니 순수한 신앙이 아니라 현상계에서 잘되면 무조건 신이 은총을 내린 것이라는 미신적인 물질기복신앙으로 만들어 종교의 세속화를 가속시켜 어둠이 심하게 깊어졌다. 신(神)은 형식이 되고 물질은 내용이 되는지라, 마침내 신(神)은 떠나고 악마가 그 자리를 차지하고 있다. 돈이 도(道)의 용(用)이 되지 못하고 집착으로 소유만으로 남는 한 물질은 악마의 군건한 성(城)이 된다. 그리고 생각의 특성상 6근(根)의 경험을 넘어설 수 없으며 또한 이분법적 사고방식으로 인해 무조건 한 변(邊)에 치우칠 수밖에 없으니 진리가 아니고 한계가 분명하게 된다. 예수님이 진리를 부처님처럼 법이 아니라 사랑이라는 이름으로 전파할 수밖에 없음은 당연하다. 이제 서양은 단편적인 생각마저도 막혀버렸다. 그리고 과학과 종교의 대립마저 심해지면서 혼돈에 휩싸여 길을 잃고 표류하다가 비로소 부처님법을 통해 일체의 모순을 해소하고자 도(道)에 들어오려고 애쓰고 있지만 분별심과 생각의 습성이 너무 강하게 남아 있어 도(道)와 여전히 천지차이다. 신(神)과 영적(靈的) 안목과 직관(直觀)과 생각이 하나로 잘 이어질 때 비로소 온전하게 도(道)를 향할 수 있게 된다.

60.
真如法界　無他無自
진여법계 무타무자

진여의 법계에서는 남도 없고 나도 없음이라

　　본래사랑으로만 가득 찬 나 자신의 마음속에는 나와 타인의 모든 사랑이 순수하게 하나로 이어져 있으니 나의 사랑이 곧 일체존재의 사랑이요, 일체존재가 가진 사랑이 곧 나의 사랑이다. 그러므로 나의 세계가 곧 일체존재의 세계요, 일체존재가 머무는 세계가 곧 나의 세계이니 오로지 전체가 하나의 신령세계일 뿐이고 본래사랑 하나만 있을 뿐이다. 따로 사랑을 찾는 것은 배가 잔뜩 부른 사람이 또 다른 진수성찬을 먹는 것과 같다. 애욕이 넘치면 결국 신기가 고갈되어 쓰러지게 된다.

나의 신(神)이라는 것도 우리의 신(神)이라는 것도 본래 없다. 그런 망상은 진정한 나의 신, 우리의 신을 스스로 사라지게 만들 뿐이다. 나를 위한 기도나 남을 위한 기도라는 것도 본질에서는 없다. 일체중생을 위해 기도하는 것이 곧 자기를 위한 기도가 되고 자기를 위한 기도가 곧 남을 위한 기도가 될 뿐이다. 자타(自他)를 분별하는 것은 기도가 아니기 때문이다. 진여법계로 나아갈수록 삼라만상을 통해 점차로 신(神)을 바르게 느끼고 개별의 욕망과 아집 역시 자연스럽게 완화되어 간다. 그리고 망심의 움직임으로부터 나 자신이 점차 무관해진다.

▨▨▨ 진여법계란 상대, 분별로 이루어져 전개되는 현상계를 넘어서서 하나의 시간과 하나의 공간으로 자타(自他) 차별이 없는 불이(不二)의 일체평등심이 두루한 차원의 세계이니 절대무이(絶對無二)의 세계다. 일체가 신(神)이고 서로를 모두 신(神)으로 보게 되는 차원의 세계이다. 이른 바 반야바라밀다로서 4차원의 신령세계, 특히 상계(上界)의 신(神)과 부처님의 세계다. 해탈열반의 세계다. 견성(見性)하면 실제로 눈앞에 드러나고 소속되는 세계이다. 마음으로 표현하자면 오로지 하나의 마음이 남고 그 마음이 허공에 빈틈과 농담(濃淡)없이 퍼져 있으니 나와 남이 따로 없다. 나와 남이 따로 있는 이유는 각각 분별심에 따른 개별적 욕망을 갖고 있기 때문이다. 그러나 양변(兩邊)의 뿌리를 깨달을 때 모든 존재는 한 뿌리에서 발현된 나의 다른 몸이고 서로 어울려 조화와 균형을 이루어 일심(一心)을 풍요롭게 장엄해주는 것이 된다.

진여법계에서는 인연(因緣)에 따른 분별과 차별과 집착이 없다. 인연에 매여버리면 인연의 가까움과 멀어짐에 따라 마음이 다를 수밖에 없고 그러면 오로지 상대와 차별만이 있을 뿐이므로 진여법계에는 절대로 들어갈 수가 없다. 그래서 달마가 밖으로 모든 인연을 쉬고 안으로 마음을 헐떡거리지 말라고 했다. 마음이 평등하고 일심(一心)을 공유하면서 거기서 나오는 다양한 마음을 존중하는 것, 이것이 진여법계에 들어가려고 애쓰는 사람이 가져야 할 마음자세라고 하겠다. 그리고 자비는 억지로 하는 것이 아니고 하고 싶어서 하는 것도 아닌 자연스러운 일이 되도록 해야 한다.

현상계와 진여법계는 즉(卽)해 있지만 우리는 현상계 내에서만 머무르고 있다. 그 존재상태가 상(相)이고 주관이며 분별취사심이다. 그래서 부처님 가르침인 불법은 진여법계의 가치를 실현되도록 하는 데 중점을 두게 되니 불법의 모든 수행 자체도 진여법계에 속하도록 이루어져 있다. 성인(聖人)들의 가르침의 근원은 진여법계이다. 덕(德)이란 진여법계의 가치를 몸에 체화(體化)하는 것이다. 덕은 곧 복(福)과 행복을 부르도록 스스로 법(法)을 움직인다. 그래서 있고 없음의 양변에 머무는 마음이 사라진 진여법계의 마음으로 현상계에서 얻게 되는 소유물과 마음 등 일체를 진여법계로 늘 회향하라고 하는 것이다.

인연이 하는 일 가운데 하나가 나 자신을 비추어주는 일이다. 상대는 나 자신의 살아있는 거울이다. 자기가 자기 자신을 보지 못하므로 인연을 통해 비추어주는 것이니 이 얼마나 신기한가? 부모는 자녀를 보고 자기를 알고 자녀는 부모를 보고 자기를 안다. 그래도 보지 못하면 그 때는 일을 일으켜 깨닫게 해 준다. 그래도 깨닫지 못하면 그 때는 오래 보고 알 수 있도록 인연에 의한 고통을 지속시킨다. 인연은 나의 잠재된 성품이 밖의 생명으로 드러난 것이다. 그 가운데 가끔 돌연변이가 집안에 끼어들기도 한다. 도무지 집안의 다른 사람들과는 성품이나 생김새부터 행동 하나하나까지 닮지 않은 사람이다. 이 돌연변이의 역할은 집안을 망치는 것도 아니고 집안을 부흥시키는 것도 아니다. 대우주의 다양성을 폭넓게 받아들이라는 것이다. 굳어진 집안에 돌연변이가 많이 출생하는 이유다. 인간은 집단을 형성하면 다른 것은 배척하는 고약한 습성이 있다. 그러니 그대로 놔두면 크게 왜곡되고 도(道)에서 멀어져 자연에서 도태되고 만다. 돌연변이를 두고 미워하면 집안이 망가지고 배척하면 더욱 망가진다. 최대한 마음으로부터 잘 결합시키려고 해야 한다.

61.
要急相應 唯言不二

요급상응 유언불이

하루속히 상응코자 하거든 둘 아님을 말할 뿐이로다

순수한 본래사랑의 차원에 하루 속히 나 자신을 상응코자 하거들랑 나와 타인의 경계가 사라지고 나의 사랑과 상대의 사랑을 차별하여 다르게 보는 분별심을 버려야 하는 법이다. 그렇게 되면 나와 타인, 나의 사랑과 타인의 사랑이 똑같으니 따로 찾고 얻으려 구할 것이 없게 되니 저절로 상응하게 된다. 그 때는 사랑해도 좋고 사랑하지 않아도 좋다. 이 때 모두를 사랑하고 싶은 마음이 간절해지는 것은 본래사랑에 상응된 것이 아니라 잠재된 애욕이 분출하는 것이니 극도로 위험하다. 상대를 구체적으로 위하는 진심과 배려가 없기 때문이다. 또한 눈앞의 개인에 대해 진심으로 사랑하지도 않고 교묘하게 이익을 얻으면서 인류를 사랑한다는 것은 위선 그 자체가 된다.

천신만고 끝에 겨우 신(神)과 한자리에 있게 된 데서 한 발 더 나아가 나 자신과 신을 몽땅 잊고 다시 한번 당당하게 무(無)로 돌아가니 비로소 밝게 되어 신과 더불어 영원하게 된다.

▧▧▧ 신심명이 도(道)에 대해 지극히 엄격한 가르침을 주지만 그래도 여기서 '하루 속히'라는 시간을 조금 주니 완전히 인색하지 않고 중생심을 조금은 배려해준다. 하루속히 대도에 상응하고자 하는 마음은 진여법계에 상응하기 위해 가지는 불심(佛心)으로서의 초발심(初發心)이니 도(道)의 본체에 즉(卽)해 있는 시각(始覺)이다. 그러나 서두르라는 것이 아니다. 초발심을 내면 눈을 부릅뜨고 한 발 한 발 올바로 내딛어야 된다. 조급하게 도를 닦으면 그 마음에 맞추어 신(神)은 급히 달아나거나 너무나 빨리 움직이게 되어 보지 못하니 도의 본체와 분리된 미각(未覺)이며 무명(無明)인지라 이내 실망하고 만다. 초발심자에게 딱 한 마디로 요약해서 말해주는 법문이 바로 불이(不二)다. 스님은 불이(不二)라는 개념을 붙잡고 시작하는 것이 가장 빠르게 진여법계로 들어가는 열쇠(key)로 여기는 것이다. 그리고 부수적으로는 평화와 조화를 현상계에서 이루게 되는 효과를 주는 개념이기도 하다. 그러나 내가 보기에는 현상계의 중생에게 사실 가장 어려운 개념이다. 그래서 나는 석가모니부처님이 그 당시에 주로 사용하신 해탈열반(解脫涅槃)과 그에 따른 대지혜와 대자유, 그리고 천상천하유아독존의 개념을 주로 활용하고 있다. 모두 지금의 상황과 자기 자신으로부터 벗어나려고 애쓰고 있으니까 언뜻 쉽게 가슴에 와 닿기 때문이다. 불이(不二)란 상대분별의 현상법계 차원과 절대무이의 신령세계, 즉 반야바라밀다를 하나로 꿰뚫어 총섭(總攝)한 상태이다. 비로소 물질계와 비(非)물질계인 영계

(靈界)가 융합되어 원융무애하게 된 대우주 전체가 살아있는 내 공간이 된다. 몸을 가지고 있을 때나 죽은 이후에도 차원을 넘나드는 일이 숨쉬는 것처럼 자연스럽다. 당연히 머물 곳이 따로 없으니 나의 행(行)은 자유 그 자체이다. 이제 드디어 일체유심조(一切唯心造)가 된다.

상응한다는 의미는 현상계와 진여법계의 경계가 나로 인해 분별되어 있다가 나의 깨달음으로 경계가 몰록 사라져버리는 것이다. 이 때 진여법계가 나의 광명 속에 비춰져 그대로 드러난다. 여기서는 시공간과 사람과 귀신과 신(神)의 경계가 사라져 나와 남이 완전히 하나로 통하고 항상 천지와 함께 움직이며 남이 없어도 내가 있고 내가 없어도 남이 있다. 그런데 일심(一心)을 놓치면 순간 낱개로 떨어져버리는 꽃잎이 되고 마는 신세에 처하는 것이 우리의 감각에 상응하는 분별현상계인 것이다.

4차원의 진여법계를 드러낼 때 부사의경계(不思議境界)이므로 불이(不二)라는 용어를 어쩔 수 없이 쓰게 된다. 그런데 깨닫기 전까지는 분별사량이 있으므로 불이(不二)를 잘못 헤아리게 된다. 우리들이 몸담고 있는 현상계에서 불이(不二)를 증득하기 전까지는 일단은 불이(不二)를 어떻게 받아들여야 될까? 예를 들면 원수를 사랑하라는 예수님의 법문 역시 불이(不二)를 가르치는 말이다. 현상계에서는 원수이지만 진여법계 차원에서 둘이 아니니 사랑하는 것이 가능하고 원수를 사랑하는 것은 곧 자기 자신을 사랑하는 것이 된다. 원한을 품게 되면 자기 자신을 저주하며 망치는 것이 되기 때문이다. 그런데 원수가 있고 이후에 사랑하라는 것이니 이는 현상계에서 진여법계로, 지옥에서 극락으로 점차 나아가는 방편법문이 된다. 불가(佛家)에서는 처음부터 원수란 없다고 가르친다. 이는 곧바로 진여법계에 들어 있도록 하기 위함이며 동시에 현상계를 진여법계로 만들어버리니 지옥이 곧 극락이다. 따로 극락을 구하려고 애쓸 필요가 없으니 항상 편안하여 이는 곧 극락의 마음을 갖춘 것이므로 사후 나 자신과 원수는 물론 일체존재가 저절로 극락에 나게 되니 대도의 대용(大用)이다. 그럼 현상계에 나타난 현실의 원수는 본질이 무엇인가? 그것은 바로 내 망념의 모습일 뿐인 것이다. 그러니 상대가 곧 〈나〉이고 내가 곧 〈상대〉이다. 부모가 곧 자식이고 자식이 곧 부모이니 평등하다. 얼마나 쉬운가? 불법은 어찌 보면 너무 쉬워서 따로 가르칠 것도 없고 배울 것도 전혀 없다. 자기가 마음자리만 진여법계가 있음을 알고 거기로 이동해버리면 끝이니 말이다. 다만 아직 그러지 못하고 알지도 못하고 있는 이들을 위해 억지로 말을 짓고 어쩔 수 없이 수다를 떠니 오직 미안할 따름이다.

집안의 장애인이나 골치덩어리는 법에서 보면 그 집안의 희생자다. 겉으로 보면 집안사람들이 이로 인해 고통을 받고 희생하는 것 같지만 실은 속 내용은 전혀 반대다. 그 집안의 업장이 집결되어 있으므로 온몸으로 받아내고 있는 불쌍한 사람이다. 그 덕에 다른 가족들은 별탈없이 지내게 된다. 그런데 어리석은 이들은 그 사람만 없으면 집안이 더할 수 없이 평화롭고 편안할 것으로 생각하여 미워하고 배척한다. 오히려 미안한 마음으로 적극적으로 도와주어야 하는 것이 법에 합당하거늘 망념에 의해 반대로 행하면서 더욱 고통을 준다. 그래서 그 과보는 후손들이 또한 받게 된다. 업장은 미워하면 더욱 힘을 강하게 발휘한다. 집안 사람들이 힘을 합쳐 장애인을 적극 도와줄 때 그 집안 전체의 업장은 서서히 소멸되어가는 것이다. 그 속에서 가족 개개인의 업장도 소멸되어감은 물론이다. 조선 말기 덕혜옹주는 큰 공덕을 갖고 태어났지만 부귀영화를 추구하지 않고 조선왕조의 악업을 온몸으로 받아내며 자신을 스스로 희생하였다. 그러니 그 어떤 왕보다도 그 영혼은 아주 훌륭한 분이다.

62.

不二皆同 無不包容

불이개동 무불포용

둘 아님은 모두가 같아서 포용하지 않음이 없나니

　본래사랑에서는 포용하여 영원한 행복을 이루게 되지만 애욕이 개입된 사랑에서는 포옹(hug)하여 행복을 이루려다가 자칫 성추행이 되거나 큰 불행을 만들고 만다. 포용이나 포옹이나 모두 나와 상대가 있는 것은 동일하지만 나와 상대의 상태가 다르다. 포용은 자연스럽게 서로에게 스며들어 하나가 되지만 포옹은 인위적으로 둘을 묶는 것이다. 포용은 개성이 충돌하지 않지만 포옹은 충돌하게 마련이다. 포용은 요구하는 것이 없지만 포옹은 요구하는 것이 있다. 포용은 상대가 떠나도 마음이 한결같지만 포옹은 마음이 난리를 친다. 포용은 상대로 인해 본마음을 잃지 않지만 포옹은 그만 상대에게 폭 빠져들어 딴 마음이 나온다. 포용은 상대가 떠난 뒤에도 불변으로 이어지는 것이 있지만 포옹은 떠나면 변하고 딱 끊어지고 만다. 포용은 덕을 강화시키지만 포옹은 욕망을 강화시킨다. 포용은 생사(生死)를 벗어나게 만들지만 포옹은 생사를 더욱 반복하게 만든다. 포용은 순도 100%의 사랑만 있지만 포옹은 사랑과 동시에 미움을 가진다.

신(神)은 양변(兩邊) 속에도 있고 하나 속에도 있으며 그 하나마저 사라진 자리에도 있다. 그래서 신은 포용하지 않음이 없다. 다만 나의 개별적인 안목과 욕망으로 인해 나 자신이 항상 신에게 포용되어 있음을 아직 보지 못하여 모르고 있을 뿐이다.

▧▧▧ 현상계에서는 좋은 것만 남겨놓고 나쁜 것만 사라지는 것은 불가능하고 그 반대도 마찬가지다. 그런데 욕심으로 인해 좋은 것에 대한 사랑보다 나쁜 것에 대한 미움의 강도가 더 강하게 느껴지는 법인지라 은혜보다 원한이 훨씬 크고 강하며 오래 간다. 그런데 좋고 나쁨은 본질에서는 다를바 없다. 욕심은 내 마음은 물론이고 모든 것을 왜곡시키니 그 과보가 참으로 크다. 도를 닦는 것은 자기 마음을 폭넓게 열어 포용심을 키우는 일이기도 하니 무엇이든 얻어서 자기 것으로 삼으려는 습성을 반드시 먼저 버리고 도에 입문해야만 죽지 않고 무사하다.

좋음과 나쁨이 동시에 사라지는 그 마음자리는 어떠한가? 그것이 바로 둘 아닌 자리이다. 둘 아닌 마음자리에서는 분별망념이 자연스럽게 사라지기 때문이다. 그러므로 마음이 하나가 되는 것이 아니라 마음 자체가 사라져야만 가능하게 되는 경계다. 그 때 비로소 날마다 좋은 날이 된다. 방편으로 일심(一心)이라고 말하지만 불이(不二)는 바로 무심(無心)이고 텅 비어 있으니 포용하지 않는 것이 없게 된다. 포용은 저절로 그렇게 되는 것이지, 내가 애써 포용하는 것이 아니다. 만일 그렇다면 아직 불이가 아닌 상태다. 그런데 포용되는 모든 것들이 무심으로 들어오게 되면 대립과 충돌이 사라진다. 왜냐하면 좋고 나쁜 모든 것이 일체 무(一切無)가 되어버리기 때문이다. 여기서 원융무애하다거나 모순이 융합하게 되는 것이다. 불이(不二)에서는 오로지 내가 없는 순수한 마음만이 있을 뿐이다. 나를 버리는 동시에 대우주를 품는 꽃으로 태어나는 것이다.

중병(重病)에 걸려 필히 낫고자 한다면 세 가지 요건이 반드시 동시에 갖추어져야 한다. 첫째는 '나는 반드시 사는 사람이다' 라는 소리가 머릿속에 꽉 들어차도록 자기암시를 완전히 걸어주어야 하고 불변의 확신을 가져야 한다. 둘째는 중병을 넘어서는 마음을 갖추는 것이니 곧 병보다 큰 마음을 요구한다. 이는 병에 따른 마음에 걸리지 않는 것이다. 이 두 가지는 중병에 이기는 자기존재를 재형성하는 일이다. 셋째는 신(神)에게 기도하는 것이다. 이 때 기도는 단지 병을 낫게 해달라는 것이 아니고 내가 죽지 않고 사는 사람이라는 사실을 증명해달라는 요청이다. 이것이 필요한 이유는 병이 혹시 업장으로 인해 생긴 탓일 수도 있기 때문이다. 이 경우는 병원치료나 여러 가지 요법으로 잘 낫지 않기 때문이다. 그리고 이 세 가지를 평소 꾸준히 실천해가면 내 영혼과 신과 내 몸이 둘이 아니게 되므로 대우주의 힘을 포용하여 중병에 걸려도 걱정할 필요가 없게 된다. 덧붙여 평소 하지 않던 바람직한 행(行)을 하나 정도 꾸준히 해나가면 금상첨화가 된다.

63.
十方智者　皆入此宗

시방지자 개입차종

온 우주의 지혜로운 이들은 모두 이 종취로 들어옴이라

사랑보다 미움이 더 강한 이유는 때가 되면 상대가 떠나거나 변하기 때문이다. 그것은 순간 충격을 주기 때문에 훨씬 더 강하게 영혼 속에 각인된다. 그러나 미운 정(情)도 정(情)인지라 복수 속에도 사랑이 반드시 조금은 들어가 있다. 이 때 이 사랑을 순간 끄집어내면 무서운 악인 연이 맺어지는 것은 피하게 되고 덕을 얻게 되니 인욕이다. 현상계에서는 사랑을 남겨놓고 미움만 사라지는 것은 불가능하고 미움만 남겨놓고 사랑만 사라지는 것 또한 불가능하니 그 누구도 복수의 화신이 되는 것은 면할 수 있다. 이것이 정녕 사랑의 힘이다. 극소(極小)의 사랑일지라도 극대(極大)의 미움을 반드시 이겨낼 수 있다. 사랑은 그 뿌리가 내가 없는 본래사랑이 되어 있고 미움은 본래 뿌리없는 잡초이기 때문이다.

신(神)에게 기도하는 것도 불이(不二)라야 어긋남이 없게 되니 기도하는 내가 있으면서 동시에 기도하는 내가 사라져야만 큰 기도라고 할 수 있다.

▧▧▧ 시방세계의 모든 지혜로운 이들은 모두 불이(不二)를 통해 진여법계로 들어간다. 진여법계로 들어가기 위해서는 지혜로워야 된다는 전제조건이 붙는다. 즉, 지혜가 모자라면 현상계의 굴레를 벗어날 수 없게 되는 것이다. 진여법계로 들어가는 것은 지혜의 완성을 뜻하고 이것은 바로 반야바라밀로서 불지혜(佛智慧)가 되는 것이다. 지식은 3차원이고 지혜는 4차원에 속하는 개념이니 현상계에서조차 바른 사람이 되지 못하는 사람이 어찌 지혜를 얻어 신령세계 속으로 들어올 수 있겠는가? 욕심으로 억지로 애쓰면 마음이 어긋나니 마(魔)의 세계로 들어가고 만다.

불이(不二)의 종취로 들어오는 것은 생각이나 희망 등 식정(識情)이 아니라 지혜이고 그 지혜를 낳는 마음과 행(行)을 가져야만 되는 것이다. 지혜를 낳는 마음은 부처님의 마음이고 그 행(行)은 밀행(密行)과 선정(禪定)이 된다. 생각과 식정은 이를 뒤따르며 보조하고 지지해준다. 버릴 것이 하나도 없이 잘 활용하면 되고 얻을 것이 하나도 없이 잘 만들어내면 된다.

지혜는 어디서 생기는가? 바로 정(定)에서 생겨나니 곧 혜(慧)다. 정(定)은 힘과 지혜를 동시에 품고 있는 고요함이다. 그 힘은 정력(定力) 또는 선정력(禪定力)이라고도 한다. 바로 부동심에서 오는 힘이고 신

(神)의 힘을 받아들이는 힘이기도 하다. 그래서 정(定)을 이루고 유지하고 깊게 하는 것이 지혜를 얻기 위한 핵심이 된다. 그러려면 필연적으로 밝아야만 한다. 어둠에 처해 있으면서 정(定)을 이루기는 불가능하기 때문이다. 밝고 또 밝아져서 내가 만물을 비추어야만 정(定)을 이룰 수 있지, 반대로 나 자신이 비추어지면 정(定)이 이루어지지 못한다. 그림자가 생기기 때문이다. 지혜의 원천은 바로 (定)에서 드러나는 밝음이요, 밝음이 가지고 있는 정(定)인 것이다. 그러면 어리석음의 원천은 무엇인가? 바로 어둠이다. 자기영혼이 어둡고 자기마음이 어둡고 자기생각도 어둡다. 어두우면 밝음을 바라기 때문에 명암(明暗)의 분별심에 의해 마음이 저절로 늘 움직이므로 고요하거나 나아가 고요함조차 사라진 선정(禪定)에 들지 못한다. 그러면 왜 어두운가? 바로 자기의 잘못된 어리석음 때문에 가지게 된 분별심과 그 결과인 업(業) 때문이고 이 업이 움직이면 고요함이 깨지므로 지혜를 얻는 데 방해물로 작용하니 업장(業障)이라고 한다. 그러므로 분별심의 소멸이 곧 업장소멸이고 업장소멸이 곧 해탈이고 해탈이 곧 4차원의 지혜를 가져다준다. 분별심과 업장을 소멸하는 주된 방편이 바로 참회와 고행인욕이고 참회와 고행인욕의 완성은 곧 업장의 소멸이며 밝음과 정(定)이 드러나면서 지혜가 생겨나 분별심도 영영 사라지게 해주는 것이다. 그래서 상대분별의 감옥에서 석방되어 자유로운 불이(不二)의 세계로 귀환하는 것이다. 본래는 업장의 두터움과 얇음을 분별하지 않지만 현실에서는 업장이 두터우면 그만큼 시간이 더 많이 걸리고 힘이 더 드는 것만은 사실이다. 그러므로 이 공백은 아주 강인하고 단일한 정신력으로 메우게 되니 두터움과 얇음의 양변이 해소된다.

　모든 일이 그렇듯이 평소에 꾸준히 공을 들여놓으면 위기상황에서 힘을 얻어 극복하고 벗어날 수 있게 된다. 수행자에게는 계율을 지키는 데서 얻는 힘이고 일반인에게는 살아가는 데 있어서 자기존재를 이끌어나가고 흐트러지지 않도록 지키는 좌우명에서 힘을 얻게 된다. 이것을 신념이라고 표현하기도 하지만 모두 내면에 체화되어 있다는 사실은 동일하다. 신념이 강해야 성공할 수 있다는 세속의 성공론을 따르더라도 굴곡이 큰 인생에서 신념을 얻어 이루는 것이 필수가 된다. 사업하다가 망했을 때 다시 일어서게 해주는 힘이나 좌절되어도 끝까지 밀고 나가 목표를 이루게 하는 힘을 가지는 것은 그리 어렵지 않다. 운명을 잘 살펴 필요한 핵심덕목을 추출한 후에 그에 맞게 신념과 좌우명을 갖고 그것이 늘 눈에 띄도록 하고 밖으로 드러내지 않고 틈날 때마다 마음속 깊이 되새기면서 살면 된다. 그러면 실패로 영영 쓰러질 일은 없고 반드시 일어서며 목표를 이루어낸다.

64.
宗非促延 一念萬年

종비촉연 일념만년

종취란 짧거나 긴 것이 아니니 한 생각이 만년이요

　　본래사랑의 차원에서는 사랑하는 마음이 생기지도 않고 사라지지도 않으며 짧게 가거나 오래 가는 것도 아니다. 순간의 사랑이 만년의 사랑과 같고 만년의 사랑이 순간의 사랑과 같으니 시간의 흐름에 따라 마음이 달라지지 않는다. 영원히 한결같으니 사랑하는 마음이 변하는 데서 오는 고통이 근본적으로 소멸되었다. 아쉽다면 사랑은 본래 영원한데 내 마음이 단지 짧을 뿐이니 사랑은 죄가 없고 내 마음이 죄인이 될 뿐이다. 태어나서부터 사랑받지 못하고 자란 사람일지라도 밖으로부터 받는 그 어떤 사랑과 비교할 수 없는 절대적인 본래사랑이 갖추어져 있으니 이것을 드러내고 밝히면 스스로 너무나 행복할 수 있게 된다. 본래사랑은 항상 영원하여 사라지지 않기 때문이다. 그러므로 이것을 알지 못하면 사랑을 구걸하다가 자기가 스스로를 항상 목마르게 할 뿐이다.

1년 후를 생각하며 기도하다가 30년 후를 생각하며 기도하다가 어느새 1년과 30년이 함께 사라져버리니 신(神)이 비로소 나타난다. 그 이후부터 신이 없는 시간이 없게 된다.

▨▨▨　상(相)이 머물고 있는 상대분별의 현상계에서는 짧고 긴 것의 상대가 있고 시간 또한 그렇다. 또한 분별심에 따라 시간 역시 저마다의 주관일 뿐이다. 시간이 움직이니 마음이 움직인다. 그래서 나와 별개로 미래를 기다리며 과거로부터 지배당한다. 현상계에서는 결국 시간의 노예가 될 수밖에 없다. 그러므로 생사(生死)가 강제로 주어진다. 그러나 진여법계에서 바라보면 마음이 움직이니 시간이 움직인다. 무심(無心)하니 당연히 미래란 없게 되고 과거 또한 없게 되니 과거, 즉 업의 지배를 벗어난다. 진여법계의 종취는 시간적으로 짧거나 길지도 않다. 더군다나 삼생(三生)을 달관하니 시간으로부터 벗어나 시간도 나의 용(用)이 된다. 왜 시간이 짧거나 길지 않은가? 시간이란 것이 있어 길고 짧은 것은 마음이 만들기 때문이다. 마음이 소멸하면 시간이란 것은 단순히 현상계 모습의 변화에 지나지 않는 것이 된다. 본질적으로 나의 자성(自性)과는 아무 상관없게 되는 것이다. 자성은 찰나부터 영원까지 하나로 품지 않은 시간이 없기 때문이다. 시공에 따른 생사(生死)를 벗어났기 때문에 생사(生死)의 자유로운 선택은 너무나 당연한 사실이다. 당연히 길고 짧음에 따른 마음의 변화는 따로 없다. 영원불변하니 짧고 긴 것이 없이 내 마음대로 시간을 가질 수 있게 된다. 나는 마침내 시간의 주인이 된다. 그래서 한 생각이 만년이며 만년이 한 생각이 된다. 왜 그러냐 하면 실제로 한 생각이 만년을 간다. 아니 만 년은 영원(永遠)을 의미하므로 실제로 영원하다. 그래서 공부도 끝없는 길이 된다.

한 생각과 만년이 따로 있는 것이 아니라 한 생각도 찾아볼 수 없고 만년도 찾아볼 수 없다. 진여법계는 시간의 흐름과 시간의 차별에 따른 마음이 끊어진 자리이다. 그래서 영원하고도 불변하다. 신(神) 역시 이 자리에 있다. 시간이 끊어지고 나와는 무관한 것이 되고 마니 시간 속에서의 인연(因緣)의 자유를 얻었다. 인연에 매이는 두려움과 얻으려는 마음이 근원적으로 소멸되었으니 역설적으로 현상계의 시간을 한없이 존중하게 된다. 왜냐하면 시간은 공간과 더불어 더 이상 내 개인의 개별적인 소유가 아니라 일체존재의 고귀한 마음 그 자체이기 때문이다. 일체평등심이 시간과 공간에서도 그대로 적용되는 것이다. 그래서 부처가 이 세계에 몸을 가지고 태어나면 중생과 더불어 똑같은 수명을 가지게 된다. 그래서 성인(聖人)은 생사(生死)조차 대자대비로서 대도(大道)의 대용(大用)이 된다. 대도를 가는 이는 자기가 시간을 소유하고 있으면 안된다. 내가 품고 있는 과거와 현재와 미래를 부처님과 법(法)과 자성(自性)에게 몽땅 그리고 단번에 내줘버리고 자유로워져야만 한다. 그래서 늘 한가롭고 하릴없어 자유롭다.

시간을 잘 따지면서 해나갈 일이 있고 시간을 의식하지 않고 해야 할 일이 있다. 이것이 뒤바뀌면 모든 일이 어긋나게 된다. 수행 등을 비롯하여 자기존재를 직접 상대로 하는 일은 시간을 의식하면 절대 안된다. 평소에 꾸준히 죽을 때까지 해나가는 것이다. 그리고 시간을 의식하지 않으므로 결과 역시 의식하지 않아야 한다. 자기가 자기를 대상으로 하는 일에 무엇을 바란다는 것은 처음부터 어긋난 일이 되어 부작용만 나타난다. 또한 시간을 의식하지 않는다는 것은 곧 자기 자신에게 집착하지 않는다는 것이다. 자칫 자기에게 매달려 부자유가 커지기 때문이다. 시간을 의식하지 않는다는 것은 시간의 흐름에 따라 변하는 자기모습과 그 때 그 때의 상황에 따라 흔들리지 않는다는 것이다. 시간을 의식하지 않는다는 것은 조급해하거나 지루해하지 않는다는 것이다. 집착하지 않으니 조급하지 않고 결과를 생각하지 않으니 지루할 이유가 도통 없다. 생체리듬만 잘 조화시켜나가면 된다.

65.

無在不在　十方目前

무재부재 시방목전

있거나 있지 않음이 없어서 온 우주가 바로 눈앞이로다

　　순수한 사랑은 상대만을 보는 것에서 나아가 상대를 통해서 우주를 보는 것이다. 그리고 상대가 우주와 이어져 있는 존재임을 사랑을 통해 보고 알아 존중하는 것이다. 거기서 보다 더 큰 사랑을 갖게 되는 것이다. 집착과 애욕이 사랑의 지혜를 가로막고 있을 뿐이다. 상대를 나의 욕구충족의 수단으로 보는 것은 죄를 짓게 된다. 가장 큰 벌은 사랑이 바늘 끝처럼 점점 좁아져 상대를 통해 나 자신이 컴컴한 우물 속에 갇히고 마는 것이 된다. 순수한 사랑은 사랑하거나 사랑하지 않음이 없고 대상에 따라 사랑이 다르지 않으며 그 어느 대상도 사랑하는 마음에서 빼놓지 않으니 나의 사랑하는 마음이 온 우주에 꽉 차게 된다. 그러면 나에게서 멀리 떨어져 있던 온 우주와 일체존재가 태초 이전부터 본래 가지고 있던 모습으로 나에게 가까이 다가오니 마침내 눈앞에 드러나게 되면서 나와 하나가 된다.

하늘에 계시는 신(神)을 찾다가 땅에 계시는 신(神)을 찾다가 나에게 계시는 신(神)을 찾다가 하늘과 땅과 내가 찰나에 몽땅 떨어져나가니 어디선가 신이 눈앞에 홀연히 나타난다. 그 이후부터 신이 없는 공간이 없게 된다.

▨▨▨ 길은 멀고 가까움이 없다. 단지 내가 옮기는 발걸음만 있을 뿐이다. 현상계에서는 있거나 없거나 하는 것이 진여법계에서 보면 단지 상대적인 변화일 뿐인 것이다. 모습을 바꾸고 숨고 드러남의 차별이 있기 때문이다. 무(無)와 유(有)가 따로 있어 서로 대립하여 〈무〉에서 〈유〉가 되거나 〈유〉에서 〈무〉가 되는 것이니 마음이 생사(生死)를 반복하게 되고 상(相)도 그에 따르게 된다. 진여법계는 오로지 절대적(絶對的)으로 있을 뿐이거나 없을 뿐이다. 이 속에서는 그것이 몽땅 드러나니 현상계에서의 〈유〉가 즉 〈무〉고 〈무〉가 즉 〈유〉다. 그러니 불생불멸(不生不滅)인 것이다. 자성(自性)은 있고 없음에 단 한 순간도 그리고 조금도 매이지 않으니 〈유〉와 〈무〉를 동시에 하나로 품고 〈유〉와 〈무〉를 자유롭게 운용하면서 영원히 즐기니 대도(大道)의 대용(大用)이다. 당연히 있거나 있지 않음이 없다. 생멸에 따른 기쁨과 슬픔이 없이 오로지 영원한 기쁨 뿐이다. 영원한 기쁨은 영원한 자유에서 온다.

시방(十方)은 공간적으로 멀고 눈앞(目前)은 가까우나 진여법계에서는 멀고 가까움의 차별이 사라져 두루하게 된다. 있거나 있지 않음이 없다는 것은 또한 있고 싶은 곳에 마음대로 있을 수 있고 있지 않고 싶은 곳에는 마음대로 있지 않게 되는 자유를 얻은 것이다. 또한 가까워지고 멀어짐이 없는 것이니 일체존재들과 항상 더불어 머물고 있으면서 또한 그 속에 빠져 있지는 않게 되는 것이다. 즉, 머무는 공간 속에서도 보고 싶으면 보고 안 보고 싶으면 안 볼 수 있다. 그러므로 공간의 자유는 곧 공간 속에서의 인연(因緣)의 자유를 이룬다. 현상계에 의식에 매여 있으면 있거나 있지 않음에 자유가 없이 몸이 따르는 곳에 마음이 머물게 되고 그 몸도 외부의 힘에 의해 주어지는 곳에 머물 수밖에 없게 된다. 그러니 공간의 자유가 없는 상태에서는 항상 멀어지고 가까워지는 데서 오는 고통이 쉴 틈이 없게 되는 것이다. 또한 한 공간 속의 인연이 멀어지고 가까워지는데 따라 마음도 동시에 멀어지고 가까워지니 고요함이 없이 항상 제한된 공간에서 겨우 숨만 쉬는 꼴이 되는 것이다. 이 공간 저 공간 옮겨가도 마찬가지이다. 공간이 문제가 아니라 나 자신이 문제인 까닭이다.

시방이 목전이란 것은 몸이 대우주와 꼭같은 크기가 되어 현상계와 진여법계의 경계를 넘어서 자유롭게 되는 공간의 자유를 얻었으니 일체공간이 내 공간이 된다. 육안을 넘어 불안(佛眼)까지 동시에 일체로 구비하게 되니 그렇게 된다. 나의 눈 이상의 밝음이 없으니 대우주의 밝음과 어둠이 낱낱이 비치는 것이다. 오고 싶으면 오고 가고 싶으면 가고 머물고 싶으면 머물고 보고 싶으면 보고 안 보고 싶으면 안 보고 있고 싶으면 있고 없고 싶으면 없는… 이런 공간의 대자유를 얻으려면 대우주의 모든 공간과 모든 존재에 대해 마음이 열려야 되는 법이다. 색(色)과 공(空)이 원융무애한 경지로서 무심(無心)에 따른 무주(無住)가 이루어져야 된다. 내 존재가 머물고 싶거나 떠나고 싶은 공간의 분별취사심이 떨어져나가니 비로소 가능하게 된다.

세계화 시대가 의미하는 바는 무엇인가? 이제 한 국가만 잘 산다는 것은 있을 수 없고 앞으로 개별 국가의 의미가 없어진다. 모두 잘 살든지 모두 못 살든지 할 뿐이다. 각자가 잘 살겠다고 하면 모두 공멸하게 되어 있다. 우리가 스스로 그렇게 만들어 놓았다. 그러므로 앞으로의 세계질서는 인간의 삶의 지표를 마음에 두고 실용성과 실속을 중시하여 지도층의 유치한 허세와 어리석은 사치낭비를 막고 국제적으로 연대하여 탐욕이 아닌 도(道)에 따른 새로운 사고방식을 일으켜야 한다. 뜻을 같이하는 사람들이 전 세계 사람들과 연대하여 그렇게 해야 된다. 그러므로 앞으로의 인류의 진정한 적(敵)은 혼자만 잘 살겠다고 날뛰는 이기적인 무리가 된다. 철저하게 공존과 공생, 공영이 인류의 좌우명이 되어야 전체의 고통에서 점차 벗어나 세계평화를 가져올 수 있다. 그리고 불법을 잘 공부해서 왜 그런지를 모두 터득해가는 것도 극히 중요하다.

66.
極小同大　忘絶境界
극소동대 망절경계
지극히 작은 것이 큰 것과 같아서 상대경계 모두 끊어지고

　　상대는 비록 크고 작거나 잘나고 못난 차별은 있지만 각각의 상대마다 그 속에 들어찬 나의 사랑은 더없이 큰 모습으로 똑같이 있게 된다. 이는 나의 사랑이 지극히 작아 비교할 것이 없고 찾아볼 수도 없으므로 어느 대상에게나 스며들어갈 수 있고 틈이 없이 채울 수 있기 때문이다. 그래서 지극히 작은 사랑이 큰 사랑과 같은 것이 된다. 나의 사랑하는 이 작은 마음으로 인해서 일체가 우주에서 가장 큰 모습으로 평등하게 되니 이것이 사랑하는 마음이 가진 위력이다. 그러므로 내 사랑이 크고 작은 여부가 문제가 아니라 오로지 순수한 사랑인가 아닌가가 문제가 된다.

큰 신(神)을 기다리면서 작은 신은 쳐다보지도 않는 동안에는 감감무소식이었다고 작은 신이 등장하니 큰 신이 뒤따라 등장한다. 큰 신은 큰 것을 주고 작은 신은 작은 것 밖에 주지 못한다는 탐욕망상에서 벗어나 큰 신과 작은 신, 천사와 악마가 하나로 움직인다는 사실을 비로소 깨달으니 크고 작은 분별심을 넘어서게 되어 지혜가 생겨난다.

▨▨▨ 작은 것을 볼 줄 안다는 것은 지극히 작은 것이 큰 것과 같음을 아는 것이니 이를 일컬어 밝음이라고 한다. 길고 짧은 시간과 멀고 가까운 공간이 융합되어 사라져버리고 동일한 시공간 내에서 크기를 달리하는 모습들 또한 차별이 떠나가게 된다. 오로지 마음의 크고 작음에 따라 크고 작은 상(相)의 경계가 생겨난다. 그러므로 분별심을 벗어나 그 자성(自性)은 동일함을 깨닫고 일체생명의 목숨과 자유를 나 자신으로 삼아야 하는 법이다. 그러려면 크기에 따라 자연스럽게 생기는 힘의 충돌로 인한 구속을 없애야 되는데, 그것은 마음으로 가능하게 된다. 큰 것과 작은 것의 근본은 같으니 모두 근본으로 돌아가면 되는 것이다. 만일 작은 것이 작은 것이고 큰 것이 큰 것일 뿐이라면 부처도 신(神)도 성인(聖人)도 깨달음도 조화와 평화도 일체가 없게 된다. 없는 곳이 없어야 되거늘 경계와 공백이 생기기 때문이다. 지극히 작은 것은 큰 것과 같으니 작은 것은 그 사실을 알고 지극히 작은 것이 되도록 하는 것이 진여법계로 들어가는 길이 된다. 그 길은 전체적으로 작음을 없애가는 것이 된다. 작음을 없애므로 지극히 작은 것이 되어 작음에서 벗어나니 비로소 지극히 큰 것이 된다. 작은 것이 큰 것과 같다고 하지만 그렇다고 곧바로 큰 것이 되는 것이 아니다. 지극해야 되는 법이다. 여기서 자기보다 더 큰 상(相)을 보고서 갖게 되는 자기 자신에 대한 일체의 부정

적인 평가와 절망이 사라지고 무한한 희망과 잠들어있던 큰 힘이 뿌리를 튼다.

 큰 것과 작은 것은 눈만 뜨면 접하는 매순간의 분별심이다. 큰 것은 작은 것을 붙잡으려고 하고 작은 것은 큰 것으로부터 도망치려고 한다. 그리고 우리 모두 끊임없이 보다 더 큰 존재가 되고 더 큰 것을 얻기 위해 애쓴다. 나보다 더 큰 것으로부터 자유를 얻고 더 작은 것을 내 욕망대로 다룰 수 있도록 되기 위해서이다. 힘이 더 강한 것이 큰 것이기 때문이다. 그러나 질서는 큰 것과 작은 것이 서로 의지하여 이루어져 있다. 큰 것은 작은 것이 있으므로 큰 것이 되고 작은 것은 큰 것이 있으므로 작은 것이 된다. 작은 선(善)은 큰 것이 작은 것에 도움을 주고 작은 것은 큰 것을 존중하는 것이다. 그래서 큰 것은 작은 것을 지배하지 않고 작은 것은 큰 것을 두려워하지 않아 서로서로 편안하고 평화로운 상태이다. 큰 선(善)은 큰 것이 작은 것의 성품과 조금도 차별이 없음을 알고 작은 것 역시 큰 것과 성품이 조금의 차별도 없음을 알고 일체평등을 이루는 것이다. 그러나 생명체는 개개별로 드러난 다양한 힘의 차이가 엄연히 있으므로 해서 중생의 소원은 작은 선(善)에 머물고 부처님의 소원은 큰 선(善)에 머물지만 둘 다 이루기가 무척 어렵다. 해탈한 도인들이 쉬지 않고 다시 와서 뜻있는 사람들과 열심히 움직여야 조금은 이루어지게 된다. 이상적인 것은 큰 것은 그 힘을 진여법계로 나아가는 데 전력을 쏟고 작은 것은 작은 마음을 없애고 그 힘을 바르게 키우는 데 전력을 쏟아 큰 것이 되는 것이다. 그래서 작은 것이 지극히 작아져 큰 것임을 온몸으로 스스로 증명하면 곧 부처가 된다. 지극하다고 함은 크고 작음의 분별이 사라졌을 때의 순수하게 남아 있는 모습이니 그 마음은 곧 지극히 큰 것과 동일한 것이 된다.

　작은 것은 어떻게 진여법계로 나아가는가? 비결은 바로 큰 것에 대한 두려움과 비굴함, 그리고 그에 따른 분노심을 없애는 데 있다. 그러려면 우선 담력을 크게 키워야 한다. 담력을 크게 키우려면 정신을 단련하면 된다. 정신을 단련하려면 무척 힘이 들고 고생이 된다. 그렇게 정신 속에 독기(毒氣)가 생겨나고 강화된다. 그 독기를 불심(佛心)을 접하면서 자비로운 힘으로 승화시켜간다. 그래서 작은 것이 작음을 없애 지극히 작아져 비로소 큰 것이 되어 진여법계로 나아갈 수 있게 된다. 눈에 보이지 않고 귀신도 볼 수 없는 지극히 작은 것이 되어야 큰 것과 허공의 벽을 유령처럼 뚫고 나아갈 수 있으므로 이런 과정을 총체적으로 인욕(忍辱)바라밀이라고 부른다. 지극히 작은 것은 그래서 무(無)가 된다. 힘없는 자유와 깨달음은 있을 수 없다. 작은 것이 큰 것을 부러워하며 게으르면 큰 것의 지배로부터 오는 고통이 심해지면서 점차 소멸의 길로 접어들게 된다. 신(神)으로부터 힘을 받는다고 해봐야 자기의 작은 힘을 그대로 두고 그 힘을 담아 커질 수 있는 것은 한계가 있다. 중생수기득이익(衆生隨器得利益)이기 때문이다. 작은 힘에 그대로 큰 힘을 담으면 터지고 만다. 그래서 신에게 큰 힘을 달라고 외쳐봐야 자기가 큰 힘을 키워가지 않는 한 자기가 욕심내는 그런 힘은 오지 않게 되어 있다. 또한 자기가 지극히 작아져야 비로소 신의 큰 힘이 오게 되고 담긴다. 이것은 법이니 예외가 없다.

　작은 것이 큰 것이 되지 못하는 이유는 스스로 경계를 강하게 한정짓기 때문이다. 모습의 크기에 따른 차별이 있는데, 거기다가 모습에 따른 마음마저 가세하니 절대 큰 것이 되지 못한다. 그러나 본질은 동일함을 알고 큰 것이 되고자 큰 용기를 내어 자기의 작은 마음을 부수어가면 그 속에 숨어 있던 큰 모습이 나오니 참으로 신묘한 사실이다. 그런데 작은 상(相)이 굳어져 있어 용기를 내기 어려우니 일단 외부의 강한 자극이 요구되는 현실이다. 그 때의 자극은 치욕과 분노가 된다. 이를 악물고 주먹을 불끈 쥐니 잠자고 있던 영혼의 힘이 깨어난다. 이 때 그 힘이 밖으로 향하면 그만 흩어지고 말지만 내면의 좋은 결심으로 뭉쳐지면 역경을 딛고 일어서는 큰 인물이 된다. 작은 것이 큰 것이 되는 데 있어서 학교교육은 그다지 소용없다. 오로지 작은 모습 그대로 사회에 순치시키는 일이기 때문이다. 종교 역시 신에게 순종하고 따르기만 강요하면 작은 것은 더욱 순치되어 스스로 파괴되고 만다.

67.
極大同小 不見邊表
극대동소 불견변표

지극히 큰 것은 작은 것과 같아서 그 끝과 겉을 볼 수 없음이라

많은 사람을 사랑한다고 큰 사랑이고 한 명을 사랑한다고 작은 사랑이 아니다. 본래사랑은 지극히 커서 그 어떤 큰 것과 비교할 수 없고 찾아볼 수도 없으므로 그 끝과 겉을 볼 수 없다. 그러므로 어떤 대상도 모두 넉넉하게 포용하여 똑같이 사랑하게 되니 일체 대상이 나의 지극히 사랑하는 마음으로 인해서 부담이나 압력을 조금도 느끼는 바가 없게 되고 존엄성과 주체성을 상실하지 않으며 평등하게 된다. 그러므로 지극히 큰 나의 사랑은 작은 사랑이 되고 그 작은 사랑 역시 더할 수 없이 작게 되어 사랑이 평화를 가져온다. 큰 사랑을 요구하는 상대에게는 큰 사랑을, 작은 사랑을 요구하는 상대에게는 작은 사랑을 주게 되니 크고 작은 경계에 마음이 걸리지 않고 자유롭게 사랑을 운용하게 된다.

큰 신(神)은 큰 것을 보니 인간을 존중하여 크고 작은 신(神)은 작은 것을 보니 인간을 무시하여 작아서 신의 크고 작은 분별이 나타난다. 인간이 작은 것을 보니 큰 신은 존중하고 큰 것을 보니 작은 신을 무시하여 인간의 크고 작은 분별이 생겨난다. 그러므로 큰 신은 보이지 않는 것을 은밀하게 주고 작은 신은 보이는 것을 드러내며 준다. 큰 신은 지시하지 않고 작은 신은 지시한다. 그래서 큰 신은 없는 듯이 느껴지며 답답하고 작은 신은 있는 듯이 느껴지며 명쾌하다. 신이나 인간이나 본래 크고 작음이 없지만 분별하여 따로 보는 동안에는 큰 신과 작은 신 모두 나와 무관하게 된다. 크고 작은 신 모두 다양한 화신(化身)으로 나의 크고 작은 모습들에 두루 응하니 나에게는 오로지 평등하고 똑같이 고맙고 위대할 뿐이다.

▨▨▨ 작은 것은 자기를 내세우는 것이고 큰 것은 자기를 숙이는 것이며 지극히 큰 것은 자기를 내세우지도 숙이지도 않으면서도 삼라만상이 모두 그에 돌아가니 진정한 주인이고 중심인 것이다. 그러므로 작음을 지킬 줄 아는 것이 지극히 큰 것이고 지극히 큰 것은 작음을 지킬 줄 안다. 그러므로 크다고 할 수 없고 스스로 크다고 하지도 않으니 능히 그 큼을 가질 수 있는 것이다. 큰 것이 지극히 커져서 크고 작은 분별이 마침내 사라지니 그 광명체의 힘이 천지우주와 동일하게 된 것이 부처이고 깨달음이다. 지극히 큰 것은 대우주다.

큰 것은 지극히 커지게 되어 진여법계로 나아간다. 큰 껍데기를 벗는 것이니 끝과 겉을 벗어나는 것이다. 그러려면 큰 것 역시 껍데기를 부술 힘을 더욱 축적해야 되지만 그것만으로는 되지 않는다. 그것과 더불어 큰 것에 매인 마음을 없애야 되니 이것은 작은 것이 큰 것과 동일함을 체득해가는 것이다. 큰 것은 지극히 커져야만 작은 것과 동일함을 비로소 알 수 있게 된다. 큰 것이 지극하게 큰 것이 되는 과정이 선정(禪定)이다. 선정은 그 커진 덩치를 껍데기를 부수는 작업이다. 이것이 완성되어 바라밀이 되니 비로소 우주와 한 치의 오차도 없이 똑같이 크게 된다. 당연히 지극히 큰 것이 되어 일체의 작은 것 속에 들어가 있음을 보게 되어 비로소 작은 것과 같음을 알게 된다. 그래서 지극히 큰 것과 지극히 작은 것은 동일하다. 지극히 큰 것은 그 아무리 크고 작은 것이라도 남김없이 포용하게 되니 하나가 되고 지극히 작은 것은 작은 모습이 사라져버림으로써 지극히 큰 것을 가득 채우니 지극히 큰 것과 동일한 것이 된다. 이렇게 크고 작은 분별상에서 드디어 벗어나게 된다. 신(神)은 크고 작음, 높고 낮음이 본래 없지만 그 모습을 우리의 안목에 드러낼 때 현상계의 기준으로 우리의 모습과 크기에 상응하도록 한다. 모든 존재에게 응할 때 천변만화하는 것이 곧 지극히 큰 것이므로 그 드러낸 모습은 작은 것과 같게 되니 천백억화신(千百億化身)이다.

큰 것이 지극하게 큰 것이 되지 못하고 큰 모습 그대로만 유지해가면 생멸(生滅)변화를 갖는 시공간 속에 갇혀 충돌하면서 결국은 모두 파괴되고 생멸의 고통을 매번 맛보니 크나 작으나 최종결과는 똑같다. 이것은 자연스러운 현상이고 분별상(分別相)을 애써 유지하는 대가는 참으로 비참하다. 그러니 크다고 드러내 오만하거나 작다고 숨어 분노하는 것은 일체 어리석음이 된다. 지극히 큰 것과 지극히 작은 것이 영원불변한 도(道)의 모습이 되니 그렇게 되고자 애쓰는 것만이 바르고 유일한 길이다. 지극하다고 함은 그 마음이 모습의 한계에 갇혀 있지 않고 허공과 삼라만상에 빈틈없이 두루 들어차는 것이니 크고 작음, 커지고 작아짐, 유(有)와 무(無)의 경계가 소멸된다. 이는 곧 신령세계에도 내 존재가 소속을 두게 되는 것이다. 큰 것과 작은 것이 지극하게 되는 것은 부처님의 마음을 가지는 것으로부터 출발한다. 그리고 끝이 없다는 것을 알고 나아가야 끝과 겉에 갇히지 않게 된다.

큰 것이 작은 것이 되지 못하는 이유는 작은 것과 따로 마음이 있기 때문이다. 조금 커지면 절대 작아지려고 하지 않기 때문에 조금 큰 인물로 끝난다. 큰 인물이 작은 인물이 되어야 지극히 큰 인물이 되는 법이다. 그럼으로써 둘 아니게 포용하게 된다. 남북한이 통일되면 큰 인물이 아니라 지극히 큰 인물이 지도자가 되어야 하는데, 이는 남북한 사람들 하나하나를 모두 마음에 거두어들일 수 있는 사람이기 때문이다. 그래서 큰 덕으로 본래성품의 힘을 빌어 동질성을 회복하고 한마음이 되도록 해주게 된다.

68.
有卽是無　無卽是有

유즉시무 무즉시유

있음이 곧 없음이요 없음이 곧 있음이니

　순수한 사랑은 나 자신과 상대에게 바라고 머무는 것이 없는 만큼 사랑하는지 사랑하지 않는지에 대한 생각이 별도로 없다. 그러므로 사랑함이 없이 사랑이 늘 이루어지고 있으며 그 때 사랑함이 겉으로 드러나면 사랑을 더욱 크게 느끼게 된다. 이런 사랑은 망념이 아닌 것이 되므로 진심(眞心)이요, 너와 나의 사랑이 따로 있는 것이 아니므로 일심(一心)이며 변하는 것이 아니므로 부동심(不動心)이다. 사랑을 통해 나 자신의 마음을 바르게 세우고 닦아가니 비로소 사랑이 곧 진리가 된다.

있는 자리가 곧 일체가 없는 자리이고 없는 자리가 곧 일체가 있는 자리임을 밝게 보면 언제 어디서나 신(神)을 자연스럽게 보게 된다. 유신론자나 무신론자 모두 유무(有無)의 상대성에 매여 있으니 절대세계의 신을 볼 수 없게 되는 점은 똑같다. 오로지 불이(不二)를 체득하고 대도(大道) 계합해야만 가능해진다. 그 전에는 내가 아무리 신을 믿더라도 나와 무관한 신일 뿐이다.

▨▨▨▨ 시간과 공간과 그 속의 모습까지 상대성의 차별을 없애가지만 이 분별의 궁극적인 양변은 바로 있음과 없음이 된다. 모든 상대성은 유(有)와 무(無)로 귀결된다. 그러므로 가장 넘기 어려운 분별심의 최종관문이 된다. 반면 이 상대성만 넘어서면 드디어 절대성(絶對性)의 진여법계로 들어가게 되는 것이다.

있음이 곧 없음이고 없음이 곧 있음이니 신이 있느냐 없느냐 또는 우주가 끝이 있느냐 없느냐 하는 등의 의문과 질문은 그 자체가 오류로서 어긋난 것이 된다. 그래서 성인(聖人)은 잘못된 질문이니 답하지 않는다. 또한 성인은 절대로 관념을 심어주지 않고 반드시 실상(實相)만 취급하기 때문이다. 분별심에 머무르는 사람은 본래는 성인에게만은 질문할 자격이 없는 법이다. 자기의 질문이 무엇이 잘못되어 있는지조차 깨닫지 못하니 그 어떤 답변이든 알아듣지 못하는 것은 물론 반드시 왜곡되게 들을 수밖에 없다. 그러니 아예 말을 돌리거나 침묵(沈默)을 지키거나 호된 야단을 치는 것이 상대방을 위하는 자비가 된다. 직접 대답하지 않는 그 자체가 이미 질문과 본인의 어리석음을 깨우쳐주는 말없는 가르침이다. 화난 표정의 엉뚱한 호통은 피곤하지 않을 때 상근기자

318

에 한해 가끔 베푸는 큰 자비다.

　내가 없애려고 하는 유(有)와 무(無)의 경계는 있는 그대로의 〈유〉와 〈무〉가 아니라 내 마음이 머물고 있는 주관적 대상으로서의 〈유〉와 〈무〉다. 즉, 나와의 인연관계에서 형성된 〈유〉와 〈무〉다. 서로 의지하고 있는 이 〈유〉와 〈무〉의 양단을 없애면 곧바로 공(空)에 들어가지만 이런 경우는 전생에 이미 〈유〉와 〈무〉의 상대성(相對性)을 벗어난 차원에 있던 상근기자가 금생에 태어나 도를 닦아 단박에 그렇게 되는 것이다. 그러니 시간과 공간의 마음을 일으켜 갇혀 있는 상(相)의 세계인 현상계에서는 〈유〉와 〈무〉를 어느 정도 벗어나면 대부분에게 일단은 허(虛)와 실(實)이 나온다. 이 〈허〉와 〈실〉을 또 한 번 벗어나면 그때서야 공(空)에 이른다. 이른 바 〈유(有)→ 무(無)→ 허(虛)→ 실(實)→ 공(空)〉이 되는 것이다. 〈유〉를 넘어서면 〈허〉를 마주하고 〈무〉를 넘어서면 〈실〉을 맞이하는 것이다. 있음과 없음의 분별을 넘어서게 되면 텅 빈 자리가 되고 그 자리에서 점차 새로운 것—자기 안에 여전히 있는 것이지만 그 동안은 전혀 알지도 느끼지도 못한 것—이 나오고 그것마저 비우고 나면 공(空)이 성취된다. 이 모두를 풀어헤치고 벗어나면 이르게 되는 자리인 공(空)은 곧 중도(中道)고 진여법계(眞如法界)며 반야바라밀다(般若波羅蜜多)고 절대세계(絶對世界)며 신(神)이며 부처(佛)고 천지자연(天地自然)이고 대도(大道)이며 자성청정심(自性淸淨心)인 것이다. 또한 안타까움과 자비(慈悲)이니 현상계의 〈유〉와 〈무〉에 따른 고통이 있음으로서 공(空)이 갖게 되는 것이다. 그리고 공(空)은 우주의 힘으로서 〈유〉와 〈무〉, 〈허〉와 〈실〉을 모두 포괄하여 자유롭게 활용하니 드디어 주인공(主人公)이고 언제 어디서나 주인이 되며 천상천하유아독존(天上天下唯我獨尊)이다. 공(空)이 운용하는 〈유〉는 창조가 되고 〈무〉는 파괴가 되며 〈허〉와 〈실〉은 유지와 변화가 된다. 이른 바 자기존재는 생멸에서 벗어나 영원불멸이며 창조와 유지, 파괴의 순환을 자유롭게 관장한다. 대자유(大自由)다. 자기는 창조의 하나님(브라만)도 되고 파괴의 시바신도 되며 유지의 비슈누신도 된다. 현상계에서 전혀 새로운 큰 아이디어를 얻는 것은 죽도록 골몰하다가 어느 순간 자기가 모든 것을 잊어버린다. 그 상태가 어쩌다가 순간 〈공〉의 상태가 되어 〈공〉으로부터 창조의 덕을 얻는 것이다. 그런데 잠깐 〈공〉에 머물다가 금방 상대적인 유무(有無)로 나와버린다. 안타깝다. 창조와 유지와 파괴는 하나의 힘에서 비롯되니 현상계를 꿰뚫는 진여법계에서 보자면 〈유〉와 〈무〉는 상즉상입(相卽相入)으로서 〈유〉가 곧 〈무〉고 〈무〉가 곧 〈유〉다. 이 때 유무(有無)에서 〈공〉에 이르는 것이나 〈공〉에서 유무허실(有無虛實)을 내고 관장하는 것이나 일체가 법(法)에 의거하는 만큼 법에 잘 의지하여 법을 깨달으면 〈공〉을 보고 〈공〉을 이루면 법을 모두 보고 알게 된다. 그래서 나는 무아(無我)로서 승(僧)이 되니 비로소 불법승(佛法僧)이 하나가 되어 자등명(自燈明) 법등명(法燈明)이라고 하는 것이다. 〈공〉과 〈법〉과 〈나〉가 일체가 되었으니 나의 안팎은 물론이고 그 어디서도 법을 따로 찾아볼 수 없게 된다. 〈공〉의 힘, 즉 신(神)을 모시면서 그 힘을 받아들이며 아신일체(我神一體)로서 하나가 되어가는 과정을 주로 삼는 수행에서는 일단은 〈허〉 차원에서 청정하고 집중된 마음을 가지고 〈공〉의 힘을 끌어오는 진언(眞言)과 수인(手印)을 같이 활용한다. 진언으로 전생업장의 방해를 해소하고 수인으로 뜻을 활용하는 것이다. 그러나 이것도 일단은 자기 마음이 유무(有無)

320

를 넘어서 〈허실(虛實)〉 차원에는 이른 단계에서야 효과를 보게 된다. 왜냐하면 공(空/신神)은 완전히 비어 있는 순수한 자리에 들어차기 때문이다. 현상계의 유무(有無)는 강하게 뭉쳐진 덩어리로서 이를 방해놓는다.

보시와 지계, 인욕바라밀은 그 본질이 상(相)이 드러난 모습인 〈유〉와 〈무〉를 몽땅 한꺼번에 없애는 것이니 그 행(行)의 과보를 바라는 것은 〈유〉에 머무르는 어리석음이 된다. 그래서 무주상보시를 말하고 참는 것이 없음을 말하고 지계의 자유로움을 말하는 것이다. 그러나 아직은 미진한지라 〈유〉와 〈무〉의 찌꺼기가 남아 있게 된다. 이 때 〈유〉가 변한 〈실〉은 어딘가 부족하니 열매가 흠집이 있는 것이고 〈무〉가 변한 〈허〉는 적당히 빈자리가 된다. 뿌리가 남아 있는 것이다. 그 때 텅 빈자리인 〈허〉는 진정한 〈허〉가 아니라 가허(假虛)가 되어 자칫 단멸(斷滅)과 혼침(昏沈)을 형성한다. 또한 〈실〉은 열매가 드러났으니 내 것이고 영원한 것이라는 의식을 가지게 된다. 빈자리에 머무르는 것을 단견(斷見), 열매에 머무르는 것을 상견(常見)이라고 한다. 단견은 멈춘 것이요, 상견은 굳은 것이니 결국은 둘 다 썩어 망신(亡身)되는 것은 똑같다. 이 역시 또 다른 차원의 양변에 빠져 있는 것이다. 아직은 영원하지 않은데도 유무(有無)와는 차원을 약간 달리하니 그만 착각이 일어나는 것이다. 유무(有無)는 거칠고 허실(虛實)은 미세하다. 불법(佛法)은 팔팔 살아 움직이되 완전하게 움직이는 것이다.

보시와 지계, 인욕바라밀로 〈유〉와 〈무〉를 없애버리고 나면 일단은 〈허〉가 되니 정진(精進)바라밀은 〈허〉를 유지하며 〈실〉을 낳는 것이 된다. 그러니 정진은 애씀이 전혀 없게 되는 것이 본질인지라 정진의 자연스러움을 말한다. 비어 있으니 그냥 유지하면 되기 때문에 특별히 마음을 따로 내어 애쓰면 오히려 유무(有無)에 다시 떨어지게 된다. 그래서 수행할 것도 없고 놀 것도 없다. 비어있음을 유지하는 데 애씀이 있게 되면 아직 빈 것이 아니므로 〈허〉에 들어간 것이 아닌 것이 되니 정진이 아니다. 인욕바라밀이 완성되어 참는 힘을 얻지 못한 것이니 아직 인욕을 더 해야 된다. 인욕의 완성은 일체대상을 모두 부처로 만들어줄 때 이루어진다. 그리고 나면 밖으로 뭔가를 구하며 더 이상 마음이 움직일 것이 없으니 〈허〉를 얻어 정진이 자연스럽게 된다. 밖의 일체부처를 대상으로 무엇을 하겠는가? 나 자신으로 들어오면 되는 것이다. 그러나 유무(有無)를 없애는 것은 상당한 노력이 요구된다. 워낙 오랜 생(生)동안 유무(有無)에 머물러 쇳덩어리처럼 단단하게 뭉쳐 고정되어 있기 때문이다. 그래서 진여법계에서 보자면 수행을 한다는 것은 〈허〉에서 비로소 비롯되니—그 전에는 유무(有無)를 닦고 갈아 없애는 과정이니 수행이 아니라 수행을 위한 준비를 갖추는 단계인 것이다—곧 자연(自然)이고 저절로 되는 것이다. 그런데 유무(有無)를 조금 닦고 나면 약간 내면이 고요하고 움직임이 아주 느려져 텅 빈 듯한 상태가 되니 여기서 〈허〉를 공(空)으로 착각한다. 그래서 최종의 공(空)을 공공(空空)이라고 하여 〈허〉로서의 공(空)에 빠지지 않도록 하는 것이다. 〈허〉를 공(空)으로 잘못 보았을 때 그 공(空)도 공(空)하다고 하니 〈허〉의 단멸에 빠지지 않는 것이다. 그러나 이렇게 자꾸 용어를 갖다붙이면 헷갈리고 어렵고 복잡해지기만 하여 헤매게 되면서 큰 실익은 없으니 실상을 그냥 곧바로 찌르면 된다. 그렇게 정진에 머물다가 점차 선정(禪定)에 들어가게 되는데, 선정바라밀은 〈허〉와 〈실〉의 양변을 또 한 번 몽땅 치

322

우는 과정이다. 진정한 수행은 바로 이것이다. 그래서 마침내 공(空)인 반야바라밀을 이룬다. 대지혜를 갖추게 되는 것이다. 대원경지(大圓鏡智)는 공(空)으로서 본체가 되고 〈유무허실〉을 운용하는 지혜는 평등성지(平等性智)와 성소작지(成所作智), 묘관찰지(妙觀察智)가 된다.

　실상이 이렇다. 성공(有)과 실패(無)를 놓고 보자. 유(有)에 대해서는 집착덩어리가 되어 있고 무(無)에 대해서는 공포심이 되어 있다. 즉, 성공에 집착하고 실패는 두려워하는 것이다. 또한 있는 것을 잃을까봐 두려워하고 없는 것이 있기를 바라니 강하게 집착한다. 이렇게 유무(有無)가 하나가 되어 유무(有無)에 따라 일어난 집착과 공포가 한덩어리로 되어 있다. 어리석은 사람은 유(有)와 무(無)의 변화에 따라 웃고 울다가 인생을 마감한다. 성공을 성공으로만 보고 실패를 실패로만 보는 것이다. 당연히 인생에 창조가 없게 되고 기존의 것을 소모하다가 끝나는 것이다. 지혜로운 이는 성공에서 실패를 보고 실패에서 성공을 보니 집착과 공포로 울고 웃는 것이 따로 없어 성공과 실패에 대한 마음을 몽땅 놓아버린다. 유(有)와 무(無)를 자기존재와 무관하게 만들어버리는 것이다. 유무(有無)를 일시에 벗어나 텅 빈 마음을 가지니 오로지 순수하게 행(行)하는 것만 남게 되어 오히려 마음껏 움직일 수 있게 되니 이른 바 큰 인물이다. 그냥 하면 되는 것이다. 그러다가 점차 자기로부터 새로운 것이 나온다. 이것도 유무(有無)의 변형인 허실(虛實)임을 알고 이것마저 비우면서 자기를 완전히 뒤로 물리고 무심(無心)을 갖는다. 그래서 마침내 공(空)에 이르게 된다. 여기에서 공의 큰 힘과 지혜를 얻게 되니 현상계인 인간세상에서 성인(聖人)이 된다. 반야심경에서 무유공포(無有恐怖)라고 한 것은 무(無)와 유(有)의 양변에 대한 공포에서 한꺼번에 벗어나는 것을 의미한다. 유무(有無)에 머물면 불안과 두려움을 근본적으로 벗어나는 것이 불가능하다. 허(虛)에 들어가면 드디어 영적(靈的) 인간으로 공(空)의 세계에서 인정받게 된다.

　모든 상대성이 그렇지만 있음과 없음의 분별은 나로 인하여 생기는 것이다. 그러므로 내가 사라져야만 오로지 벗어날 수 있다. 그런데 자기마음에 집착하고 있으니 늘 자기가 있게 된다. 출발점은 나 자신이다. 이성(理性)과 초(超)이성, 논리와 초(超)논리, 지식과 지혜, 열정과 휴식, 신(神)과 나 등이 치우치지 않고 서로 조화를 잘 이루면서 가야 된다. 또한 앞과 뒤, 부분과 전체, 시작과 끝, 자연과 인위(人爲) 등을 잘 판별해야 된다. 나아가 중간에 헤맬 수도 많이 있으니 일단 무조건 큰 힘을 기르고 시작해야 된다. 그리고 그 끝도 내가 끝내는 것이지, 다른 무엇이 끝내주는 것이 아니다. 시작과 중간과 끝이 모두 나로 인하여 이루어지는 것이니만큼 다른 것을 찾을 것이 따로 없는 법이다. 나 자신에 대해서도 마찬가지로 유(有)를 찾아서도 안되고 무(無)를 찾아서도 안 된다. 그러면 지극할 수가 없게 되니 여전히 자기에게 머무르는 것이 되고 만다. 중간 중간에 객관과 주관의 함정에 빠지지 않아야 함을 경계해야 한다. 어렵지는 않지만 아무리 지혜로와도 힘은 많이 든다.

　생각과 관념이 항상 몸보다 앞서는 습성을 명심하고 이 습성에 자기도 모르게 끌려가지 않도록 하는 것은 기본 중의 기본이다. 생각과 관념을 막고 몸이 가면서 밝혀지는 광명으로 생각과 관념을 잘 비추어 바르게 한 다음 그 생각과 관념을 가지고 또 한 발 앞으로 나아가야 하니 한 걸음 한 걸음 떼기가 목숨이 왔다 갔다 하는 일인지라 조급해서는 절대 안된다. 본체는 나의 움직임과 그침에 따라 변하는 것이 아니고 영원히 그 자리이므로 조급할 이유가 도무지 없다. 그렇다고 너무 느긋해서도 안된다. 언제 죽을지 알 수 없기 때문이다. 제일 바람직한 행보는 자기 한계를 조금씩 넘어서는 것이다.

소유를 무소유로 볼 줄도 알고 무소유를 소유로 볼 줄도 아는 사람은 진정 크게 소유하는 사람이다. 이미 주체성을 갖추었기 때문이다. 삶을 죽음으로 볼 줄도 알고 죽음을 삶으로 볼 줄도 아는 사람은 진정 오래 사는 사람이다. 이미 영원성을 갖추었기 때문이다. 변화를 불변(不變)으로 볼 줄도 알고 불변을 변화로 볼 줄도 아는 사람은 진정 크게 변하는 사람이다. 이미 불변성을 갖추었기 때문이다. 앞을 뒤로 볼 줄도 알고 뒤를 앞으로 볼 줄도 아는 사람은 진정 가장 앞선 사람이다. 이미 전체성을 갖추었기 때문이다. 높은 것을 낮은 것으로 볼 줄도 알고 낮은 것을 높은 것으로 볼 줄도 아는 사람은 진정 가장 높은 사람이다. 이미 평등성을 갖춘 사람이기 때문이다. 지극히 큰 인물은 이러하다.

69.

若不如此　不必須守

약불여차 불필수수

만약 이와 같지 않다면 반드시 지켜서는 안되느니라

　　바라는 것이 있는 사랑은 애욕(愛慾)이고 주고 받는 것을 사랑으로 생각한다면 망념(妄念)이며 사랑과 미움이 반복되거나 변한다면 무상(無常)인지라, 이와 같은 것을 사랑으로 생각한다면 사랑이 고통으로 다가오며 나아가 끈질긴 인연의 씨앗이 되고 만다. 이런 착각을 따르면 안된다. 사랑은 상대가 나를 사랑하든 말든 관계없이 무조건 내가 깊숙이 품고 있어야 되는 것일 뿐 주고 받을 수 있는 것이 아니다. 주고 받는 사랑은 드러나니 어지러이 손상되는 사랑일 뿐이라서 결코 온전할 수 없고 오래가지 못하게 되어 있다. 사랑에서 반드시 지켜야 할 것은 내 순수한 마음이다. 반드시 지키지 않아야 되는 것은 내 집착이 된다. 짐작과 생각은 내 고요함에서 비추어보고 그 때 그 때 따르거나 거부해야 된다.

신(神)이 있다는 고집도 신이 없다는 고집도 모두 허망할 뿐이니 이런 망념 속에서의 믿음 역시 그러할 뿐이다. 단지 나 자신이 상(相)을 떠나 자연스럽게 되면 스스로 알게 되니 그 때 내가 신의 증거가 되고 그렇게 되면 있는 그대로의 신을 보게 된다.

▨▨▨ 진여법계에 반드시 들어가고자 하는 사람이라면 추호도 어긋남이 있으면 불가능하니 '반드시(必)'라고 말한다. 또한 이와 같다면 반드시 그럴 수 있게 되어 있으니 이것 자체가 기적이요, 신묘한 것이다. 따라서 이보다 더 크고 신묘한 기적은 없으니 밖으로 기적을 따로 찾을 이유가 없다. 신(神)이 나를 통해 기적을 일으킨다고 말하지만 실은 더 근본으로 들어가보면 그 기적은 내가 씨앗이 되어 일어나는 것이니만큼 내가 그 씨앗을 발현시키지 않으면 그 어떤 기적도 일어나지 않게 되어 있는 법이다. 그리고 기적이란 사실은 진여법계 차원에서는 자연스러운 현상이니 평범한 일일 뿐이다. 현상계에서 보면 기적이지만 진여법계 차원에서 보면 평범한 일일 뿐이다. 그래서 진여법계에 들어간 사람은 평범한 사람이고 기적이라는 것이 따로 없게 된다. 기적을 찾는 이는 현상계의 특별한 사람으로서 곧 어리석음이다. 절대성의 진여법계는 특별한 세계가 아니라 본래 그렇게 존재하는 나의 모습을 갖고 있는 세계이니만큼 특별함을 찾는 것은 영원히 이 분별의 현상계에 생멸을 반복하며 머무는 것밖에 되지 않는다. 그래서 진여법계는 곧 자연(自然)이고 신(神)이며 당연히 따로 주고 받음이 없으니 무위(無爲)의 세계이다.

이와 같지 않다면 반드시 지켜서는 안되니 반대로 이와 같다면 반드시 지켜야 하는가? 그렇다. 반드시 지켜야만 한다. 그러나 이것은 힘을 써서 억지로 지키는 것을 의미하는 것이 아니다. 그렇게 되면 현상계에 머물고 만다. 자기가 보물이 되는 것이 아니라 그냥 좋은 보물을 가진 사람이 되고 마니 생멸을 면한 것은 아니다. 처음에는 물론 애를 써서 지켜야 한다. 그것이 무르익어 바라밀이 되면 따로 애써 지키지 않아도 행주좌와어묵동정(行住坐臥語默動靜) 한가운데서 저절로 지켜지게 된다. 이른 바 마음이 가는 데로 무엇을 행해도 도에 어긋나고 거스르는 것이 없이 저절로 되는 것이다. 이렇게 될 때까지 자기존재를 잘 이끌고 가야 된다. 이것이 완전해지면 비로소 진여법계에 들어갈 준비가 된 것이다. 여기서 '반드시(必)' 라고 한 것은 자연스러운 것을 의미한다. 그래야만 반드시 지켜지기 때문이다. 자연스럽지 않다면 지키는 마음이 따로 있는 것이니 천지대도(天地大道)의 움직임에 의해 언젠가 무너지고 어긋나게 되어 있기 때문이다. 자연을 거스르면 최종은 소멸 외엔 없다. 일단은 어긋난 놈을 소멸시키고 자비스러운 마음으로 새로 태어나게 해준다. 그래서 악인도 다시 인간으로 계속 태어나는 것이다. 영원히 지옥에 가두어두지는 않는다. 하늘은 한없이 엄격하면서도 동시에 한없이 자비스러우니 엄격함과 자비스러움을 잘 받아들이는 것은 자기 자신에게 달려 있지, 하늘에 달려 있지 않다.

무엇을 반드시 지켜야 되고 무엇을 반드시 지키지 않아야 할지도 모르고 알아도 이득을 얻으려는 욕망에 의해 오락가락 하고 있는만큼 일단은 웬만한 욕심은 좀 버리고 시작하는 것이라야 반드시 바른 것을 지킬 수가 있는 법이다. 지금의 욕심을 가지고 또 진여법계까지 따로 탐심을 낸다면 지옥이 입을 크게 벌리고 기다리게 된다. 자기가 욕심이 없다고 생각한다면 그 생각부터 일단 거두어야 한다. 참회로 시작하는 것이다. 그러나 아직 인간인지라 어떤 소원을 내서 성취했다고 할 때는 소원을 낸 사실 그 자체에 대해서 신(神)에게 참회를 해야 한다. 그래야 이루어진 그 소원으로 인해 현상계에서 부작용이 나타나는 것을 예방할 수 있다. 소원성취 후 회향을 할 때 이 사항도 반드시 포함시켜야 한다. 도(道)를 가려는 사람에게는 이렇게 남다른 차원의 깊은 의식을 갖추어야 한다.

너그러움과 엄격함, 완벽함과 허술함은 사람과 일에 따라 각기 달리 적용해야 한다. 자기에게 너그럽고 타인에게 엄격한 것은 곧 소인(小人)의 일이고 자기에게 엄격하고 타인에게 너그러운 것은 곧 대인(大人)의 일이다. 도를 닦는 일은 완벽함을 추구하니 엄격해야 하므로 용맹정진이 되고 가정에서의 일은 허술함을 추구하니 너그러워서 평화롭게 된다. 지나치게 한 면만 가지고 항상 너그럽거나 엄격하거나 완벽하거나 허술한 것은 어리석음으로 재앙을 불러오니 양자의 가치가 잘 조화를 이루어야 한다. 성인(聖人)은 한 면에 고정됨이 없다.

70.
一卽一切 一切卽一

일즉일체 일체즉일

하나가 곧 일체요 일체가 곧 하나이니

　나 한 사람의 사랑이 작다고 생각하지 말라. 곧 일체존재와 통해 있고 하늘과 땅에 퍼져나가니 결코 작은 것이 아니다. 나 한 사람의 사랑이 크다고 생각하지 말라. 나의 사랑을 받아들이는 사람은 극소수에 지나지 않으니 결코 크지 않다. 만인의 사랑이 크다고 생각하여 모든 사람들로부터 사랑을 얻으려고 하지 말라. 모든 사람들의 사랑을 얻는 것은 한 사람의 사랑을 얻는 것과 조금도 다를 바 없다. 한 사람의 사랑을 하찮게 생각하지 말라. 그 속에는 만인의 사랑이 들어가 있는 사랑이니 곧 천하를 얻은 것이다.

신(神)을 낱낱이 따로 보지만 않으니 한 신(神)을 보면서도 모든 신을 보고 모든 신을 보면서도 한 신을 본다. 비로소 나의 눈 밖에 나는 신은 없게 된다.

▨▨▨ 하나는 적음이고 작은 것이며 곧 개체요, 일체는 많음이고 큰 것이며 곧 전체이니 진여법계에서는 이것이 서로서로 통하여 하나가 곧 전체요, 전체가 곧 하나가 되어 있다. 하나가 곧 일체이니 나는 곧 신(神)과 악마와 조상과 후손이다. 그래서 나의 일체행위와 경험과 마음이 무조건 자손에게 대대로 유전되고 자손의 삶을 규제하며 이것이 영적인 흐름을 이루어 곧 가문이 되니, 집안은 조상과 나와 후손의 행위들이 일체로 만들어낸 집합적인 결과물이다. 당연히 근본에서는 그 속에서 조상의 죄(罪)와 나 자신의 죄와 후손의 죄를 따로 물을 수 없게 된다. 복(福) 또한 마찬가지다. 그러므로 나의 운명 속에는 일체가 모두 들어 있게 된다. 나 한 사람의 죄가 일체의 죄가 된다. 당연히 예수님이 세상의 죄를 모두 없애주고 구원한다고 하는 것이 진여법계에서 보면 틀린 말이 아니다. 그런데 예수님 뿐만 아니라 해탈열반한 이는 누구나 예수님과 똑같이 그렇게 한다. 예수님은 죽음으로 일체의 죄를 대신 받아 없애주었고 석가모니부처님은 깨달아서 일체의 죄짓는 성품을 소멸시켜 영원히 인류를 구제하셨다. 하나가 곧 일체가 되어 있기 때문에 내가 나 자신을 구원하면 일체를 구원하는 것이 된다. 그러니 오로지 나 한 사람이 잘 해서 일체를 구원하게 되고 잘못해서 일체를 고통에 빠뜨리지 않게 하는 것만이 중요할 뿐이다. 자기 자신의 잘못을 쏙 빼놓고 조상탓만 하는 사람 등 이기적인 사람은 진리에 어긋나 고통만 커질 뿐이다. 하나가 곧 전체이니 이기심이란 것은 본래 없는데 망상으로 이기

적인 상(相)을 만드니 법(法)이 제정신 차리라고 벌이 내려지도록 움직일 수밖에 없다. 또한 일체가 곧 하나이므로 신과 악마와 조상과 후손의 움직임이 곧 나의 움직임이고 그 과보를 나 자신도 받게 되니 일체의 죄가 나 한 사람의 죄가 된다. 이와 같은 까닭으로 내가 반드시 부동(不動)이 되어야 하는 필연성이 생긴다. 그렇지 않으면 아무리 착해도 대우주 차원에서의 자리이타는 불가능하다. 내가 부동(不動)이면 일체가 모두 부동(不動)이 되니 그 때 비로소 서로에게 걸림 없게 되어 하나와 일체 모두 대자유를 갖게 된다. 죄가 영원히 소멸되는 것이다.

현상계에서 늘 부딪치는 모순된 경계가 개체와 전체의 갈등과 충돌이다. 거기서 많은 스트레스와 희생과 흠집이 생겨나니 결국 개체의 집합체인 일합상(一合相)으로서의 전체도 소멸되고 마는 것이다. 그래서 일체가 허망하고 제행무상이 된다. 전체와 개체의 생멸은 근본적으로는 법에 의하여 이루어지지만 부분적으로는 자유의지에도 영향을 많이 받게 된다. 그래서 우리가 이 분별심을 버려야 되고 또 버릴 수 있는 것이다. 진여법계의 차원에서의 개체와 전체는 단순히 나누어진 개체가 아니고 개체가 단순히 개개별로 모여 있는 전체가 아니라 전체를 품고 있는 개체요, 개체와 하나로 되어 있는 전체다. 그래서 개체는 전체를 위한 희생도 따로 없고 전체는 개체를 향한 요구도 따로 없는 것이니 개체도 전체도 비로소 온전하고 또 온전하니 영원하게 되는 것이다. 그래서 개체는 전체의 힘과 행복을 얻고 전체는 아무런 걸림 없이 힘을 발휘하고 개체의 생존을 지속시킬 수 있다. 개체가 생긴 모습은 달라도 모두가 예외없이 똑같은 힘과 능력을 가진 우두머리가 되어 있으니 최고로서의 일체평등이다. 이것이 신의 세계인 만다라(Mandara)의 실상이다.

332

여기서는 주고 받는 일체가 모두 방편이 될 뿐 실체는 아니므로 소득분별심(所得分別心)은 본래 없는 것이다. 그럼 왜 주고 받는가? 아직 만다라에 속하지 못한 중생들이 모자람을 느끼고 눈에 보이는 것을 갈구하기 때문이다.

높고 낮음이 따로 없다. 그 상대성은 분별의식을 가진 나로 인해 벌어진 것이다. 그런데 나도 본질은 진여법계에 이미 존재하고 있으니 실상은 이 대우주에 신(神) 외에는 일체가 없다. 하물며 무슨 개체니 전체가 따로 있겠는가? '일체유심조'에서의 마음(心)은 전체에 즉(卽)한 개체의 마음이고 개체에 즉(卽)한 전체의 마음이며 개체와 전체를 하나로 꿰뚫어 개체도 사라지고 전체도 사라진 후의 드러나는 그 마음 하나다. 그러므로 약(弱)함을 지키고 있는 강(强)함이고 동시에 강함을 지키고 있는 약함이니 일체를 포용하여 거두어들이므로 이루어지지 못할 일이 없게 되어 곧 대도(大道)요, 자연(自然)이다. 일반적인 중생심을 비롯하여 무심(無心)에 이르기까지 따로 있지 않은 마음이니 번뇌도 보리(菩提)에 즉(卽)하여 그 마음 하나이고 초발심도 정각(正覺)에 즉(卽)하여 그 마음 하나이다. 그래서 번뇌로 보리를 이루고 초발심으로 정각을 이루며 그것도 시간이 걸리지 않고 찰나(刹那)라고도 할 수 없는 찰나가 된다.

하나라고 해서 이것이 유일신(唯一神)은 아니다. 이 유일신은 인간의 일(一)과 다(多)의 양변(兩邊)에 치우친 분별의식과 열악한 생존환경을 극복하기 위해 그 무엇에 절대적으로 매달리면서 힘을 얻는 성향이 만들어낸 망념(妄念)일 뿐이다. 전체라고 해서 다신교(多神敎)도 아니다. 풍요로운 환경에 따른 넉넉한 마음이 많은 것을 수용하는 의식을 갖게 되어 이 신, 저 신, 전부 신으로 집합시킨 것이다. 이것은 단순히 또 하나의 일합상(一合相)일 뿐이고 진여법계는 아니다. 신(神)은 상대성에 따른 분별이 없으니 우리가 이 신, 저 신으로 이름붙이며 나눌 수 있는 것도 아니고 합치시킬 수 있는 것도 아니다. 진여법계에서 보면 일신(一神)이면서 만신(萬神)이고 만신(萬神)이면서 일신(一神)이다. 그래서 신이 일체를 중화(中和)시켜주니 비로소 생명체의 생존과 상생이 가능한 것이다. 이것은 실상이 이렇거니와 다만 우리가 어떤 개념으로 신을 수용하면 진여법계의 실상에 더욱 근접할 수 있겠는가 하는 것이 중요하다. 다양한 상(相)으로 분별과 상대성으로 이루어진 현상계에서는 유일신 개념은 갈등과 충돌을 일으킬 뿐이고 독재이다. 일체생명이 다양한 의식과 천차만별의 성품을 갖고 있으니 일단은 그에 맞게 다신교(多神敎) 개념을 가지는 것이 바람직하다고 본다. 신의 역할에 따라 우리 나름대로 이름붙여도 괜찮은 것이고, 우리끼리 일단 서로 존중해야 신도 우리를 존중해준다. 그러면 종교 가지고 싸울 일이 없고 우리가 붙여놓은 신의 이름 때문에 일어나는 많은 갈등이 사라져 평화가 이루어지기 쉬울 것이 아닌가? 진리에서 보자면 그릇된 유일신(唯一神)사상은 도(道)와 신(神)에 어긋나 망상이니 결국 그런 종교는 사라진다. 그렇게 되지 않으려면 일체(一切)의 신(神)을 하나로 묶어 모시는 유일신교가 되거나 일체의 신을 한 분 한 분 모두 유일신으로 받아들여야만 그럭저럭 대도에 들어맞아 오래~오래 가게 된다.

334

　나 개인을 위하느냐 아니면 전체집단을 위하느냐의 양단에 마음이 많이 머무르게 된다. 그리고 전체집단을 위하는 사람은 훌륭한 인물로 추앙받는다. 그런데 더욱 훌륭한 인물이 되려면 집단 내 일체 개개인이 나와 한몸임을 보고 아는 것이 필수가 된다. 그래서 희생한 자기를 없앰으로써 나의 희생이란 것이 본래 없음을 알게 되니 비로소 작은 희생이 큰 희생이 된다. 나를 죽여서 집단을 살리는 것이지만 나와 집단을 별개로 놓고 내가 집단을 위해 희생한다고 하면 아직 현상계에 속한 사람이 된다. 이왕 하는 일은 개인적인 인품을 넘어서 도(道)의 차원에서 이루어지는 것이 가장 바람직하고 가치가 크다. 왜냐하면 훌륭한 인물이 당연히 신령계(神靈界)에 속해야 그 위대한 혼(魂)을 오래오래 이어줄 수 있고 인간세상을 계속 밝혀주므로 희생의 가치가 크기 때문이다. 나도 살고 집단도 사는 것은 신(神)의 가피니만큼 훌륭한 인물은 더욱 신을 청하는 것이 마땅하다.

71.

但能如是 何慮不畢

단능여시 하려불필

다만 능히 이렇게만 된다면 마치지 못할까 뭘 걱정하랴

한 사람의 사랑에서 만인의 사랑을 보게 되고 만인의 사랑에서 한 사람의 사랑을 보게 되면 비로소 사랑이 순수해지며 미움이 영원히 떨어져나가고 반드시 지극한 행복을 이룬다. 그 때 비로소 사랑으로부터 자유로운 사랑을 영원히 맘껏 할 수 있는 사람이 되니 사랑을 가지고 걱정할 필요가 없다. 오로지 철저하게 믿어 그렇게 되도록 나 자신을 가꾸어 나가면 되는 일이다. 내가 해낼 수 있는가 또는 시간이 얼마나 걸릴까 하는 걱정은 더 이상 내 일이 아니다. 인과와 나 자신과 사랑에 대한 믿음이 바르게 섰기 때문이다.

신(神)을 바르게 알고 바르게 믿고 기도하면 신이 내 뜻을 받아줄 일은 생각하거나 걱정할 필요가 조금도 없다. 그러나 신을 제멋대로 추측해서 떠벌리면 신은 떠나가 버리니 성직자들에게는 정작 신이 잘 없다. 가장 소중한 것은 드러내지 않고 깊숙이 간직할수록 이득이 되는 법이니 드러내면 지킬 일이 없다.

▨▨▨ 행(行)하는 것이라야 뜻이 있다고 할지니 곧 뜻이 있는 것은 행하는 것이라야 한다. 그리고 제대로 하면 제대로 된다는 것은 법칙이다. '제대로'의 기준은 유무(有無)를 모두 포함한 것이다. 걱정은 자기 자신과 얻는 것에 대한 습관적인 집착과 분별심 때문이다. 그러니 결과만 성급하게 떠올리며 초조해하지 말고 지금 제대로 하고 있는가 하는 사항을 수시로 잘 살펴야 하는 것이 중점이다. 법에 따라 잘 해나가면 반드시 마치게 되니 걱정할 것이 없다. 인과이니 인(因)이 바르면 과(果) 역시 반드시 바르게 되어 있다. 이런 법에 대한 완벽한 믿음 없이는 진여법계로 나아가지 못한다. 이 길은 다행히도 오로지 나 홀로 가는 길이니 내가 하는 대로 결과가 미치지 못하게 되는 일은 절대로 없다. 믿음이 바른 안목과 겹치면 더욱 큰 힘을 발휘한다.

걱정하지 않고 제대로만 해나가면 마치게 된다고 하면서도 그 단서로 '능히(能)'를 붙여놓았다. 서투르게 하면 안된다는 것이다. 그래서 힘이 좀 든다. 능하게 되려면 그만큼 노력해야 되고 또 반드시 최종적으로는 따로 애씀이나 의식함이 없이 저절로 되어야만 하기 때문이다. 내가 자연(自然)을 드러낸 존재가 되어 보시가 자연스럽고 인욕이 자연스럽고 계를 지키는 것이 자연스럽고 정진함이 자연스럽고 선정에 드는 것이 자연스러우니 목적이나 까닭이 없다. 이 때는 따로 참선함이 없이 일체의 행(行)이 늘 참선이 되고 있는 것이 된다. 그리고 능(能)하다는 것에는 사실은 타고난 능력도 있어야 된다는 의미도 들어 있다. 이것은 전생에 닦은 정도를 중시하고 있기도 하다.

'마친다(畢)'고 하는 의미는 시작이 곧 끝이고 끝이 곧 시작임을 안다는 것이다. 그러므로 출발지와 중간과 종착지가 따로 없어 그 어디에도 머물지 않게 되고 머물 까닭이 사라진 것이다. 당연히 영원히 자유로우니 곧 중도(中道)요, 이제부터는 내가 움직이는 것이 자연스럽게 일체 길이 된다. 따라서 마치는 것은 곧 시작이 되는 것이니 이것은 나 자신을 위해 움직이는 소용(小用)은 사라지고 비로소 대우주와 더불어 대도(大道)의 대용(大用)이 시작되는 것이다. 나를 위해서 할 것은 영원히 사라져버렸다. 그래서 본체를 바탕으로 한 방편을 많이 익혀 통달하고 세간해(世間解)를 가지도록 해야 된다. 이것이 나 자신에게는 근본적으로 아무 영향도 없지만 무한한 진여의 힘과 지혜를 대용(大用)하는 데 큰 도움이 되기 때문이다. 그래서 천수경에 '원아조득선방편(願我早得善方便)'이라고 했다. 아직 도를 닦는 사람은 방편이 다양하면 오히려 길을 잃어버리기 쉽게 되니 조심해야 되고 그 방편도 완벽하게 하지 못하니 지나치게 의지하면 안된다. 또한 방편을 써도 최종적으로는 능히 되어 자연스럽게 돌아가야 함을 잊으면 방편이 독(毒)이 되고 만다.

　인간이 공을 들이면 이루지 못할 일이 없는 이유는 조물주인 영(靈)의 밝음과 운용자인 신(神)의 묘함을 한몸에 구현하고 있기 때문이다. 생명은 한 번 죽으면 모두 흩어지고 그것으로 끝난다는 단생적(單生的) 사고방식과 영혼이란 실체가 있어 사후에도 환생으로 이어진다는 다생적(多生的) 사고방식이 있다. 공을 들이는 데 있어서 단생적 사고방식은 현상계의 자기존재를 향상하고 초월하는 데는 공을 덜 들이게 되고 바깥으로 시선이 주로 향하게 되며 인간적인 양심과 욕심이라는 두 가지 정반대 관점에서 공을 들이게 된다. 어느 쪽이든 큰 것을 이루기에는 부족하게 된다. 그러므로 욕심으로 죄를 짓지 않게 되는 삶이 최선인 것이 한계다. 다생적 사고방식은 내생을 위해서도 공을 꾸준히 들이게 되는데, 자칫 금생은 포기하고 지금을 뒤로 미루며 게을러질 수 있다는 단점이 있다. 그러나 여러 생(生)을 일관되게 공을 들이면 결국은 원하는 것을 이루게 된다. 그러므로 다생적 사고방식을 가진 사람은 내생을 너무 의식하지 않고 최고의 높은 공을 들이는 것이 바람직하다. 또한 자기존재 자체의 향상으로 삶의 지표가 서야 하고 마음을 닦고 도를 닦아 영명(靈明)으로 지혜를 드러내며 신묘(神妙)의 덕(德)을 가지도록 목표를 정한다. 이를 위해서는 불(佛)의 법(法)을 깨쳐가는 것이 필수가 된다.

72.
信心不二　不二信心

신심불이 불이신심

믿는 마음은 둘 아니요 둘 아님이 믿는 마음이니

사랑과 믿음은 둘이 아니다. 사랑이 곧 믿음이요, 믿음이 곧 사랑이다. 본래사랑은 나와 상대의 사랑이 한 치의 다를 바가 없으니 그 마음은 오직 불변의 완성된 믿음 하나다. 그러므로 믿음이 곧 본래사랑이고 본래사랑은 곧 믿음이다. 이렇게 사랑과 본래사랑과 믿음이 하나로 완성되어 이것으로써 나와 상대가 영원히 하나가 되어 다양한 사랑으로 영원히 아름답게 살게 된다.

신(神)을 믿는 마음이 일체존재를 믿는 마음을 얻었으니 내가 곧 믿음이
되었다.

▨▨▨ 불법(佛法)은 일단 누구든지 진여법계로 들어가도록 하는 것이
고 그 이후에는 무엇을 믿든 안 믿든 자유가 된다. 그런 자유를 최종적
으로 주는 것이 불법이다. 그러므로 불법은 한계와 경계가 없는 것이
다. 인간만이 괜히 형식과 부처님 말씀을 두고 경계지을 뿐이다. 믿는
것이 문제가 아니라 바르게 존재하여 믿는 것이 빛을 발하도록 하는 것
이 더 우선이기 때문이다. 현상계 의식 차원에서 가지는 믿음은 고뇌만
더 크게 키운다. 그렇다고 믿지 않을 수도 없으니 이래저래 중생은 어디
를 가나 고달프다. 이 모순은 불법에서 이미 해결되어 있으니 길을 잘
찾기 바란다.

믿음과 불신의 양변이 떨어져나간 자리에 영원한 평화가 있고 거기
서 절대믿음이 저절로 나온다. 이분법적 사고방식을 가지고서는 신을
믿을 수 없는데, 중생은 믿고 있다고 환상을 갖고 있다. 모든 것이 억지
다. 그러니 신(神)이 응할 리가 있는가? 신을 믿는다는 것은 신에 꼭 맞
게 내 마음이 응한다는 것을 뜻한다. 그런데 신은 허리춤에 진여법계를
꿰차고 있으니 나도 진여법계를 손에 주워들어야만 서로 상응하게 되
니 이것이 신을 믿는다는 것이고 신과 내가 비로소 하나가 됨을 의미한
다. 신 따로 믿는 나 자신 따로는 아직 믿음이 완성되지 않은 것이다. 아
니, 이미 엇나간 믿음이고 자칫 불신보다 더 못한 결과를 초래한다. 그
래서 참회 내지 회개는 신에 대한 믿음을 바르게 가지는 데 필수이기 때
문에 사찰이나 교회 등에 가면 무조건 제일 처음부터 참회기도를 진심

으로 진지하게 100일은 해야 된다. 현상계의 분별과 집착의식을 조금이라도 제대로 벗어나야만 되기 때문이다. 그러니 자기가 무엇이 잘못되었는지도 모르는 사람은 참회가 엉뚱하게 된다. 그 결과로 잘못되어 있는 자기 자신을 그대로 신에게 들이미니 신을 무시하는 결과가 되고 마(魔)만 다가오게 된다. 그래서 반드시 현실에서 잘못되어 있는 것을 깨닫게 하고 재조정을 하고 나서 입문하도록 해주어야만 한다. 그래야 신앙의 덕을 비로소 보게 되기 때문이다. 신(神)은 만능이지만 움직이는 것은 나 자신의 여러 가지에 달려 있다. 결국 자기 자신을 잘 살피는 사람이 참회가 잘되고 그로써 믿음을 가질 자격이 주어져 신을 향해서 나아갈 수 있게 된다.

믿는 마음인 신심(信心)은 범부의 마음을 부처의 마음으로 꿰는 것이고 범부의 마음이 부처의 마음 속으로 녹아들어간 것이니 범부와 부처가 사라지고 오로지 신심만 남는다. 그 신심으로 진여법계를 깨치니 신심은 곧 다른 신심이 없이 하나이고 진여법계와도 하나다. 그래서 신심은 상대가 없고 걸림없이 자재(自在)한 것이 되니 불이(不二)일 수밖에 없다. 신과 내가 둘이 아니게 되는 것 자체가 신심이다. 그러니 따로 믿는다는 것은 있을 수 없고 당연히 불신이라는 것도 있을 수 없다. 믿음과 불신의 상대적인 양변이 떨어져나가 버린다. 신심은 〈불이〉고 〈불이〉는 곧 중도요, 중도는 곧 공(空)으로서 신심은 마침내 공(空)이고 공(空)은 곧 신심이 된다. 결국 〈불이〉는 믿음의 완성이고 믿음의 완성이 곧 〈불이〉라서 신심이란 내 마음을 부처님 마음으로만 이룬 것이 된다. 그리고 당연히 그 신심이 현상계에서 도(道)의 대용(大用)이 되어 아름답게 흘러다니며 현상계를 풍요롭게 빛내게 되니 불이(不二)이다.

　현상계의 실천적인 면으로 보면 믿음은 신을 앞세우고 내가 따라가는 것이고 〈불이〉는 내가 앞서고 신이 따라오는 것이다. 물론 앞뒤가 본래 따로 없지만 믿음이 바로 서면서 점점 〈불이〉를 체득해나가게 되고 〈불이〉를 스스로 체득하고 증득하는 것으로 믿음이 자연히 깊어지고 바르게 되어가는 것이다. 처음에는 믿음을 완성시키는 것을 붙잡고 나아가든지 〈불이〉를 붙잡고 나아가든지 하지만 최종결과는 똑같다. 대도를 가는 데 있어서 〈불이〉와 신심의 두 가치를 동시에 하나로 품고 가야 됨을 일깨워준다. 신심과 〈불이〉를 따로 놓고 나아가지만 않으면 된다.

　신(神)과 내가 〈불이〉라는 사실을 증득하는 것이 믿는 마음이라는 것은 곧 일체존재와 나와의 관계도 〈불이〉라는 사실을 믿는다는 것이다. 왜냐하면 신은 무소부재(無所不在)인지라 안팎의 경계 없이 모든 존재에 들어앉아 있기 때문이다. 그러므로 일체존재를 신과 별개로 보거나 나와 별개로 보면 믿음이 어긋나고 당연히 신과 나도 어긋난다. 믿음이 어긋나면 〈불이〉에도 어긋나고 〈불이〉에 어긋나면 믿음도 어긋나게 되니 진여법계로 들어갈 수가 없게 되어버린다. 상대를 이용대상으로 보지 않고 있는 그대로 존중하는 것이 곧 신에 대한 믿음을 갖는 것이 된다.

인류의 가장 큰 과제는 생명체끼리 어떻게 믿음을 가질 수 있도록 되는가 하는 데 있다. 신(神)에 대한 믿음이 인간에 대한 믿음으로 아직 이어지지 못하고 오히려 종교마저 서로 싸우고 있는 실정이니 인간 상호간의 불신을 더욱 심화시킨다. 이것은 신에게 큰 죄를 짓는 일이 된다. 그러므로 모든 생명 속에 각자의 종교에서 모시는 신령이 깃들어 있다는 실상에 대한 믿음은 가장 고귀한 믿음이 된다. 이 실상을 근거로 해서 인간이 만든 종교형식의 차별에 따른 배타성을 소멸하고 상호존중하며 신에 대한 믿음을 가져야만 자기 자신에게나 타인에게 서로 덕이 된다. 그리고 그렇게 신에 대한 믿음을 기준으로 종교가 앞장서 욕심을 줄이게 하면서 인간 상호간의 믿음을 증진시켜야 한다. 신은 일체를 조화(調和)시켜주기 때문이다. 자기 종교만의 신이란 허깨비신이고 실제 그런 신은 없다. 있다면 악마일 뿐이다. 자기 종교만을 내세우며 다른 일체를 무시하는 신앙인은 실제로는 자기가 악마의 지배를 받고 있다는 사실을 알아야 한다. 종교 공통의 가르침으로 살생과 욕심을 줄이는 방향으로 나아가면 서로를 해칠 일이 없게 되어 자연히 믿음이 생기게 된다.

73.

言語道斷　非去来金

언어도단 비거래금

언어의 길이 끊어져 과거 · 미래 · 현재가 아니로다

　말은 나오는 순간 사라지니 허망하고 기다림은 쓸쓸하게 만드니 고독하다. 믿음이 된 사랑과 사랑이 된 믿음은 내 안에 상대가 영원히 들어있고 상대 안에 내가 영원히 들어 있으니 말과 기다림은 더 이상 필요가 없다. 말과 시간이 끊어지니 옛날을 돌아볼 것도 없고 현재에 머물 것도 없고 미래를 걱정할 것도 없음이다. 그래서 나와 상대는 지극한 낙(樂)을 이루었다. 사랑을 시작하면 말이 없어도 시간과 자리를 잊고 서로 마음이 저절로 오고 가는 데까지는 나아가는 것이 사랑한 보람을 가지게 된다. 그렇게 되어야 사랑을 통해 영적 인간이 되고 신(神)을 만날 수 있는 사람이 된다. 그러려면 상대모습과 스펙 등 조건인 육진에만 매달리는 분별심을 버려야만 가능하다.

명가명(名可名) 비상명(非常名)이듯이 이름을 달리했을 뿐 무명(無名)과 유명(有名)이 같은 것임을 보니 신(神)을 항상 보게 되어 신을 보고 보지 못하는 때가 사라지고 신이 나타나고 나타나지 않는 때도 사라졌다.

▨▨▨ 언어의 길이 끊어졌다고 함으로써 스님과 신심명으로부터 우리들이 해방되는 길을 열어놓았다. 일단 신심명의 가두리에 가두어 두었다가 신이나 타인에게 팔아먹지 않고 잡아먹지도 않고 바다로 방생해주는 것이다. 일시적으로는 가두어 두었지만 풍부한 먹이로 크기와 힘을 길러주고 어디로 어떻게 헤엄쳐 가야 할지까지 친절하게 알려주며 풀어주니 우리가 일시적인 자유의 상실보다 덕을 더 많이 보게 되어 이로우니 고맙다. 스님은 여기에서 신으로부터 면죄부를 받는다. 나 역시 따라서 죄를 면하게 되어 다행이다.

언어의 길은 곧 소유의 길이고 번뇌망상의 길이며 생사(生死)의 길이니 언어는 곧 개인과 민족과 국가와 삶을 비롯한 운명을 함께 한다. 언어가 심하게 손상되면 정체성이 흐트러져 정신력이 분산되어 마침내 내외의 우환으로 망하고 만다. 개인 역시 언어를 잘 사용하면 운명도 개선되고 복도 얻게 된다. 이 길이 끊어졌다는 말은 무소유가 되고 망심이 사라졌으며 삶과 죽음에 자재하게 되었다는 것이니 결과적으로 언어분별의 세계인 현상계를 벗어나 진여법계로 들어갔다는 말이다. 이것은 또한 중도를 깨달았다는 것과 같은 의미다. 또한 신심(信心)이 천지간에 가득 찼다는 말도 된다. 언어의 길을 끊는다고 해서 억지로 언어를 끊으면 안되고 자연스럽게 끊어져야 하는 법이다. 그러려면 마지막 순간으로 다가갈수록 용맹정진과 자연스러움의 모순이 떨어져나가야 된다. 점차 저절로 되어가니 이른 바 큰 용맹정진이다. 찰나에 블랙홀 속으로 온몸을 던지니 여기서 언어에 의한 일체의 분별과 식정(識情)과 생각은 저절로 사라져버린다. 마침내 언어의 자리가 진여법계를 만나는 자리가 되니 드디어 부처로 부활한다. 그리고 그 때 언어가 끊어진 자리에서 나오는 언어는 신의 소리가 되니 곧 복음(福音)이고 전도(傳道)가 된다.

진여법계에서는 이심전심이니 학문과 생각과 추론과 식정을 위주로 하는 언어가 더 이상 존재 차원에서 근본적인 의미를 가지지 못한다. 그리고 언어라는 자동차를 몰고 진여법계로 들어갈 수가 없음을 알려준다. 언어란 분별망념에 따른 삶의 경험과 인식에서 나오는 것이니만큼 현상계에 머무는 주관적 행(行)이 될 뿐 현상계를 뛰어넘을 수는 없는 법이다. 그런데 결과는 과정을 포괄하고 있는 만큼 어떡하든지 언어가 끊어지는 자리까지 도달해야 됨을 알 수 있다. 도(道)는 언어가 끊어진 자리에서 비로소 현전하기 때문이다.

과거와 미래와 현재가 아니라는 말은 곧 삼세(三世)가 늘 동시(同時)라는 것이다. 물론 이것도 억지로 갖다붙인 말이다. 인과(因果)는 동시다. 과거와 미래와 현재에 마음붙이고 싶은 그 마음을 없애가는 과정이 곧 도(道)를 닦는 과정이 된다. 인생에서 최소한 허(虛)라도 조금 이루어야 보람있고 잘 산 인생이 되는 법이다.

과거는 기억이고 미래는 꿈이고 현재는 생각이니 당연히 아니다. 이것으로 믿음과 〈불이〉를 이룰 수 없다. 삼세가 아니라면 그 무엇인가? 무간(無間)이고 찰나(刹那)이고 영원(永遠)이니 더 이상 삼세에 매여 있지 않는 것이다. 과거와 미래와 현재로부터 비로소 자유를 얻은 것이다. 나는 더 이상 과거의 산물도 아니요, 미래의 씨앗도 아니요, 현재의 모습도 아닌 것이다. 이어지면서 끊어지고 끊어지면서 이어지니 과거가 과거가 아니고 현재가 현재가 아니며 미래가 미래가 아니다. 동시에 과거는 과거요, 현재는 현재요, 미래는 미래다. 당연히 달라지지만 달라지는 것도 없고 변하지만 변하는 것도 없다. 그리고 시간 속에 내가 있지만 또한 내가 없으니 더 이상 나를 찾아볼래도 찾아볼 수가 없다. 시간의 법(法)이나 진리 역시 나에게 더 이상 의미없게 되었다. 그래서 나는 색(色)이면서 공(空)이고 공(空)이면서 색(色)이다. 신(神)을 만나려면 나 자신을 이렇게 만들어야 되는 것이다. 그것이 믿음이고 〈불이〉다. 오로지 진여법계로 들어가야만 보고 알 수 있다.

이래저래 힘들지만 스님이 지극한 도는 어려움이 없다고 첫마디를 오픈했으니 일단은 진심으로 믿고 받아들이면 크게 이롭다. 내가 진여법계로 들어가고 나서는 스님을 버려도 되고 끌어안아도 되고 마음대로다. 진여법계에 들어간 사람이라면 그냥 한바탕 크게 웃고 만다. 현상계에서 보면 신심명의 내용은 특별하지만 진여법계에서 보면 지극히 평범하기 그지없는 상식인지라 해설이 필요없고 오히려 해설이 어색하게 된다. 진여법계에서 보면 신심명도 현상계를 위한 방편에 지나지 않는지라 진여법계에 들어가면 신심명에 더 이상 매이지 말고 버려야 된다. 그래야 자성(自性)의 마음을 우리가 마침내 받아들이게 되는 것이다. 불법(佛法)은 속이고 막고 비추어서 나를 지금 머물고 있는 자리로부터 영원히 벗어나게 해주니 영원할 수밖에 없다. 과거로부터 일심(一心)으로 공(功)을 들여온 것이 현재에 이르러 견성(見性)하여 영혼의 대광명을 이루니 미래가 무심(無心)으로 영원불멸이 되었음이라, 불령(佛靈)과 자비심으로 이루어진 내 본래영혼을 되찾았으니 어찌 지난 날의 과거와 현재와 미래와 같으리오? 시간은 시간이고 나는 〈나〉일 뿐이다. 이제부터 자유롭게 환생하여 이 세상을 극락으로 만들 것이다. 나는 신심(信心)을 바로 세워 그런 자격을 하늘로부터 얻었다.

　현실에서 자기 밥그릇도 챙기지 못하는 사람이 어찌 대우주의 밥그릇을 챙길 수 있겠는가? 현실에서 홀로 있지도 못하는 사람이 어찌 대우주에서 홀로 우뚝 설 수 있겠는가? 현실에서 귀신과도 어울리지 못하는 사람이 어찌 대우주의 신(神)들과 어울릴 수 있겠는가? 현실에서 맘껏 놀지도 못하는 사람이 어찌 대우주에서 자유를 누릴 수 있겠는가? 현실에서 지식도 얻지 않는 사람이 어찌 대우주의 지혜를 얻을 수 있겠는가? 현실에서 사랑도 얻지 못하는 사람이 어찌 대우주의 신에게 사랑을 얻겠는가? 현실에서 상대마음을 받아들이지도 못하는 사람이 어찌 대우주에서 신의 마음을 받을 수 있겠는가? 도(道)는 그대에게 주는 것이 진정코 아무 것도 없다. 그리고 도(道)는 써먹을 데가 완벽하게 없다. 그래서 대도(大道)다.

밝은 믿음으로 중도에 들어가니
헛된 노력조차 아름다운 결실을 맺게 되다!

　　지금까지 살펴본 바와 같이 신심명은 내 생각이 늘 상대적인 양변(兩邊) 가운데 어느 한 변을 왔다갔다 하는 비정상적인 욕망의 상태로부터 벗어나 자유로워지고 양변을 자유롭게 부리는 것이 정상이고 이것은 진리의 세계로서 원융무애한 세계임을 알려주고 있다. 이것이 중도(中道)이며 곧 신(神)의 세계이고 부처님 마음이다.

　　신심명론(信心銘論)을 잘 읽었다면 인생에서 생기는 온갖 고통의 근본원인이 그 무엇도 아니고 바로 중도에서 벗어난 마음임을 파악했을 터이고 이것이 원죄의 실체이자 업장과 운명과 부자유의 뿌리임을 알 것이다. 그리고 마음이 일체에 처하여 머물지 않는 상태가 되었을 것이고 그로써 나를 감싸고 있는 유형무형의 모든 것들이 떨쳐나가 자유를 크게 느낄 것이다. 그 자유 속에서 가지는 생각들은 일체 바른 것이 된다. 그에 따라 행(行)이 되니 나 자신에게 매이지 않게 된다. 혹 그렇지 못하더라도 실망할 필요가 없다. 신심명론을 근본으로 하여 모든 생각과 마음을 이끌고 나간다면 마침내 머물지 않고 흔들리지 않는 더없이 밝은 인생을 반드시 이룰 수 있게 되어 있기 때문이다. 그러니 시간을 떨쳐버리고 지속적으로 마음속에 심어나가면 된다.

　나 자신을 중도에 들어맞게 잘 이끌고 나가서 일체인연의 굴레가 떨어져나가고 나 자신을 속(俗)됨 가운데 우뚝 세울 수 있게 되었으니 다시 이 땅에 원하는 모습으로 필요한 환경을 넉넉하게 갖추어 부족함이 없이 자유롭게 환생하여 모든 이가 그렇게 될 수 있도록 혼신의 힘을 행(行)으로 다하는 훌륭한 불자(佛子)이자 각자(覺者)이기를 바란다. 중생의 눈과 귀를 즐겁게 하고 슬픔과 절망을 기쁨과 희망으로 바꾸어주며 중도를 벗어나지 않도록 굳건한 담을 개개인에게 잘 쳐주면서 그 속에서 나 자신이 같이 누림으로써 성(聖)과 속(俗)을 원융무애하게 융합하여 극락을 보여주고 천지간에 절대적인 존재로 영원하기를 바란다.

　『금강경의 재발견』에서는 부처님을 통하여 진리로서의 행복을 드러냈고『신심명의 재발견』에서는 신심명을 통해 진리로서의 사랑을 드러냈으니 성인(聖人)의 마음을 바르게 받아들여 종교간의 다툼이 사라지기 바란다. 성인이 말씀하신 행복과 사랑은 법과 욕망에 따라 일시적이고 변할 수밖에 없는 만족과 애욕으로서의 그것들이 아니라 대우주 차원에서의 영원불변한 행복과 사랑이다. 그런 까닭에 현상계의 관점에서는 조금 어려울 수 있지만 누구나 본래 큰 안목을 갖고 있는 만큼 이를 통하여 지혜와 힘을 얻어 내면을 재조정해서 현상계의 고통을 깨끗하게 영원히 씻어내고 우리 모두 큰 차원의 마음을 받아들여 청정한 행복과 사랑을 맘껏 누리기를 바란다. 특히 불행한 삶의 감각이나 사랑의 상처가 사라지지 않고 머물러 있는 이들에게는 더없이 좋은 약이 될 것

임을 믿어 의심치 않는다. 내가 중도로 가는 길 자체가 곧 인생의 명약
을 얻는 것이다.